21世纪期货、期权及衍生品
— 新形态系列教材 —

Commodity Futures
and Options Practice

商品期货
与期权实务

朱才斌　　王骏　　许丹良◎主编

清华大学出版社
北京

内 容 简 介

本书主要介绍了商品期货与期权的基础概念和基本原理,及其在企业风险管理中的运用技巧。本书由浅入深,首先介绍了商品期货与期权的基础知识,基差的概念和原理以及在实际中的运用,为初入门槛的学习者打下坚实的基础;然后介绍了商品期货和期权在企业经营与贸易过程中对风险防范的策略运用,是期货专业本科生应知应会知识;最后介绍了场外期权的各种套期保值、套利、投机等策略,以及大宗商品的业务模式与风险防范策略等,适合期货专业学生深入学习与研究。

本书原理讲解透彻、案例说明详细,具有科学性、严谨性、基础性、前沿性、实用性和针对性等特点,既可作为高等院校期货专业本科生和研究生教材,也可为金融机构、实体企业、政府部门和广大投资者提供参考。

图书在版编目(CIP)数据

商品期货与期权实务/朱才斌,王骏,许丹良主编.—北京:清华大学出版社,2022.5
21世纪期货、期权及衍生品新形态系列教材
ISBN 978-7-302-60533-1

Ⅰ.①商… Ⅱ.①朱… ②王… ③许… Ⅲ.①期货交易－高等学校－教材 ②期权交易－高等学校－教材 Ⅳ.①F830.9

中国版本图书馆 CIP 数据核字(2022)第 062434 号

责任编辑:张 伟
封面设计:汉风唐韵
责任校对:王荣静
责任印制:朱雨萌

出版发行:清华大学出版社
　　　　　网　　　址:http://www.tup.com.cn, http://www.wqbook.com
　　　　　地　　　址:北京清华大学学研大厦 A 座　　　邮　　编:100084
　　　　　社 总 机:010-83470000　　　　　　　　　邮　　购:010-62786544
　　　　　投稿与读者服务:010-62776969, c-service@tup.tsinghua.edu.cn
　　　　　质量反馈:010-62772015, zhiliang@tup.tsinghua.edu.cn
　　　　　课件下载:http://www.tup.com.cn,010-83470332
印 装 者:三河市金元印装有限公司
经　　销:全国新华书店
开　　本:185mm×260mm　　　印　张:16.5　　　字　　数:377 千字
版　　次:2022 年 7 月第 1 版　　　　　　　　　印　　次:2022 年 7 月第 1 次印刷
定　　价:55.00 元

产品编号:092818-01

丛书专家委员会

主　　任：王文举

执行主任：张国胜

学术指导专家（以姓氏拼音排序）：

常　清：中国农业大学教授

胡海峰：北京师范大学教授

胡俞越：北京工商大学教授

李建军：中央财经大学教授

林　辉：南京大学教授

彭　龙：西南财经大学教授

史永东：东北财经大学教授

司　伟：中国农业大学教授

王文举：北京物资学院教授

王一鸣：北京大学教授

吴卫星：对外经济贸易大学教授

杨　宜：北京财贸职业学院教授

尹志超：首都经济贸易大学教授

张国胜：北京物资学院教授

张顺明：中国人民大学教授

赵锡军：中国人民大学教授

丛 书 序

经过 30 多年的探索发展,我国期货市场经历了从商品期货到金融期货,从股票期权到商品期权,从场内交易到场外交易,从境内市场到境外市场,从期货、期权到互换和信用衍生工具等其他衍生品的不断创新过程,多层次的衍生品市场体系已经形成。特别是党的十八大以来,我国期货市场规模持续扩大,市场效率和影响力不断提升,在促进国民经济相关产业良性发展、落实金融服务实体经济方面的成效日益显著。随着期货行业基本法——《期货和衍生品法》的即将推出,我国期货和衍生品市场会迎来更加规范的大发展。

目前,我国场内期货、期权品种达 94 种,市场资金总量已突破 1.2 万亿元,越来越多的产业客户和机构投资者利用期货市场管理风险、配置资产,投资者机构化趋势明显。随着新时代国内期货市场的创新与高速发展,对期货专业人才的需求也表现出不同以往的内涵:风险对冲、市场交易、资产配置等职业岗位,不仅需要扎实的经济理论功底、高超的操作技术,还需要良好的社会主义核心职业价值观、较强的创新能力和高标准的国际化视野。因此,探索有别于金融学专业通识教育的特色教材,是行业赋予金融学人的历史使命。

近年来,随着我国期货和衍生品市场的不断创新、数字教育技术的深入发展,期货教育理论发生了很多新变化。在国家一流课程建设和课程思政建设的新要求下,可融入教学的资料和内容亟待丰富,创新和推进教材建设成为重要任务。

本系列教材就是在这一背景下产生的。本系列教材是北京物资学院与北京兆泰源信息技术有限公司合作的教育部产学合作协同育人项目"期货、期权及衍生品新形态系列教材与教学资源开发"(项目编号:202101081007)的研究成果,也是北京物资学院的国家级一流专业建设点项目指定建设教材,它定位于应用型大学人才培养,顺应期货及衍生品时代发展的行业变化。本系列教材充分吸收校内外专家和行业骨干参与编写,强调理论性与实务性、前沿性与科学性、系统性与基础性的统一,具有如下特色。

(1)专业性特色:在国内首次开展期货专业新形态系列教材建设,通过现代化信息技术,配套完整的教学资源,使系列教材能够满足国家"金课"建设要求。

(2)双主编特色:采用高校专业教师与产业界知名人士双主编模式,确保系列教材顶天立地,实现理论性与实务性统一。

(3)全体系特色:覆盖了现代期货、期权及衍生品的主要教学内容,既可以实现基础性知识的学习,又强调了实务操作能力和知识面的拓展,可以实现全方位的专业知识覆盖。

(4)多层次教育兼容特色:教材知识点反映了期货、期权及衍生品的前沿发展,既自成体系,满足本、研专业教学需要,又与国内外从业资格考试接轨,可同时满足期货从业人员职业培训需要。

（5）课程思政特色：以扫码阅读辅助资料的形式，增设国内相关案例和资料，引导学生认识我国经济发展的成就，增强职业道德和职业素养教育，帮助学生塑造正确的人生观和价值观。

本系列教材不仅适合高校财经专业本科生和研究生教学使用，也可作为证券、期货从业人员的培训教材，同时也适合有意从事期货交易的读者自学使用。

本系列教材在北京物资学院、清华大学出版社、北京兆泰源信息技术有限公司联合支持下完成。鉴于水平有限，教材中难免存在不当之处，敬请广大读者批评指正。

丛书编委会

2022 年 4 月

前　言

党的十九届五中全会审议通过的《中共中央关于制定国民经济和社会发展第十四个五年规划和二○三五年远景目标的建议》提出，构建金融有效支持实体经济的体制机制，提升金融科技水平，增强金融普惠性。金融业以其对国民经济巨大的影响力和对其他产业独特的"放大效应"已经被定义为21世纪最具发展前景的行业。随着我国社会主义市场经济建设的不断发展和对外开放的不断扩大，对防范金融风险，助推国家经济稳健、高质量发展的经济金融风险管理人才的需求量呈不断增长的趋势。

为了适应国内金融衍生品市场的快速发展，满足金融衍生品市场对期货、期权领域人才的需求，北京物资学院将进一步推进高校专业综合改革，通过编写期货、期权等衍生品系列教材，承担起为新时代金融业发展培养风险管理人才的重任。

在此背景下，笔者立足新时代期货理论与实践的金融新形态，凝聚高校专家和行业专家的智慧编写了本书。全书由北京物资学院经济学院朱才斌副教授、方正中期期货研究院王骏院长和方正中期期货有限公司许丹良总裁共同担任主编，方正中期期货研究院的研究员卜咪咪、成雪飞、陈臻、冯世佃、郝潇潇、侯芝芳、梁海宽、马振、尚丽娜、魏朝明、王一博、夏聪聪、杨莉娜、俞杨烽、翟启迪、张向军、朱瑶参加编写。具体编写分工是：许丹良、夏聪聪、郝潇潇、尚丽娜、卜咪咪编写第一章，王骏、王一博、侯芝芳、张向军编写第二章，许丹良、王骏、冯世佃编写第三章，侯芝芳、杨莉娜、梁海宽、成雪飞编写第四章，朱瑶、王一博、魏朝明、马振、陈臻编写第五章，翟启迪、俞杨烽、陈臻编写第七章。朱才斌编写第六章，完成课程思政建设，统筹全书教学大纲与课件设计。全书由朱才斌、王骏、许丹良总纂定稿。

本书共有七章：第一章主要介绍了商品期货与期权的基本概念、作用与功能等基础理论知识；第二章系统阐述了基差概念、理论与应用原理；第三章详细介绍了场内商品期权套期保值、投机与套利的交易策略，以及波动率交易策略；第四章介绍了商品期货与期权在企业经营中各环节防范风险的运用；第五章介绍了商品期货与期权在企业进出口业务中防范风险的运用；第六章详细介绍了场外商品期权的特殊性，以及在套期保值、投机与套利上的应用，期货公司的风险管理，公司场外期权业务模式等；第七章介绍了大宗商品的业务模式和风险管理措施。

本书在每章初始部分配有本章导读、引导案例、知识结构图。在每章均附有扩展阅读、本章小结、关键术语和复习思考题、即测即练。与本书配套的教学资源还有电子课件、教学大纲、习题答案、模拟试卷和答案。根据章节内容与特点的不同，嵌入党的方针与政策，探索了本书的课程思政建设。

本书定位为高等院校金融类期货专业本科教材，也适合研究生、企业风险管理人员、政府管理者和广大投资者学习、培训使用。本书的显著特点是期货、期权理论与我国实践应用相结合,是一本体系较为完整、内容较为翔实、理论说明与案例分析相结合的期货专业教材,通俗易懂、应用性强。

　　本书在编写过程中,得到了北京物资学院领导的关心和大力支持。北京物资学院经济学院院长张国胜教授、清华大学出版社张伟编辑对本书编写给予了具体指导,在此表示衷心感谢。同时我们也参考、借鉴和引用了国内外许多有关商品期货与期权实务方面的教材、著作与文献,并尽可能地进行了注释,但难免有所疏漏,在此对有关学者表示谢意。由于水平有限,本书的不足之处在所难免,敬请广大读者批评指正。

编　者

2022 年 1 月

目 录

第一章

商品期货期权概述

本章导读

商品期货(commodity futures)和商品期权(commodity options)的产生可以追溯到公元前,早在古罗马时期就出现过带有期货贸易性质的中央交易所,而期权交易可能更早,《圣经·创世纪》中雅各布的故事应该是最早的期权合约,之后荷兰郁金香事件也是早期期权交易的代表;而现代意义上的商品期货和商品期权则出现在19世纪,1848年,谷物商人成立了芝加哥期货交易所(CBOT),并在1865年推出了第一个标准化合约,标志着现代期货市场雏形的产生,之后在此基础上,世界各地陆续成立了一些期货交易所,商品期货交易进入正轨。商品期权的发展则有些坎坷,1870年,芝加哥期货交易所推出了短期期权合约,但因交易机制不完善、市场操纵行为频发,期权交易被世界各国相继禁止,直到1984年,农产品期权才被重新允许交易,并在之后得到了快速发展。现代金融市场中,金融衍生品已是必不可少,在价格发现和规避风险方面起到重要作用,而商品期货和期权更是其中的翘楚,但在使用的过程中,也面临着市场风险和价格风险等一系列问题,这就需要我们对其有更深层次的认识。

本章作为开篇第一章,会带读者分别了解商品期货和商品期权的基础知识。商品期货方面,主要从其品种特征、产业链和价格影响因素来介绍;而商品期权,则会讲述它的功能特点、发展历程、交易机制和价格影响因素。通过对二者

扩展阅读1.1 我国首个商品期权上市交易

基本信息的学习,大家在学习后面系统性的章节时更加游刃有余。所以在学习过程中,读者应特别注意商品期货价格分析方法。自2017年3月我国境内推出首个商品期权——豆粕期权以来,5年时间已上市20个商品期权,涉及农产品、金属、能源、化工等多个大宗商品领域。商品期权品种越来越丰富,随着工具普及度提高,商品期权交易情况明显改善,读者应熟悉商品期权的功能和交易机制。

引导案例

1. 上海"粳米"事件

粳米期货交易从1993年6月30日由上海粮油商品交易所(以下简称"上海粮交所")

首次推出到 1994 年 10 月底被暂停交易,粳米期价大致出现了三次大幅的拉升:第一次,1993 年第四季度,在南方大米现货价大幅上涨的带动下,粳米期价从 1 400 元/吨上升至1 660 元/吨;第二次,1994 年春节前后,受国家大幅提高粮食收购价格的影响,期价从1 900 元/吨涨到 2 200 元/吨;第三次,1994 年 6 月下旬至 8 月底,在南涝北旱自然灾害预期减产的心理作用下,期货价格从 2 050 元/吨上扬到 2 300 元/吨。到了 7 月初,上海粮交所粳米期货交易出现多空对峙局面。空方认为:国家正在进行宏观调控,加强对粮食的管理,平抑粮价政策的出台将导致米价下跌;多方则认为:进入夏季以来,国内粮食主产区出现旱涝灾害,将会出现粮食短缺局面,而且当时上海粳米现货价已达 2 000 元/吨,与期货价非常接近。双方互不相让,持仓量急剧放大。随即,空方被套,上海粮交所粳米价格稳步上行,形成了多逼空格局。7 月 5 日,交易所作出技术性停市的决定,并出台限制头寸措施。7 月 13 日,上海粮交所出台了《关于解决上海粮油商品交易所粳米期货交易有关问题的措施》,主要内容包括:召开会员大会,要求多空双方在 7 月 14 日前将现有持仓量各减少 1/3;上述会员减少持仓后,不得再增加该部位持仓量;对新客户暂不允许做粳米期货交易;12 月粳米贴水由 15% 降至 11%;交易所要加强内部管理等。随即,多空双方大幅减仓,价格明显回落,9412 合约和 9503 合约分别从 2 250 元/吨、2 280 元/吨跌至最低的 2 180 元/吨和 2 208 元/吨。谁知,进入 8 月,受南北灾情较重及上海粮交所对粳米期价最高限价规定较高的影响,多方再度发动攻势,收复失地后仍强劲上涨,9503 合约从最低位上升了 100 元/吨之多,9 月初已达到 2 400 元/吨左右。9 月 3 日,国家计划委员会等主管部门联合在京召开会议,布置稳定粮食市场、平抑粮油价格的工作。9 月 6日,国务院领导在全国加强粮价管理工作会议上,强调抑制通货膨胀是当前工作重点。受政策面的影响,上海粳米期价应声回落,价格连续 4 天跌至停板,成交出现最低纪录。9月 13 日上午开盘前,上海粮交所发布公告,规定粳米合约涨跌停板额缩小至 10 元,并取消最高限价。受此利多刺激,在随后几个交易日中,粳米期价连续以 10 元涨停板之升幅上冲。这时,市场上传言政府将暂停粳米期货交易。于是,该品种持仓量逐日减少,交投日趋清淡,但价格攀升依旧。到 10 月 22 日,国务院办公厅转发了国务院证券委员会《关于暂停粳米、菜籽油期货交易和进一步加强期货市场管理的请示》。传言得到证实,粳米交易以 9412 合约成交 5 990 手、2 541 元/吨价格收盘后归于沉寂。

2. 巴菲特巧用期权降低持股成本

1993 年 4 月 2 日,万宝路牌香烟宣布将降价 20%,在这个"万宝路星期五"公告发布之后,包括可口可乐在内的一些著名股票的价格纷纷走低,市场开始沽空可口可乐股票,但是,巴菲特基于其对可口可乐公司的调研和了解,坚信可口可乐是一只好股票。

实际上,巴菲特认为可以每股大约 35 美元(巴菲特买入股票的心理价位)的价格买入300 万股的可口可乐股票,而且,他笃定可口可乐股票的价格不会跌破这一个市场价位。所以他决定卖出可口可乐的看跌期权以降低自己持有股票的成本,当然如果股票价格跌至执行价格以下,他将不得不以高于公开市场的价格买进可口可乐股票。

于是,巴菲特在 1993 年 4 月以每份 1.50 美元的价钱卖出了 300 万股可口可乐股票的看跌期权合约。这个期权的到期日是 1993 年 12 月 17 日,购买该期权的投资者在此之前都可以按照每股 35 美元左右的价格把可口可乐股票卖给巴菲特,不论当时的可口可乐的股票价格有多低。

在伯克希尔公司的股东年会上,巴菲特证实了这一做法,并表示还会以相似的做法再增持 200 万股。他这么做的原因是,如果可口可乐股票的市场价格从当时每股大约 40 美元下跌至每股大约 35 美元,他就必须以每股大约 35 美元的价格买进 500 万股可口可乐股票。由于巴菲特已经获得了每股 1.50 美元的差价,他的实际成本价会是每股大约 33.50 美元。

到了 1993 年底,由于可口可乐股票的价格仍高于 35 美元,所以这些期权都没有被履行,巴菲特由此赚得了 750 万美元。

知识结构图

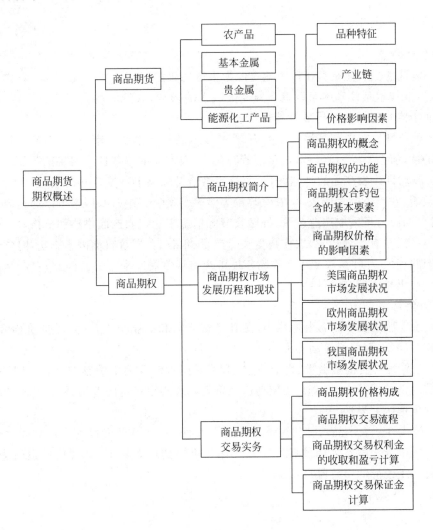

第一节 商品期货

商品期货是指标的物为实物商品的期货合约,是关于买卖双方在未来某个约定的日期以签约时约定的价格买卖某一数量的实物商品的标准化协议。商品期货历史悠久,是期货市场的基础。从 16 世纪萌芽至今已发展了数百年的时间,期货合约不断优化,交易机制日臻完善,交易品种日益繁多,已经取得了较好的发展。目前为止,商品期货主要包括农副产品、金属产品、能源产品等几大类。

一、农产品期货

农产品是期货市场最早出现的期货品种,期货市场的产生和农产品的市场特征有直接的关系。全球农产品期货主要包括谷物类、油籽类、禽畜与禽畜产品类、乳品类、木材类、软商品类(包括棉花、咖啡、原糖、可可)等。

(一)农产品的特征

1. 生产特点

(1)地域性。农业是直接以土地资源为生产对象的产业。受气候、土壤、农作物的生长特性、经济技术条件和国家政策差异性等因素的影响,农产品的生产地域性特征明显,全球农业生产具有明显的地域性特征。

(2)季节性。在农产品种植年度中,产品在收获季节集中上市,形成供给。相对于消费的稳定性(所谓"季节性生产,全年消费")而言,农产品的季节性生产特征明显。

(3)波动性。农产品的种植面积、产量和供给量取决于自然条件、农业生产者对未来价格的预期、农产品的生产成本、农业政策等诸多因素。其中有些因素可以通过政策手段进行调控,如政府可采取产业政策、补贴政策等措施来稳定农产品供给和价格等。但很多因素人类尚无法有效地控制,农作物生长受热量、水分、光照等自然因素影响,时常出现丰产和欠产的现象;同时,农业生产作物年度中也有淡季和旺季之分。因此,农产品的生产和供给呈现出较大的波动性特征。

2. 消费特点

(1)稳定性。农产品需求弹性小,尤其是粮食类和油脂类农产品,无论价格高低,消费需求相对稳定,消费量波动不大。

(2)差异性。受消费水平、生活习惯、营养保健观念等因素的影响,同一地区消费者对农产品的消费需求一般相似,不同地区消费者则表现出一定的差别,从而使农产品消费需求呈现出地区差异性。

(3)替代性。农产品的替代性体现在两个方面。一是作为食品的农产品间替代性较强,如小麦、玉米和稻谷之间的替代。二是作为重要的工业原料,其替代性也较为明显。如玉米是加工乙醇的重要原料。

（二）农产品产业链分析

从农产品的生产到最后的消费,一般都会经历农作物生长、农产品加工和下游消费三个阶段。在三个不同阶段中,不同的因素对市场供给、需求以及价格变动的作用各不相同,进而影响期货市场价格。下面我们以大豆为例,分不同的阶段,对能够影响大豆期货价格的基本面因素逐一分析。

1. 作物生长阶段

（1）天气因素。随着农业种植的规模化、集中化发展,气候条件是人类当前科技水平无法完全控制的,天气因素对于农业产量的影响越来越大。下文以大豆为例,详细说明在种植阶段的不同时期需要关注的天气因素。大豆是一年生豆科植物,其种子也称大豆。我国的大豆主产区是黑龙江,大豆的生长过程主要分为种植期、开花期、灌浆期和收获期。

① 种植期。在诸多的天气因素中,降水的多少和气温的高低对大豆苗情的影响非常大,所以在播种期间要重点关注天气对播种进度、苗情的影响。历年同期的播种意向、播种进度、播种面积、早期发芽的优良率等因素都直接影响大豆的单产、总产量和当期供应量。但是,播种初期不利的天气因素对于大豆最终的产量并不是决定性的因素,一般的生物物种都具有适应环境的应激性,只要随后的作物生长过程中生长条件和自然环境逐步改善,作物往往能够及时弥补早期的苗情受损,甚至可以后来居上。

② 开花期。大豆是开花结果的植物,植物的开花需要消耗大量的水分和养分。大豆植株顶部的开花、结荚的数量直接关系到整株的收成。在大豆开花期,如果出现干旱高温则可能导致不能开花或者花苞早落,如果雨水过多又会出现雨水把花苞打掉或者开花授粉不良的情况。

③ 灌浆期。如果在大豆的鼓粒、灌浆期出现干旱少雨的天气,往往会造成大豆的顶荚结荚不实、豆粒不饱满,直接影响到大豆的产量和质量。在整个大豆种植阶段,开花期与灌浆期尤为关键。

④ 收获期。收获期天气因素对其产量的影响相对较小。收获期对大豆收成影响最大的天气因素是早霜,如果北半球大豆产区 9 月底 10 月初就出现早霜,这时大豆还没有成熟,鼓粒还没有饱满,就会出现青豆以及瘪豆的现象。当然,如果收获期出现连续阴雨,收割机不能下田收割,也会造成大豆收获延迟,甚至出现豆荚发霉、过早开裂、豆粒散落等现象,造成大豆的减产。

（2）季节因素。目前全世界最主要的大豆生产国分别是美国、巴西、阿根廷、中国。中国与美国同处北半球,大豆主产区纬度差不多,受天气的影响因素基本相同,5—6 月是种植期,8—9 月是最为关键的灌浆期,10—11 月是收获期。南美的春秋季节与北半球正好相反,巴西比阿根廷更靠近赤道,播种期稍早一些,10 月就开始播种,南美大豆的关键生长时期在 2—3 月的开花灌浆期,4—5 月开始收割。图 1-1 是世界大豆主产国耕作时间分布图（阿根廷有两个,另一个代表轮作大豆）。

2. 产品加工阶段

企业采购的农产品经过加工后再销售给下游企业或者终端消费者。在这一阶段将从农产品采购和生产加工两个环节来分析。

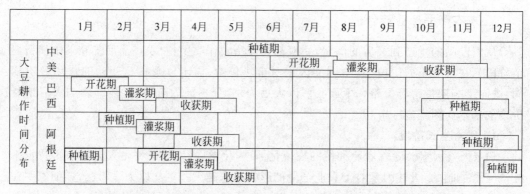

图 1-1　世界大豆主产国耕作时间分布图

（1）采购环节。采购包括国外进口和国内采购。由于我国某些农产品无法自给自足，如大豆、豆粕、豆油、棕榈油、棉花等，进口量较大，进口因素必须重点考虑。而对于进口量不大的农产品，如玉米、小麦、白糖等，进口因素的影响则相对较小。

（2）生产加工环节。在生产加工环节，主要关注的因素有加工企业的产能、开工率和科技进步等方面。

3. 产品消费阶段

经过加工的产成品销售到下游企业的终端用户。下游产业考虑的因素包括成本因素和终端消费需求因素，下游产业的需求也会直接或间接地影响到期货价格。

（三）价格影响因素分析

1. 供给和需求因素

商品价格的长期趋势取决于供求以及供求关系的变化。商品供求状况的变化与价格的变动是互相影响、互相制约的。在期货品种分析中，各类商品的供求分析思路基本一致。在农产品价格分析中，应关注相应的统计数据，如农产品供求平衡表，包括农产品的种植面积、产量、消费量、进出口量、库存量等数据及其变化等内容。此类数据在联合国粮食及农业组织、美国农业部、中国农业农村部、中国海关总署、中国国家统计局等机构的官方网站以及一些非营利机构、协会网站上定期公布。

2. 其他因素

（1）政策因素。影响农产品价格的政策因素主要包括产业政策、贸易政策、税收政策、环境政策、农业科技发展政策、农业补贴政策等。作为农产品外在的影响因素，国家政策变化往往对价格产生重要影响，国家可通过政策调整达到影响农产品价格变动的目的。

（2）库存消费比。库存消费比是本期期末库存量与本期消费量的比值，即"库存消费比＝本期期末库存量/本期消费量"。库存消费比是联合国粮食及农业组织提出的衡量粮食安全水平的一项指标，过高、过低都属于危险。库存消费比下降，则表示供小于求，上升则表示供给充足。

（3）季节及气候因素。对于农产品来说，季节及气候变化是较为独特的影响因素。随着农业种植的规模化、集中化发展，气候因素对于农业产量的影响越来越大，并且气候因素是人类当前科技水平无法控制的。季节及气候因素是农产品价格分析必须考虑的因素。

二、基本金属期货

基本金属主要包括铜、锌、钢材等,是国民经济发展的基础材料,其行业发展受经济进程及工业化水平影响,并受矿产资源供应状况制约,与人类的消费需求相比较,供给是有限的。金属行业发展过程中,不同国家或地区的不同行业发展状况表现为行业生命周期的不同阶段,所受到的外部经营环境影响因素大致相同,行业发展也表现出一定的共同特征。

(一)基本金属的特征

1. 与经济环境高度相关,周期性较为明显

金属行业为国民经济提供基础材料,金属的消费需求与经济增长密切相关,行业发展与宏观经济周期高度一致。当经济处于上升时期,市场需求增加,产品价格趋于上涨,行业产出会紧随其扩张;当经济衰退时,市场需求萎缩,产品价格下跌,行业产出、效益也相应下滑。

2. 产业链环节大致相同,定价能力存在差异

一般而言,金属产业链可以划分为采选、冶炼、加工、消费四个环节,对应着矿产商、冶炼企业、金属加工企业,以及建筑、电力、电子、交运设备制造、五金机械、化工等消耗或使用金属制品的企业。产业链不同环节的定价能力取决于其行业集中度,总体而言,矿产商强于冶炼企业,冶炼企业强于金属加工企业,当然品种之间、地域之间还是存在较大差异,并且一些大型企业通过收购兼并重组,积极向上下游扩张、推动产业链一体化。

3. 需求弹性大于供给弹性,供求变化不同步

金属需求受世界经济景气度的影响,消费需求往往可以迅速发生较大的变化。金属供给项目特别是矿山供应建设周期长,并且受到资源和勘探成果限制,短期增加新产能有困难。一旦建成开工,持续生产,不会轻易关闭,供应的变化往往会落后于经济形势变化。所以,金属供给价格弹性小,而需求价格弹性相对较大,供给变化与需求变化之间存在速度差,从而导致市场出现供需失衡。

4. 矿山资源垄断,原料供应集中

20 世纪 90 年代以来,采矿和钢铁行业是基础材料行业中整合度最高的行业,这其中又以铁矿石行业的垄断程度最高。淡水河谷、力拓、必和必拓和 FMG 四大巨头垄断了全球 44% 的铁矿石资源(图 1-2)。每年的铁矿石贸易谈判、年度铜加工费谈判对于钢铁、铜价都有重要影响。

(二)基本金属产业链分析

基本金属产业链就是围绕其生产及服务所形成的一系列相互联系、相互依存的环节之间的上下游链条,包括矿产勘探、矿产开采、选矿、冶炼、金属加工、终端消费等主要环节(图 1-3),基本金属的上游行业主要为矿产采选业和电力行业,下游主要为建筑业、汽车和家电业。

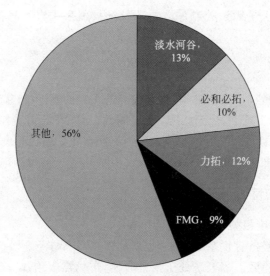

图 1-2　四大矿山铁矿石产量占比(2019 年)

资料来源：大连商品交易所。

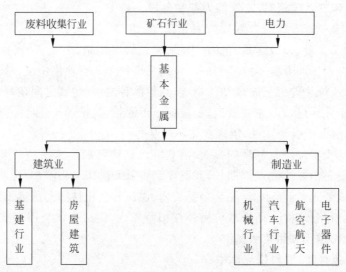

图 1-3　基本金属产业链

1. 矿山采选

矿山采选主要考虑的因素是金属矿产资源具有不可再生性。对于矿产资源供应的变量因素中,我们考虑的因素主要有:矿资源分布情况;潜在矿山的勘探和开发情况;已开发矿山的开发程度(现在和未来的产能、产量和扩产情况);因工会罢工、能源短缺、地震和暴风雪灾害等突变因素对矿山造成的减产或停产影响。

产量大国的矿产存量情况以及已开发矿山的开发程度显得尤为重要。以金属铜为例,像智利、墨西哥、秘鲁等拉美产铜大国的产量情况,以及未来产量的扩减计划等都是影响市场铜供应的重要变量,而像中国、美国这种既是重要的生产国也是重要的消费国,它们的存量、产量情况对市场的影响也更为直接。在正常情况下,主要考虑因素的前三者相对稳定,而第四种因素则是一些突发因素,并具有以下特点:①难以预测性;②对市场的影响力巨大,但大多数情况下都表现为短期性的、非本质性的。

基本金属行业采矿阶段普遍受到经济周期影响,因为金属矿山的勘探与建设具有投资周期性。对于矿山企业来讲,仅当金属价格高涨之时才能获得投资所需要的资金,而金属矿山的勘探与建设的投资周期较长,一般需要 3～5 年的时间,因此金属的供不应求一般都会持续数年。随着新的矿山与冶炼能力的逐步投产,金属的供应将逐渐变得充裕,这将可能导致行业逐步走向低谷。

2. 金属冶炼

(1)原料供应及加工费。在基本金属行业中,原料的供应情况直接决定了中下游半成品、成品的供应量,所以,梳理清楚金属原料的供应情况非常有必要。根据原料类别划分,主要有矿石和回收的废旧金属;根据原料供应地域,可分为国内自产和国外进口。中国是全球最大的金属生产国和消费国,原料的进口依存度较高,所以对金属原料的进口状况进行分析是较为重要的内容。

(2)冶炼企业的产能、产量。冶炼企业的减产、扩产计划,以及月度产量数据都会对市场的供需预期产生影响,向上影响矿产原料的需求,向下影响金属成品的供应,所以,冶炼企业的产能、产量情况是同时影响上下游的重要一环。

作为市场的供给方,冶炼企业的产量对价格存在明显的影响。当冶炼企业产量提高时,市场供给量就增加,如果需求没有出现相应的增加,则市场就会出现供过于求的状态,而金属价格将出现下跌;反之,则出现上涨。而冶炼企业的产量除了受到原料供应和企业开工意愿的影响之外,很大程度受到企业冶炼产能的制约,这使得即使市场价格出现大幅攀升,企业产量也只能以产能为限。当市场价格高涨的时候,企业可以向市场提供更多的产品,从而对价格构成抑制作用。同时,价格以及企业对于未来价格的预期也会影响企业的产能利用率和产量情况。当价格高企时,企业将不断提高自己的产能利用率从而使得产量不断增加,并可能对产能进行投资以扩大产能。

(3)生产成本。生产成本是生产单位为生产产品或提供劳务而发生的各项生产费用,包括各项直接支出和制造费用(图 1-4)。直接支出包括材料(原材料、辅助材料、备品备件、燃料及动力等)、工资(生产人员的工资、补贴)、其他直接支出(如福利费);制造费用是指企业内的分厂、车间为组织和管理生产所发生的各项费用,包括分厂、车间管理人员工资、折旧费、维修费、修理费及其他制造费用(办公费、差旅费、劳保费等)。一般而言,当金属价格低迷,生产企业无利可图时,生产企业的生产积极性会降低,但由于部分生产成本低的生产企业仍旧坚持增加产量以抢占市场,所以供应量不一定会因此减少;仅当金属价格极端低迷,绝大多数生产企业都承受不起亏损时,才会发生大规模的减产行为。所以,金属价格跌破其成本的历史也时有发生。

(4)进出口成本。一般而言,中国金属进口增长体现了国内需求增加,利于国际市场价格上涨,但如果国内实际消费增长不及进口及产量的增幅,则会增加国内供应压力,使国内价格增速放缓或出现调整。另外,国内外价差变化、套利及抵押融资等因素也会对进出口状况产生影响。有色金属品种由于进出口贸易渠道非常畅通,在套利机制的作用下,

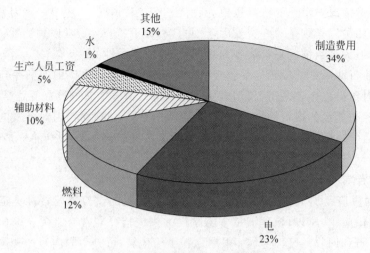

图 1-4　阴极铜加工成本各因素比例

伦敦金属交易所(LME)和国内市场之间的比价会维持在一个均衡的水平下,而金属进出口成本的高低将影响国内市场的供需状况。

3. 金属加工

金属制品加工属于金属产业链的中间环节,行业整体规模较小,企业数量多相对分散,与上游冶炼企业和下游各种金属制品消费企业相比,定价能力最差,并不具备影响金属价格的能力。对于金属市场供需关系进行分析,金属加工环节属于中间需求,关注的重点是企业开工率以及订单情况,以了解实际及潜在的消费状况。

每个月国家统计局发布的铜材、铝材产量数据,钢铁工业协会发布的镀层板产量数据,可以作为评判估铜、铝和锌中间消费状况的参考。已上市的三个钢材品种,螺纹钢和热轧卷板直接用于终端建筑行业,不存在制品加工环节,而线材除直接用作建筑钢筋外,还可以加工成各类专用钢丝,或者其他金属制品如铆钉、螺钉等,线材深加工比例达到30%左右。

4. 终端消费

(1)基本金属消费的地域及行业分布。中国基本金属消费量处于全球首位,并且占比巨大,"中国因素"是我们消费阶段分析切入点。图 1-5 显示了世界精铜消费地域分布,从中可以看出中国消费已占世界总消费的半壁江山。从行业来看,中国精铜终端消费主要分布在电力、空调制冷、交通运输、电子、建筑等行业(图 1-6)。2018 年,国内电力行业用铜量占精铜消费量的 49.42%,属于中国铜消费主导行业。建筑、电子电器与电力、交通运输、包装和机械制造为中国铝消费的主要行业,其中铝消费最大的行业为建筑业,其占的比例为 32%。锌的主要中间制品(镀锌板、压铸件、锌基合金)在国内主要被用在建筑业、汽车业和家电业。目前,国内建筑业用锌占精锌产量的 48%。可以看出,基本金属终端消费主要分布在建筑、交通、电力、汽车、家电等行业。

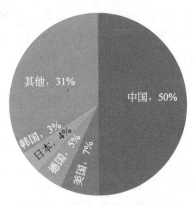

图1-5 世界精铜消费地域分布

资料来源：上海期货交易所。

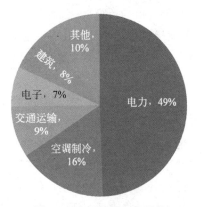

图1-6 中国精铜消费结构

资料来源：上海期货交易所。

（2）基本金属消费替代性。在不同的时期，不同金属的价格存在较大的差异性，但它们的物理属性存在一些相同性，所以，当金属的性价比偏离于正常水平的时候，某些金属的替代作用就特别明显。

例如铝对铜的可替代性。铝导线替代铜导线之不足之处，是导电率和安全性较铜略为逊色，所以铜导线一直在电线、电缆领域扮演主导的角色。如果铜铝价差保持在正常水平，工业方面倾向于使用铜作为导体。但是，如果铜价明显高于铝价，以铝导线取代铜导线，从经济上显得非常有利可图。

在分析影响基本金属的相互替代问题时，除了要考虑价格因素之外，我们也需要关注此产品替代的技术变化和法规上的修订，以及副产品涨价对利润/亏损的影响。以铜为例，目前进口铜精矿中硫暂不计价，而国产铜精矿中当硫含量较高时方计价，铜冶炼企业的硫酸生产成本较低（通常在200～300元/吨之间），硫酸价格的上涨会弥补企业冶炼业务的亏损，而冶炼副产品贵金属价格的上涨也会增加企业收益。

（三）价格影响因素分析

1. 宏观经济和国家政策

基本金属是工业发展的重要原材料，金属需求与宏观经济发展呈正相关。当经济景气时，有利于刺激基本金属的需求；相反，当经济衰退时，则会抑制基本金属的需求。在进行宏观经济分析时，GDP（国内生产总值）增长率、工业生产增长率以及各种经济领先指标都是非常重要的判断依据。

2. 金属属性

基本金属，特别是有色金属作为大宗商品，被市场赋予双重属性——商品属性和金融属性。前者反映金属供求关系的变化对价格走势的作用，而后者则主要体现为金融市场对金属的投资行为。通常情况下，基本金属体现的是其商品属性，但在特定的历史时期或阶段，其金融属性则可能发挥重要的甚至主导作用。

3. 汇率因素

国际市场基本金属等大宗商品价格均以美元计价，美元汇率变化实际上反映了美元相对于其他货币的币值变化,而美元指数是综合反映美元相对六种主要货币汇率变化的指标,美元指数的趋势性变化也会直接影响国际市场金属价格。长期而言,美元汇率与金属价格有较高的负相关性,而美元指数的短期波动对于金属价格也有一定影响。

4. 库存因素

库存的变化是反映供求关系的重要指标。金属库存分为报告库存和非报告库存。报告库存,也即"显性库存",主要指交易所库存。非报告库存,也即"隐性库存",主要指全球范围内的生产商、贸易商和消费商手中持有的库存。一般而言,库存总量增加表明供应增长仍然快于需求增长,但由于隐性库存难以统计,仅用交易所库存数据进行分析并不能反映实际的供需变化,而交易所库存、注册仓单以及注销仓单有时候也会被部分机构操纵,从而影响短期价格走势。不过,库存的趋势性变化、库存消费比、库存产量比等数据也还是有一些参考价值。

三、贵金属期货

贵金属有金、银、铂、钯四个品种。在人类历史的长河中,金、银的使用历史悠久,尤其是金在人类生活中扮演了至少 7 000 年的特殊角色,即使在"金本位制"退出金融货币流通的今天,它的作用依然不可低估。

(一)贵金属的特征

由于贵金属有着相似的物理属性和化学属性,贵金属的分析有一定的共性。

1. 供给的稀有性

贵金属的供给包括原始矿产资源和二次资源。矿产资源以各种各样的矿石矿物存在着,二次资源是矿产资源以外的各种再生资源,其来源和范围十分广泛。贵金属在地壳中的含量甚微,从矿石中的提取冶金,比较起来金和银的选矿冶金较为容易,而铂族金属元素由于含量更低且分散,加上彼此之间的化学性质极其相似而提取十分困难。

贵金属的回收是供给的另一个重要来源。贵金属的二次资源来源主要包括贵金属材料在生产和加工过程中产生的废料,丧失使用性能的各种含有贵金属的器材和材料以及含有回收价值的各种对象、物料。贵金属具有很好的化学稳定性,各种含贵金属的材料或器件经长期使用会失去原有的功能,但是金属本身的价值依然存在;并且二次资源中贵金属的含量远远高于原矿中的含量。从二次资源中回收贵金属已受到高度的重视,有关资料显示,全世界使用过的贵金属 85% 以上是被回收和再生利用过的。

2. 需求的特殊性

贵金属兼具商品与金融工具的双重特点,其需求可分为金银饰品、工业用途、投资品和各国官方当局黄金储备四大类。全世界主要贵金属需求情况如图 1-7、图 1-8 所示。

(1)珠宝首饰需求。自 20 世纪 70 年代以来,首饰所用黄金和白银的量一直占据总需求量的 70%~80%,不过 2000 年后随着黄金投资需求比例增加,首饰用金占比已经降至 60% 左右。早在 1992 年,我国就成为纯金首饰的最大消费国,总购买量接近 335 吨。目前,我国的黄金消费量占据世界第二位,仅次于印度。银首饰和装饰品相对金价格较为

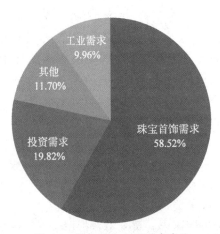

图 1-7　世界黄金主要需求占比

资料来源：World Gold Council。

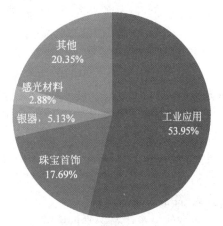

图 1-8　世界白银主要需求占比

资料来源：世界白银协会。

低廉，容易为消费者接受。最近几年，铂金系列首饰开始猛增，主要有纯铂及其铂合金首饰、钯合金首饰等。

（2）工业需求。贵金属除用作首饰外，在现代工业材料中有着重要的用途。黄金有抗氧化、耐腐蚀，良好的导电、导热和延展性等诸多特点，在航空、新材料、电子和信息产业中的应用日益增多。此外，黄金因具有的良好生物相容性（即与生物组织之间完全不发生相互作用）而广泛用作牙科合金材料以及用于治疗类风湿关节炎的含金药物。银是所有金属中导电性最好的金属。银合金电接触材料广泛用于供电、汽车、冰箱、电视机和雷达等各种点接触器件中。铂族金属因具有独特的物理、化学性质，世界工业化国家都把它列为国防建设中的"战略物资"。目前铂金和钯金 50％ 以上被用于汽车自动催化剂。

（3）投资需求。黄金的投资需求本身源于黄金的货币属性，即历史上黄金曾经是货币的载体。作为货币的黄金具有价值尺度、流通手段、储藏手段、支付手段和世界货币等多种职能。布雷顿森林体系崩溃后，《牙买加协议》从法律上解除了黄金的法定货币地位，但是，黄金的货币功能在国际市场和国际货币体系建设中仍然具有相当的影响力。现在黄金的作用主要集中在三个方面：①黄金仍然是各国维持货币体系和货币制度信心的基础。②黄金是一种终极资产，是应对危机的保障资产。在一国出现重大经济波动和不平衡时，黄金是最可靠的保障资产。③黄金作为私人投资工具所起作用更加突出。黄金交易、黄金租赁、黄金期货、黄金套期保值等产品的发展，使黄金投资克服了传统黄金交易存在的弱点，投资黄金的选择空间扩大，获利机会相应增加。

（二）贵金属产业链分析

贵金属产业链大致可分为两种：生产供应体系，由矿产能源和二次资源两部分组成；需求体系，由首饰、制造业等需求方组成；此外，还包括连接两者的交易流通体系。这里以黄金为例介绍贵金属产业链。

1. 黄金的生产供应体系

（1）黄金的矿产资源。地球上的黄金分布很不均匀，虽然目前世界上有 80 多个国家和地区生产金,但是各国黄金产量差异很大,各地产量颇为不均。2001 年全球黄金产量突破 2 600 吨,达到历史最高,随后一直呈现下降趋势,2004 年,金矿公司的储备量从 1992 年的 17 年的开采量减少到 11 年,到 2008 年黄金矿产量为 2 415 吨左右,约占总供应量的 70%。从产金分布的地区看,南非、北美和澳洲依然是最主要的产区,但是呈现出日渐衰落的势头。中国、俄罗斯、印度尼西亚、秘鲁等国家的产量在迅速追赶上来。

(2) 黄金的二次资源。黄金的二次资源包括再生金、央行售金和生产商对冲三个方面,补足了每年生产所形成的不足。再生金是指首饰等回收后再做成金锭投入黄金市场,而非以旧换新。央行售金是指各国中央银行和国际组织销售所持的黄金。生产商对冲是生产商利用现货、期货和期权市场进行保值的活动。

2. 黄金的需求体系

黄金的需求体系主要包括黄金消费需求和黄金投资需求。黄金消费指用于首饰业及其他用金业如电子、装饰、医疗等行业的黄金。黄金投资需求主要指金条、金币以及 ETF (交易型开放式指数基金)投资。

(1) 首饰用金。首饰用金一直占据着黄金最终消费量的最大份额,黄金首饰需求存在明显的季节性,每年的第四季度,黄金需求出现明显的上涨,这是因为印度的排灯节、西方的圣诞节和与新年有关的节日对黄金需求较大。第一季度的黄金首饰需求排名其次,这源于中国的新年、印度的婚礼季节和情人节等节日的黄金需求。第二季度和第三季度有关的节日相对较少,首饰用金数量出现明显下降。另外,在中国的五一假和十一假期间,黄金首饰需求也呈现出增长态势。

(2) 工业用金及其他。黄金的商品需求还表现在工业用金方面,其中电子工业用金占到工业用金量的 60%~70%。黄金独一无二的完美性质,使其广泛用于电子、通信、宇航、化工、医疗等领域之中。总的来说,因为工业用金仅占总用金量的 10% 左右,所以这部分需求的波动对黄金价格影响不大。

(3) 投资需求。黄金储备一向被央行用作防范国内通胀、调节市场的重要手段。而对于普通投资者,投资黄金主要是在通胀情况下,达到保值的目的。在经济不景气的态势下,黄金相对于货币资产更加保险,导致对黄金的需求上升,金价上涨。例如,2008 年金融危机中,市场恐慌情绪大幅上升,投资者大量购买黄金,SPDR 黄金 ETF 基金短短几天内便增持 18%。从 2004 年开始,随着黄金 ETF 基金的陆续推出,黄金投资需求已经成为推动黄金价格上涨的主要动力,黄金投资需求已经占总用金比例的 19.82% 之上。

(三) 价格影响因素分析

影响黄金价格的因素较多,抛开与供需关系有关的影响因素,这里主要就美元、原油、通货膨胀以及地缘政治与黄金的关系进行分析。

1. 美元与黄金的关系

美元对黄金市场的影响主要有两个方面:一方面,美元是国际黄金市场上的标价货币,因而与金价呈现负相关。假设金价本身价值未有变动,美元下跌,那金价在价格上就表现为上涨。另一方面,黄金作为美元资产的替代投资工具,一般而言,在美元汇价看涨的时候,投资于美元资产的资金会急剧增加,黄金市场则会相对清淡,黄金价格也会下跌;

反之,黄金则会受到追捧,价格也会上升。从黄金价格变动的趋势我们可以清楚地看出这点(图 1-9)。

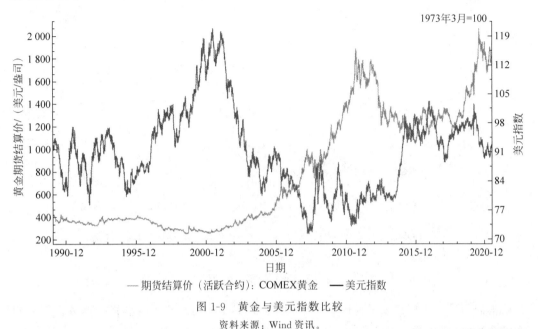

图 1-9　黄金与美元指数比较

资料来源:Wind 资讯。

2. 原油与黄金的关系

在人类社会中,无论是过去还是现在,黄金和石油都扮演着极其重要的角色:黄金是公认的硬通货,而自工业革命以来,石油成为现代社会的血液。黄金和石油在价格波动上有相似之处。长期以来,虽然金价与油价的涨跌幅度不尽相同,但两者却有着千丝万缕的联系。当国际油价大涨时,金价往往也随之上涨;而当国际油价低迷时,金价亦常常走低。但需要补充的是,这种关系并不是绝对的,当某个独立的因素影响程度比较大,压过了金价、油价的共同影响因素时,黄金和石油价格的运动趋势可能会发生背离。但从长远来看,黄金价格和石油价格同向运动的趋势比较明显,而且持续时间很长(图 1-10)。

3. 通货膨胀与黄金的关系

通货膨胀与黄金的关系要视通货膨胀的程度而定。从长期来看,每年的通胀率若是在正常范围内变化,那么对金价的波动影响并不大,因为当一国的物价稳定时,其货币的购买能力就稳定,持有黄金就会遭到冷落。例如 20 世纪 90 年代,世界进入低通时代,作为货币稳定标志的黄金用武之地日益缩小。但是,一旦出现恶性通胀,货币的单位购买力就会下降,从而引起人们恐慌,金价就会明显上升。不过美国的通胀率最容易左右黄金的变动,而一些较小的国家,如津巴布韦、智利、乌拉圭等,即使每年的通胀水平达到 400 倍,也对金价几乎没有影响。

扩展阅读 1.2　通货膨胀

4. 地缘政治与黄金的关系

战争和政局震荡时期,经济的发展会受到很大的限制。任何货币都可能会因为通货膨胀而贬值。这时,黄金的重要

扩展阅读 1.3　地缘政治

图 1-10　黄金和原油比较

资料来源：Wind 资讯。

性就淋漓尽致地发挥出来了。因为黄金是国际公认的交易媒介，在这种时刻，人们都会购买黄金来保值，从而推动黄金价格上涨。如第一次世界大战、第二次世界大战、美越战争、2001 年美国"9·11"事件等，都使金价有不同程度的上升。

　　一般来讲，当地缘政治题材成为人们关注焦点的时候，原油走势对金价的参考作用会大大增强。只要局势动荡及未来经济不确性题材不止，黄金和石油就会成为资金追逐的对象。但是还要考虑其他因素，比如，在 1989 年至 1992 年间，世界上出现了许多的政治动荡和零星战乱，但金价却没有因此而上升。原因就是当时人人持有美金，舍弃黄金。故投资者不可机械地套用战乱因素来预测金价。

四、能源化工产品期货

　　随着期货行业的发展，我国先后推出燃料油期货、PTA(精对苯二甲酸)期货、LLDPE(线性低密度聚乙烯)期货、PVC(聚氯乙烯)期货和 PP(聚丙烯)期货、EB(苯乙烯)期货、短纤期货、乙二醇期货，还有与合成橡胶高度相关的天然橡胶(简称橡胶)期货，石化领域的期货品种越来越多。由于国内期货市场化工产品(除了天胶)的产业链的源头都是石油与煤炭，因此可以原油、煤炭为主线，从产业链出发，通过成本核算和供求关系对能源化工走势进行分析。同时，鉴于经济环境对我国大宗商品市场的影响越来越大，整个期货市场的短期共振现象越来越多，我们需要结合宏观形势、产业链动态、资金流向及品种特点进行能源化工品种走势的研判。

(一) 能源化工产品的特征

1. 受原油、煤炭价格走势影响

原油、煤炭对化工品的影响主要有两个方面，一是从成本上构成推力，二是对投资者心理产生影响。能源和化工品在走势上具有趋同性,尤其是原油、煤炭在一段时间内形成明显上涨趋势时,很容易引发现货市场跟涨,期货市场大量资金涌入炒作。但是,在油价、煤炭价格表现温和时,主导化工品价格走势的是其自身的基本面。因此,原油、煤炭价格对化工品到底产生多少影响力,关键是看原油、煤炭上涨的幅度及持续时间。

2. 价格波动具有季节性和频繁波动性

化工品在生产上并没有如农产品般有季节性的供应特点,但在其需求上存在季节性特点,使得期货价格也会呈现上涨概率较大的季节、下跌概率较大的季节和价格盘整概率较大的季节三种情况。能源化工产业链长,供求关系的变化对期货价格的影响在很大程度上受交易者心理预期变化的左右,从而导致期货价格反复频繁波动。

3. 产业链影响因素复杂多变

石化产业链较为复杂,影响因素众多,各品种具有各自的特点。无论是分析成本还是供需,都需要对各个环节有清晰的认识,忽略任何一个环节的客观现实都容易产生反应过度或者反应滞后。如PTA作为上游化工和下游化纤的分水岭,一方面成本受原油波动和直接原料PX的供需影响,另一方面受下游纺织需求影响。

4. 价格具有垄断性

分析化工产业终端产品价格不易,因为石化领域的"中间体"价格往往由生产企业根据成本加上企业的加工利润报价形成,而买方只能被迫接受,所以化工品价格具有垄断性。截至2021年上半年,中石化和中石油LLDPE产量占总产量的58%。所以,两大集团的定价销售和挂牌销售会对市场价格产生很大的影响。

(二)能源化工产品产业链分析

石化行业的产业链分为两大部分:有机部分和无机部分,其中有机部分构成了产业链的主体、能源化工行业的研究重点,所以行业具有非常明显的产业链传递效应。

通常可以将石化产业分为石油开采业、石化炼制业、石油化工和化工制品等。

1. 原油开采及炼制阶段

石化领域的上游通常指原油和天然气的寻找、开采和生产,通常称为勘探和生产领域。石油领域的下游通常指原油的炼制以及天然气和油制品的销售与分发。这些产品包括液化石油气、汽油、航空煤油、柴油、其他燃料油、沥青和石油焦等。

(1)开采及炼制过程。世界上的石油产地主要集中在八大国家和地区——中东、俄罗斯、美国、加勒比海地区、非洲北部地区、东南亚地区、中国、西欧。有工业价值的石油经过了发现—采油—运输—储存—加工等复杂的过程。这些产品生产加工过程大致分为四个步骤:分离天然气、分馏、裂解和产品精制。

(2)石油产品。石油产品在大体上可以分为四类。一是气体:产品为丙烷与丁烷,是化工和塑料工业中很有价值的原料,可以用来生产溶剂、烟幕弹、聚乙烯和聚苯乙烯。这些气体也可以压缩生产液化气。二是轻馏分油:产品为汽油、石脑油。其中石脑油通过处理和混合后可用于汽油生产,也可以用作生产苯、甲苯、二甲苯的化学原料,并用来制造尼龙、聚氨酯。三是馏出物:产品为煤油、瓦斯油、取暖油和柴油。四是残余物:产品为燃料油、取暖用油、重柴油。

（3）石油产品价格形成机制。在我国，除石脑油和燃料油外，其他油品的价格仍然由"发改委统一定价"，采取区间定价的原则。只有当国际油价的波动超过一定幅度时，才会进行调整。因此，这些油品的价格与国际市场价格的联动性并不太大，且存在滞后期。我国的石脑油和燃料油已率先采用"市场定价机制"。

在市场定价的环境下，油品价格一方面受到原材料成本和加工环节边际利润的影响，另一方面还受到产品供需关系的影响。一般来说，油品成本应该包括生产原料和辅料，以及加工过程中发生的费用。或者说，油品成本由原料成本和边际利润构成。通常，我们用"裂解价差"的概念描述某一油品的市场价格与原油的市场价格之差。

2. 化工产品阶段

石油裂解产品经过化学反应，得到石化中间体或终端化工产品，主要包括三大烯（乙烯、丙烯和丁二烯）和三大苯（苯、甲苯和二甲苯），以及在它们基础上合成的氯乙烯、聚乙烯醇、乙二醇、丙烯腈、苯乙烯等。终端化工产品是利用石化中间体合成的，如合成纤维、塑料、合成塑料等。图 1-11 所示为化工产品结构，描述原油经过提炼得到石脑油，而石脑油经过逐级加工可得到各类化学产品，包括 PE（聚乙烯）、PX（对二甲苯）、PTA、PP 及合成橡胶等。

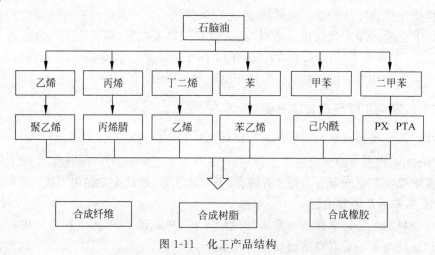

图 1-11　化工产品结构

（1）化工品生产成本。生产成本主要包括材料成本、人工成本及制造费用，它没有一个准确的界限，仅有一个价格区间。成本是产品定价主要考虑因素之一，也是期货价格变动的重要因素。在供需关系不变的情况下，成本上扬往往会推动商品价格走高；相反，成本下降往往会使商品价格下降成为可能。在下跌的过程中，应用成本分析预测商品价格走势通常是最有效的，因为成本能较好地构成底部支撑。当价格处于生产成本区间时，商品长期投资价值开始显现。下面，我们来介绍几个化工品的成本计算。

PTA 生产成本计算：

国内 PTA 生产成本计算＝0.655×PX 价格＋1 200 元

国外 PTA 生产成本计算＝0.655×PX 的价格＋130 美元

PVC 生产成本计算：

电石法 PVC 生产成本＝1.45×电石价格＋0.76×氯气价格

乙烯法 PVC 生产成本＝1.025×乙烯价格＋0.65×氯气价格

进口单体法 PVC 生产成本＝1.025×VCM(氯乙烯)价格＝1.6×1.025EDC

LLDPE 生产由于采用一体化装置,且作为原料"中间体"缺乏市场流通价,因此成本预测较为困难,但是我们依然可以借助各环节的区间加工费进行估算。原油-石脑油:加工费区间为35～50美元/吨;石脑油-乙烯:加工费区间为95～110美元/吨;乙烯-聚乙烯:加工费区间为150～175美元/吨。通常,原料终端用石脑油计算较为合理。

(2)化工品价格传导的类型。鉴于化工领域广泛存在着"中间体",而我国又缺少交易"中间体"的现货市场,因而我国石化终端产品的价格传导过程较为复杂,往往受到上游价格垄断的影响。化工品价格的形成主要受到两种因素主导:一是消费拉动,二是成本推动。这两种类型的价格传导过程和效果大不相同。

① 消费拉动型。在消费拉动情况下,下游需求增长将推动价格上涨。下游加工环节的边际利润需求随着需求增长而增长,进而拉动原料价格的上涨。这一过程在产业链中的每一个加工环节中重复,直至传导至产业链的源头——石脑油(或者天然气)。但是这一过程有时也会在某一环节受到阻碍,特别是在产能远远大于产量或者需求的环节。

② 成本推动型。在成本推动的情况下,产业链源头原材料价格首先上涨,其结果要求将增加的原料成本转嫁到加工环节的产品之中。这一过程在产业链中的每一加工环节中重复,直至传导至产业链末端的终端产品。不同的是,成本推动不如需求的拉动来得那么顺畅。常常由于产业链中某一环节的阻碍,而无法完全完成价格的传导过程,致使该加工环节的边际利润降低,甚至处于亏损状态。事实上,上游价格的向下传导,必须得到下游产品消费市场的消化。一旦价格超过了消费者愿意接受的程度,该产品将面临积压,价格根本无法继续传导。其结果是,产品不得不亏损销售,生产企业必须承担亏损的现实,直到价格能够向下传导为止。

(3)化工价格传导的特点。分析石化产品价格传导的特点,首先必须清楚地了解整个产业链的情况,只有对整个产业链有了清晰的认识,才能清楚了解产业链各个环节的价格传导过程。

我们先来看一个 LLDPE 价格传导的例子。LLDPE 的生产流程为:原油—石脑油—乙烯—聚乙烯—塑料等制品,聚乙烯包括高密度聚乙烯(HDPE)、低密度聚乙烯(LDPE)以及线性低密度聚乙烯。从生产流程中可以看出,石油、石脑油以及乙烯是其上游原料,它们价格的波动将会直接影响到 PE、LLDPE 的价格变动。

另外,根据特定的加工过程,利用不同来源的石化原料生产相同石化产品的成本是不同的。因此,某些石化产品的价格与原料价格可能存在较大的差异,如受加工乙烯来源(石脑油或者天然气)的不同和下游消费变化的影响,乙烯和石脑油价格的差异很大,尽管局势相同,在中东,通过乙烷裂变生产乙烯,其毛利是石脑油工艺的两倍,这对亚太地区乙烯价格有很大影响。

同时,价格传导也存在着不畅,一方面,上下游产品所处市场环境不同,是影响价格传导能力差异的内在因素:天然气、原油以及加工产品属于上中游产业,准入壁垒较高,相对处于垄断地位,具有较强的定价能力,由此决定了其价格传导能力较强。而化纤、橡胶、塑料制品行业属下游产业,企业准入壁垒低,市场竞争充分,可能存在的恶性竞争或者供过于求的状况极大地抑制了价格的传导过程的顺利进行。同时,由于上游原材料供应弹性有限,在需求增加时,它就表现为价格上涨;而下游产品却拥有大量过剩的生产能力,导致终端消费市场价格上涨往往会遇到阻力,因为涨价就意味着要失去市场份额。上下游行业不同的市场环境,使得上游价格上涨传导到最终消费领域的难度增加、程度减弱、时滞延长。另一方面,融入全球定价体系程度不同,是影响价格传导能力差异的重要外因。我国在加入 WTO(世界贸易组织)后开放程度逐步提高,原油及其初级加工产品基本上是标准化的可贸易商品,其价格由全球的供求因素决定,受国际市场价波动影响较大;而化纤、橡胶、塑料制品等价格,基本上由国内供求决定,所以价格主要受国内市场波动影响。

综合来看,石化产业价格传导主要具有以下几个方面的特点。

① 时间滞后性。由于石化产品产业链复杂,所以价格在传导中存在滞后性,越是下游产品,越在价格传导过程中处于劣势。

② 过滤短期小幅波动。从短期来看,原油价格波动对石化中间体的实际价格影响一般不会立即显现出来,而各环节原料和产品的价格是决定其当时价格波动的重要因素;而从中长期来说,原油价格波动对石化产品价格波动具有重要的指引作用。

③ 价格传导的过程可能被阻断。上游产品价格的波动并不一定会引起跨环节下游产品相应的价格波动,有时,下游产品受供给状况或其他因素影响,价格可能呈现相反的波动。

④ 国际市场价格的影响。在石脑油和最终产品之间各个环节的产品属于石化"中间体"。进口依存度较高的"中间体",其定价常常受到国际市场价格的影响。进口依存度越高,受国际市场的影响越大。在我国,"中间体"的定价通常参照亚太地区的市场结算价,而最终定价权则主要集中在中石油和中石化手中。

3. 下游制品的阶段

经过石化企业加工之后,石化产品就销售到下游的用料企业。这时下游工厂的实际需求对石化产品的价格走势起到了决定性的影响。影响下游需求的因素主要涉及三方面。第一,现有库存情况对采购时机的影响。下游工厂的库存同样是社会资源总量的一部分,它的高低直接影响工厂的采购时间。对原料市场的成交是一个不可忽略的影响因素。第二,下游工厂的生产条件对开工率的影响直接关系到用料的实际需求。第三,下游制品的销售情况及价格涨跌对采购需求有较大影响。由于 LLDPE、PVC、PTA、燃料及天胶的用途和需求结构迥异,我们在考察其下游需求时关注点是不同的。

对于 PVC 而言,房地产、建筑行业的景气状况是需求的关键。PVC 用途较为广泛,主要用于型材、异型材、管材、板材、薄膜、包装材料及软制品。其中,型材和异型材是我国 PVC 消费量最大的领域,约占 PVC 总消费的 25%,主要用于制作门窗和节能材料。聚氯乙烯管道是其第二大消费领域,约占其消费量的 20%。对于 PTA 而言,聚酯增长决定直接需求,纺织增长决定终端需求。聚酯产品中涤纶对 PTA 的需求量最大,而涤纶是纺织行业的主要原料。因此,纺织行业的景气程度直接影响涤纶市场消费,进而决定 PTA 的需求。对于天然橡胶而言,汽车工业以及相关轮胎行业的发展情况将会影响天胶的价格。

因为天然橡胶消费量最大的是汽车行业,约占天然橡胶消费总量的 65%。

由上述分析可见,虽然这些产品都属于化工产品,但产业链有很大的差异,也不存在需求上的替代性或互补性。因此,我们在分析化工产品的下游需求状况时,需要侧重其不同的行业需求。

(三) 相关因素分析

由于石化产业链较长,且存在分支,各因素对石化产品的影响分析较为复杂。因此,我们对石油和化工品的影响分别阐述。

1. 影响原油的主要因素

(1) 原油需求。在预测原油价格时,通常应从分析全球原油的供需平衡入手,我们首先看原油需求。经济增长是影响原油需求的主要因素,要对原油消费的增长作出预测,就要对消费国的国民生产总值作出预测。不同国家和地区的原油需求与 GDP 的增长比率不尽相同,发展中国家在经济增长中,单位经济活动的耗油水平较高。

(2) 原油供给。与需求方相比,原油的供应相对集中(图 1-12),主要来自美国、俄罗斯以及 OPEC(石油输出国组织)国家。2020 年,美国、俄罗斯以及 OPEC 国家原油产量占比超过 60%。原油供给主要考虑以下几方面因素:一方面,美国页岩油产量。2010 年美国页岩油革命后页岩油产量大幅增加。2010 年美国页岩油产量不足 100 万桶/日,至2020 年产量增加至 750 万桶/日以上的水平。另一方面,OPEC 剩余产能。OPEC 的剩余产能是可以立即投入生产的原油产能,这部分产能起到一种"安全防卫地带"的作用。OPEC 的剩余产能的多少极大影响投资者的情绪,特别是在产能明显偏低的情况之下。

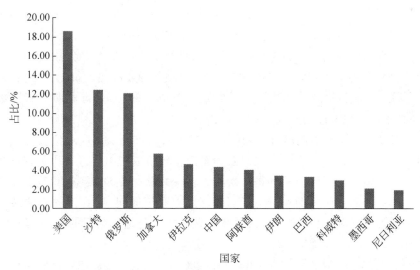

图 1-12　2020 年世界原油生产国产量占比

资料来源:BP 2020 年统计年鉴。

(3) 库存。原油平衡表中的所有数据之中,库存数据最能直观反映当前原油市场的供需情况。目前市场上关注比较多的库存数据为 API(美国石油学会)、EIA(美国能源信息署)商业原油库存以及 OECD(经济合作与发展组织)商业原油库存。

（4）OPEC 的政策。OPEC 的政策变化可能是预测原油价格的关键因素。通常,油价长时间在一定的区间内波动,当价格低于该区域的底部区域时,OPEC 会出台一系列政策,维持油价的稳定,原油价格会出现反弹。

2. 影响化工品供给价格的主要因素

（1）供需因素。供应面主要可以从两个方面加以考虑,一方面是国内生产商的供给情况,另一方面则是国外进口情况。我国许多石化产品仍需要大量进口以满足国内生产的需求,所以,在分析国内自身供应情况的同时,也需要结合国外进口情况。

需求面则主要考虑经济发展中的实际需求和一些投机需求。随着季节交替,化工产品的需求量会有所起伏。来自下游消费结构造成的季节性需求差异是造成化工品价格季节波动的主要原因。如用 PVC 制成的薄膜、线材和门窗等在每年 3 月、4 月份和每年的 9 月、10 月份需求较为旺盛;用 LLDPE 制成的农膜在春季和秋季需求较为旺盛;夏季出行高峰及冬季取暖用油增加则是原油价格季节性波动的轴心。

（2）下游开工情况。石油产品价格会影响化工产品的生产成本,而生产成本则直接影响石化产品生产商的积极性,在生产成本较高的形势下,生产厂商面临微利或亏损的局面,往往会降低开工率。相反,生产成本较低则会促使下游厂商增加开工率,以追求更大的利润。从而对其直接或间接上游的石化产品价格起到推动作用。因此,下游工厂的开工率对需求起直接作用,进而对价格产生影响。

（3）相关商品价格。由于替代关系,相关商品价格的变动也会影响石化产品价格走势。如 LDPE 与 LLDPE 主要用于薄膜生产,两者价格会相互影响。

（4）原油价格。化工行业具有较强的上下游产业联动性特点,而原油作为基础能源和化工原料,其价格对化工下游行业有重要的影响。原油价格上涨首先推动原油采掘企业毛利率的增加,处于原油产业链的中下游的企业成本同时增加,由于成本上涨,最终消费品价格也将上涨。但当原油价格上涨到中期,总体来说则是上游受益、下游受累,但是影响的程度仍然需要从多方面加以考量,这主要取决于行业消化油价上涨的能力,具体包括:原油及原油上涨引致的其他成本占该行业生产成本的比重、行业向下游转嫁价格的能力、提高技术水平以及改善成本结构的潜力。

（5）国家宏观政策及法规对价格的影响。国家宏观政策及法规对价格的影响主要包括人民币汇率、进出口关税、出口退税以及国家产业政策取向等。人民币汇率的变化直接影响到石化中间体及上下游产品的进口价格;进口关税直接影响到进口商品的成本;出口退税影响出口商品在国外的竞争力。而国家产业政策取向,则直接关系到某个产业或领域在未来的发展状况,对未来产品的供需情况及相关行业的发展情况具有较强的指引作用。

第二节　商品期权

商品期权作为期货市场的一个重要组成部分,是当前资本市场最具活力的风险管理工具之一。商品期权指标的物为实物的期权,如农产品中的玉米、白糖,金属中的铜等。商品期权是一种很好的商品风险规避和管理的金融工具,而且与期货相比,商品期权能以较小成本锁定价格下跌风险,并且保留价格上涨时的盈利,从而保护经营者的利益。

一、商品期权简介

(一)商品期权的概念

假如某购房者看中了一套期房,房价为 1 万元/平方米,房屋面积为 100 平方米。购房者先交定金 1 万元,当房价上涨,其仍有权利按 1 万元/平方米购买此房;如果房价下跌,且下跌的总价值超过了定金,则购房者可以放弃定金不买这套房子。这里,购房者交了定金,就有了购房权利。买与不买都是其权利,而收了定金的房地产公司却只有满足购房者要求的义务,没有强行要求购房者买卖的权利。

期权(option)的原理与上例类似。那么何为"期权"? 从字面上来看,"期"是未来的意思,"权"是权利的意思。期权就是指一种能在未来某特定时间以特定价格买入或卖出一定数量的某种特定商品的权利。期权实际上是一种权利,是一种选择权,期权的持有者可以在该项期权规定的时间内选择买或不买、卖或不卖的权利,他可以实施该权利,也可以放弃该权利,而期权的卖出者则只负有期权合约规定的义务。

期权按合约上的标的物总体上被划分为两大类——金融期权和商品期权。标的物属于金融产品的期权为金融期权,如股票期权、利率期权;标的物为商品的期权属于商品期权,如农产品中的豆粕期权、玉米期权和金属中的铜期权等。商品期权是用于规避和管理大宗商品风险的金融工具。与商品期货一样,商品期权也是被标准化了的合约。

【例 1-1】 某投资者在 6 月 12 日买入 11 月到期的豆粕期货看涨期权 1 手(10 吨),执行价格为 3 650 元/吨,权利金为 20 元/吨。意味着该投资者作为期权的买方向卖方支付了 20 元/吨的费用共 200 元后,拥有了在该期权到期前或到期当日(通常是在 10 月中旬的某个交易日)以事先规定好的 3 650 元/吨的价格向卖方买入 1 手 11 月豆粕期货合约的权利。注意:双方买卖的是一种权利,但该投资者也不一定非要行使这个权利。如果在这段时期内,11 月豆粕期货价格低于 3 650 元/吨,他就没必要行权,但如果期货价格高于 3 650 元/吨,则他提出行权的话,期权卖方就要无条件地按 3 650 元/吨的价格履行他卖出 1 手 11 月豆粕期货合约的义务,没有选择的余地。

该投资者购买豆粕期货看涨期权的目的显然是担心豆粕期货价格上涨,为期货价格买了一份上涨的"保险",一旦真的涨了,那卖方就得赔偿差价;没涨的话,则他给卖方的"保费(权利金)"就白交了。

(二)商品期权的功能

期权和期货都是用来规避价格波动风险的工具,但期权的某些功能是期货不具备的,两者各有各的作用和特色。1973 年到 1984 年,美国政府对期权交易进行了大量的调查后得出结论,期权交易可以改变收益的分配,相当于支付一笔定金后,把收益和风险分隔开。正是期权所具有的这种特性,为所有价格波动剧烈商品的风险管理带来了福音。

1. 风险管理功能

传统情况下用期货给现货做卖出套期保值,在锁定下行风险的情况也丧失了获得市场上涨带来潜在收益的可能性。用期权做卖出套期保值的结果则完全不一样,比如,通过买入看跌期权做卖出套期保值,既可以锁定损失,也保留了上涨的收益。另外,值得一提的是,即使卖出套期保值,期权也有不同的交易策略。卖出看涨期权也是一种卖出套期保值的方法,只是和买入看跌期权做卖出套期保值所适用的情况有所差异。卖出看涨期权适合于市场中性或者小幅下跌的情形,而买入看跌期权则适合于市场大幅下跌的情况,市场大幅下跌后买入的看跌期权能够获得较好的补偿,所以说它类似于保险。运用期权的风险管理功能最受益的就是农产品和农业。农民是看天吃饭的,即使是农业技术发达的美国也是这样,这使得农产品的供需关系经常会不平衡,常有谷贱伤农、丰产不丰收的情况。正因为期权产品具有权利与义务相分离的金融特性,农民既可以获得农产品价格上涨的收益,又能规避价格下跌的风险。使用期权产品,农民相当于为种植的作物上了保险,在一定程度上降低了农业套期保值的难度,使农业生产者可以更加便捷地管理价格风险。另外,期权还有利于发展订单农业及解决"三农"问题。美国政府就通过向农场主提供期权权利金的财政补贴及支付交易中的手续费的形式,以引导、鼓励农民进入期权市场。

2. 强化期货市场功能,延伸期货市场体系

国际成熟的期货市场体系中,只要有期货市场,就需要期权市场与之配套运作。在现货—期货—期权的市场关系链中,现货市场的成熟是期货市场发展的前提条件,而期货市场发展到一定阶段又是期权上市的基础。期货是规避现货价格波动风险的工具,同样,期权是平衡期货头寸风险的工具。期权的上市交易意味着期货市场体系从布局上得以延伸和健全。从前面所提到的企业案例中发现,仅仅运用期货进行套期保值也是有风险的。尤其是期货的保证金收取和追加方式增加了套期保值的操作风险。随着需求的上升和市场的发展,越来越多的企业已经不满足于在传统的期货市场进行套期保值,它们需要更多成本更低、操作简单、风险可控的工具与不断变化的市场需求相匹配。商品期权作为在商品期货基础上产生的一种全新的衍生产品和有效的风险管理工具,正是满足以上要求的适宜产品。

(1)期权交易比期货交易更为灵活,套期保值策略更多,企业的选择余地更大。

(2)购买期权可以避免期货交易中追加保证金的风险,更有利于增强企业套期保值的灵活性,降低了套期保值费用。由于买入期权所支付的权利金就是保值操作的最大损失,从而锁定成本,有效避免"被套"的情形,对于期权的买家来说,风险较为明朗。

(3)期权一般在期货涨跌停板的时候仍然可以交易。商品期权在到期之前就可以行权,也可以看作是由市场价格决定的一种保险金缴纳机制,有利于投资者心态的稳定,降低整个期货市场的运行风险。

(4)期权不但可以规避价格风险,也可以用来规避产量风险。

3. 助推金融工程,提升资产投资吸引力

期权可以为期货进行"再保险"。二者的不同组合,可以构造多种不同风险偏好的交易策略。通过使用期权,机构投资者可以根据自身对于风险和收益的偏好来推出适合于自己的结构化产品。期权合约众多,加上相同标的物的期货品种,套利机会成倍增加,套利市场广阔。此外,期权的杠杆率较高,能提高资金的利用效率。

(三)商品期权合约包含的基本要素

构成期权合约的基本要素几乎与期货是一样的,主要包括合约标的资产、合约类型、交易代码、交易单位、行权方式、报价单位、最小变动价格、执行价格(exercise price or strike price)及数量、行权价格间距、每日价格最大波动限幅、保证金要求、最后交易日和合约最后到期日等。不过,对于一个期权合约来说,最基本的要素有三项,通常称之为期权三要素:执行价格、权利金(premium)(虽然合约中并未载明,由市场竞价决定)和到期日(expiration date),表 1-1 为郑州商品交易所(以下简称"郑商所")棉花期权合约。

表 1-1 郑州商品交易所棉花期权合约

合约标的物	一号棉花期货合约
合约类型	看涨期权、看跌期权
交易单位	一手(5 吨)一号棉花期货合约
报价单位	元(人民币)/吨
最小变动单位	1 元/吨
涨跌停板	与棉花期货合约每日涨跌停板的绝对数相同
到期月份	棉花期货合约交割月份前两个月及交易所规定的其他月份
交易时间	与棉花期货合约相同
最后交易日	标的期货合约交割月份前一个月的第 3 个交易日,以及交易所规定的其他日期
到期日	同最后交易日
行权价格数量	每个交易日以前一交易日结算价为基准,按行权价格间距挂出 6 个实值期权、1 个平值期权和 6 个虚值期权
行权价格间距	行权价格在 10 000 元/吨以下时,行权价格间距为 100 元/吨;行权价格在 10 000 元/吨以上、20 000 元/吨以下时,行权价格间距为 200 元/吨;行权价格在 20 000/吨以上时,行权价格间距为 400 元/吨
行权方式	美式。买方可在到期前任一交易日的交易时间提交行权指令、撤销行权指令;买方可在到期日 15:30 之前提交或撤销行权指令、放弃指令
交易代码	看涨期权:CF-合约月份-C-行权价格 看跌期权:CF-合约月份-P-行权价格
上市交易所	郑州商品交易所

1. 合约标的物

商品期权的标的物选择的是商品期货合约。也许有读者会问,为什么不直接选择商品呢?比如在豆粕期权交易中,期权买方要求行权后,卖方卖给他的是大连商品交易所(以下简称"大商所")相应月份的豆粕期货合约,为什么不直接卖给他豆粕呢?原因有三:一是期货合约要比标的商品的流动性好很多;二是对大多数投资者来说,交易期权并不想牵涉实物交割,如果一行权就要交割实物,对中小散户来说将是灾难性的,而且现行的期货交易制度也不允许散户参与实物交割,因此期权交易不涉及实物交割的问题;三是期货与期权都是在同一个交易所中同时交易,这给套期保值、套利、投机都带来很大方便,使得市场效率更高。

在期货保值实际运用中,很难用期货做到完美的、无差别的套期保值,这主要是因为现货与期货之间基差的存在,即使是在交割日,期货和现货价格往往也不完全一致,期货交割价格与现货价格无法收敛一致,更不用说像交割费这类额外的固定费用,这就造成了企业套期保值的误差损失。而期权最初的设计是作为对冲工具,其目的就是满足精确的保值要求。如果企业用现货期权来保值,那么在行权日其价格就必然与现货价格实现完美的统一。但是,由于国内没有全国性的健全的现货交易市场,都属于区域性的现货市场,无法形成权威且统一的现货价格,当前条件下国内各期货交易所还无法选择用现货作为期权标的物,而是选择了流动性更好、价格更权威和更具广泛流通性的期货合约作为标的物。因此,严格来说,本书中所说的商品期权更确切的名称应该是"商品期货期权"。因此,大商所的豆粕期权所对应的标的物是该所的豆粕期货合约;郑商所的白糖期权所对应的标的物是该所的白糖期货合约;上海期货交易所(以下简称"上期所")的金属铜期权合约标的物是该所的铜期货合约,与现货交易无关。

2. 合约类型

按照买方对价格方向的判断,商品期权可分为看涨期权(call options)和看跌期权(put options)两种类型。

看涨期权,又称买权,是指期权买方看涨期货价格未来走势,向期权卖方支付一定数额的权利金后,即拥有了在期权的有效期内,按事先约定的价格向期权卖方买入一定数量的相关商品期货合约的权利,但不负有必须买的义务。而期权卖方则有义务在期权规定的有效期内,应期权买方的要求,无条件地以期权合约事先规定的价格卖给期权买方相关商品的期货合约。显然,正是因为期权买方对商品未来价格看涨,才愿意付出权利金买入未来以约定价格"买入"的权利,这就是此类期权被称为"看涨期权"的缘故。

看跌期权,又称卖权,是指期权买方向期权卖方支付一定数额的权利金后,即拥有了在期权合约的有效期内,按事先约定的价格向期权卖方卖出一定数量的相关商品期货合约的权利,但不负有必须卖的义务。而期权卖方有义务在期权规定的有效期内,应期权买方的要求,无条件地以期权合约事先规定的价格买入买方手中的商品期货合约。显然,正是因为期权买方对商品未来价格看跌,才愿意付出权利金买入未来以约定价格"卖出"的权利,这就是此类期权被称为"看跌期权"的缘故。

3. 交易代码

由于增加了看涨期权或看跌期权以及执行价等内容,期权的交易代码要比期货交易代码略显复杂。

商品期权合约代码的组成:期货品种代码＋月份＋看涨/看跌期权字母＋执行价格。

看涨期权和看跌期权分别用 C、P 表示。C 为看涨期权英文"call"的首位字母,P 为看跌期权英文"put"的首位字母。

【例 1-2】 SR2109C5500 代表的品种是:标的为白糖期货 2109 合约,执行价格为 5 500 元/吨的看涨期权。CU2109P71500 表示的意思是:标的为金属铜期货 2109 合约,执行价格为 71 500 元/吨的看跌期权。

【例 1-3】 M2108-C-3000 与 M2108-P-3000 各代表什么含义?

M2108-C-3000 代表的品种是标的为豆粕期货 2108 合约,执行价格为 3 000 元/吨的看涨期权;而 M2108-P-3000 代表的品种也是豆粕期货 2108 合约,执行价格也为 3 000元/吨,只不过是看跌期权。虽只有一个字母之差,但方向却相反。因此,在进行期权交易报价时要格外小心,以免做错品种。

4. 执行价格

执行价格也称行权价格,是行权时买卖双方的履约价格。期权交易双方一经成交,这一价格就确定了。在期权有效期内,不论将来期货价格涨得多高、跌得多深,买方都有权利以该价格买入或卖出期货合约,期权卖方都必须无条件接受买方的要求。

【例 1-4】　某投资者买入 1 手 M2108-C-3000 的豆粕看涨期权。当豆粕期价上涨到3 200 元/吨时,该投资者向交易所提出行权,则该合约的卖方在当天收市后,就无条件地以 3 000 元/吨的价格(注意:不是 3 200 元/吨的价格)卖出 1 手 M2108 豆粕期货合约给买方。显然卖方亏损了 200 元/吨×10 吨/手=2 000 元(不包括卖方收取的权利金)。因此,3 000 元/吨的价格是买卖双方在期权交易成交时就确定好的、都不能反悔的履约执行价格。

5. 执行价格的数量和间距

既然执行价格是期权买卖双方行权时的履约价格,那期权市场上每一个不同的买方都有自己想要的执行价格,其结果是对应于一个期货合约就可能会派生出成百上千个期权。这不仅增大交易所的风控管理难度,而且每个期权交易的人数可能寥寥无几,会造成流动性不足的风险。因此,交易所需要通过设置执行价格间距来控制期权合约数量。但如果执行价格间距设置得过大,又会导致期权数量太少,将无法满足对不同价位进行投机或套期保值的市场需求。那么,如何确定执行价格,确定多少个执行价格,相邻两个执行价格之间的间距定多大才合理,这些都需要在期权合约中载明。

6. 行权方式

商品期权根据行权方式,可分为美式期权、欧式期权和百慕大期权。

美式期权,是指在期权合约规定的有效期内的任何交易日都可以行使权利。过了期限,期权则自动作废。

欧式期权,是指只有在期权合约规定的到期日那一天方可行使权利,期权的买方在合约到期日之前不能行使权利。过了期限,期权则自动作废。

百慕大期权,是一种可以在到期日前所规定的一系列时间行权的期权。过了期限,期权则自动作废。

国内交易所上市挂牌的期权品种的行权方式比较见表 1-2。

表 1-2　国内交易所上市挂牌的期权品种的行权方式比较

期权品种	行权方式
股指期权(中国金融期货交易所)	欧式
白糖期权、棉花期权(郑州商品交易所)	美式
豆粕期权(大连商品交易所)	美式
铜期权、黄金期权(上海期货交易所)	美式

【例 1-5】　某投资者在 1 月 18 日买入 3 月 25 日到期、执行价格为 5 500 元/吨的 5 月白糖期货合约的看涨期权 1 手。若该期权为美式期权，则该投资者在 3 月 25 日前及该日的任意一个交易日都可以行权，获得 1 手 5 月白糖期货多头合约，当然也可以永不行权；若该期权为欧式期权，则该投资者只能在期权到期日，也就是 3 月 25 日当天才可以行权，获得 1 手 5 月白糖期货多头合约，如果当天不行权，则期权作废；若该期权为百慕大期权，比如交易所规定的每周五是行权日，则该投资者在 3 月 25 日前的每周五及该日都可以行权，获得 1 手 5 月白糖期货多头合约，其他时间不得行权。

很容易发现，美式期权的买方"权利"相对较大，而卖方则时刻面临着履约风险。因此，在同样条件下，美式期权的价格总是会高于欧式期权的价格。

值得注意的是，国内外商品期权基本上都是美式期权而不是欧式期权，也很少有百慕大期权。美式期权的优点在于对期权买方有利。在期权到期前买方可以任意选择执行时间，随时行权，这有助于矫正期权与期货的偏离度，降低买方参与市场的操作风险。但美式期权对期权卖方不利，增加了卖方被随时要求行权的风险，影响卖方对各种策略的应用。另外，美式期权也给市场监控带来困难，投机者可能会利用随时行权的特点，通过操纵期货价格进而在期权上获利。

7. 权利金

权利金，又称期权费、期权金，即期权的价格。权利金是期权合约中唯一的变量，是由买卖双方在期权市场公开竞价形成的，是期权买方为获得期权合约所赋予的权利而必须支付给卖方的费用。对于期权买方来说，权利金是其损失的最高限度。对于期权卖方来说，卖出期权即可得到一笔权利金收入。市场投机者炒作期权的目的实际上就是想博取权利金的涨跌所带来的盈利。

【例 1-6】　某投资者以 100 元/吨的价格买入 5 手 9 月到期、执行价格为 71 500 元/吨的金属铜看涨期权。该投资者共付出了 100 元/吨×5 吨/手×5 手＝2 500 元的权利金，而卖方获得了 2 500 元的权利金。随后，铜期货价格上涨到 71 800 元/吨，上述期权价格也涨到了 126 元/吨。该投资者发出平仓指令：以 126 元/吨价格卖出平仓 5 手 9 月到期、执行价格为 71 500 元/吨的铜看涨期权。该投资者盈利为：（126－100）元/吨×5 吨/手×5 手＝650 元。从以上例子发现，期权价格就是代表着权利金的多少、交易的就是权利金。

8. 最后交易日、到期月份及到期日

最后交易日，是指某期权合约能够进行交易的最后一日。

到期日，是指期权买方能够行使权利的最后一日，通常与最后交易日是同一天。

到期月份与合约月份是比较容易混淆的概念，需要重点强调，加以区别。期货合约在临近交割月份时，投资者都纷纷将仓位向后续合约转移以规避交割风险，导致临近交割月份合约的交投往往逐渐变得十分清淡。这将会导致与之相对应的期权合约因流动性不足而发生行权困难，也不便于行权后的期货合约在市场上进行对冲平仓（已经很难找到对手盘了），从而导致发生交割风险。为解决这一问题，交易所规定，与期货相同月份的期权合约往往比期货合约提前 1～2 个月到期结束，以方便行权及行权后的期货合约对冲操作。表 1-3 列出了国内各商品期权到期月份及最后行权日。

表 1-3　国内各商品期权到期月份及最后行权日

交易所	期权品种	期权到期月份及最后行权日
郑州商品交易所	白糖、棉花	相应期货合约交割月份的前 1 个月的第 3 个交易日
大连商品交易所	豆粕	相应期货合约交割月份的前 1 个月的第 5 个交易日
上海期货交易所	铜、黄金	相应期货合约交割月份的前 1 个月的倒数第 5 个交易日

（四）商品期权价格的影响因素

前面曾提到过，期权价格主要由内涵价值和时间价值两部分组成（图 1-13），其计算公式如下：

期权价格＝期权的权利金＝内涵价值＋时间价值

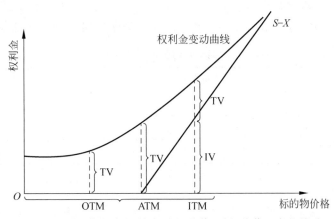

图 1-13　看涨期权中权利金、内涵价值、时间价值三者的关系

注：图中 OTM、ATM、ITM 分别代表虚值期权、平均期权和实值期权；TV 代表时间价值；IV 代表内涵价值；X 代表执行价格；S 代表标的物价格。

因此，凡是影响期权内涵价值和时间价值的因素，就是影响商品期权价格的因素。由于期权的内涵价值是由期权合约的执行价格与标的期货合约价格的关系决定的，期权的执行价格与标的期货合约价格是影响商品期权价格的两个首要因素。对期权时间价值的影响因素包括期权距到期日的剩余有效期，以及在此期间标的期货合约价格的波动率大小和无风险利率可能发生的变化等（图 1-14）。

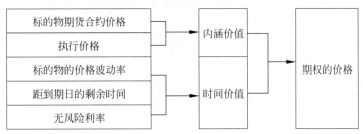

图 1-14　商品期权价格的影响因素

总体来看，影响商品期权价格的主要因素有五个，它们通过影响期权的内涵价值和时间价值来影响期权的价格。

1．标的期货价格

期权标的物——期货合约的价格是影响期权价值的重要因素。当执行价格确定后，看涨期权是以某一特定价格买入一定数量期货合约的权利。如果期货合约价格上涨，则其价格和执行价格的差，也就是看涨期权的内涵价值就会增加，看涨期权的价格也就随之上涨。同理，看跌期权是以某一特定价格卖出一定数量期货合约的权利，所以期货合约价格越低，执行价格和期货合约价格的价格差，也就是看跌期权的内涵价值会越高，看跌期权的价格也就会上涨。

期货合约价格与期权价格具有相关关系（表1-4）。在看涨期权交易中，期货合约价格与期权价格为正相关关系。期货合约价格越高，期权的内涵价值就越大，期权价格也就越高；在看跌期权中，期货合约价格与期权价格呈负相关关系。期货合约价格越高，期权的内涵价值就越小，期权价格也就越低。因此，投资者在进行期权交易时，首先要考虑标的物期货合约的价格，根据其与执行价格的关系选择实值期权、平均期权和虚值期权。

表 1-4　标的期货合约价格与期权价格的关系

期权种类	标的期货合约价格	期权价格
看涨期权	上涨	上涨
	下跌	下跌
看跌期权	上涨	下跌
	下跌	上涨

2．执行价格

假设某豆粕期货合约对应有两个看涨期权，一个执行价为 3 500 元/吨，一个执行价为 3 600 元/吨。如果两个期权的权利金相同（当然这几乎是不可能的），你更愿意买哪一个期权呢？显然，执行价为 3 500 元/吨的期权易被"哄抢"。这是因为，在看涨期权中，执行价格越高，买方盈利的难度越大，所以执行价高的看涨期权应该相对便宜一些，而执行价越低的看涨期权会更贵才合理，即执行价格与期权价格呈反向变动关系。与看涨期权相反，看跌期权的执行价越低，对买方越不利；执行价格越高，买方盈利才更容易。所以，执行价低的看跌期权会相对便宜，执行价高的看跌期权会比较贵，此时执行价格与期权价格呈正向变动关系（表1-5）。

表 1-5　执行价格与期权价格的关系

期权种类	执行价格	期权价格
看涨期权	越高	越低
	越低	越高
看跌期权	越高	越高
	越低	越低

3．商品期货价格的波动率

通常，人们把期货作为规避现货价格波动风险的工具，而把期权用于规避期货价格波动风险的工具。因此，商品期货价格的波动率是期权定价模型中最重要的变量，可谓"没有期货的波动率，期权就是多余的"。

波动率是衡量标的物价格波动幅度的指标,一般定义为标的物收益率的标准差。对商品期权来说,直观上理解,波动率就是衡量期货价格波动的百分比,只体现期货价格波动幅度的大小,即价格波动的剧烈程度,而不考虑价格变动的方向。

期货价格波动率对期权价格有无影响是随着期权剩余时间的长短来体现的。在其他因素不变的条件下,期货合约价格的波动增加了期权向实值方向转化的可能性,期权价格也会相应上涨。在期权到期前,标的期货合约的波动性越大,其价格涨至执行价格之上或跌至执行价格之下的可能性也就越大,期权就越有价值,价格就会越高;相反,期货价格波动性越小,期权价格也就失去了价值性,价格当然也就越低,即期货价格波动率与期权价格呈正相关关系(表1-6)。

表 1-6 期货价格波动率与期权价格的关系

期权种类	标的期货合约价格波动率	期权价格
看涨期权或看跌期权	上升	上涨
	下降	下跌

4.剩余到期时间

对美式商品期权而言,由于它可以在有效期内任意时间行权,期权有效期越长,期权多头获利机会就越大,其时间价值也就越大,期权价格越高;相反,时间价值就越小,期权价格就越低。因此,无论是看涨期权还是看跌期权,其价格与期权到期日剩余时间均呈正相关关系。其具体特点如下。

(1)时间价值会随着期权到期日的日益临近而加速衰减,而在到期日时,时间价值衰减至零。

(2)按照一般规律,距到期日剩余时间还有60%以上时,因到期日临近造成的时间价值减少量并不会很多,投资者只要能正确地预测标的期货价格走向就可以获利,不必担心时间价值的减少。

(3)按照一般规律,距到期日剩余时间不到60%甚至更少到40%时,时间价值的递减率会增加一成以上,所以此时期权投资者应当注意时间价值的影响。如果标的期货合约价格的涨跌幅度不大,即使做对了方向,也可能因时间价值的减少而出现亏损。

(4)距到期日剩余时间在40%以下时,时间价值的递减会急剧加速。

从期权与时间的关系来看,期权是一种价值损耗性资产。对于期权合约来说,从上市交易的第一天起,到期时间只会一天天减少。对买方来讲,时间的流逝对其是不利的,因为只要有时间,买方就有获利行权的希望;对卖方来说,时间的流逝对其是有利的,因为这会减少买方行权的机会,带来期权价值的下降,"上帝在帮助期权的卖方"。因此,期权剩余时间的变化对买卖双方的影响是不同的。到期日剩余时间与期权价格的关系见表1-7。

表 1-7 到期日剩余时间与期权价格的关系

期权种类	距到期日剩余时间	期权价格
看涨期权或看跌期权	越长	越高
	越短	越低

【例 1-7】 某投资者买入 1 手执行价 3 500 元/吨的某月份豆粕期货看涨期权,支付权利金 90 元/吨,距到期日还有 30 天。当天该豆粕期货合约结算价为 3 452 元/吨。假设在未来 30 天内期权的波动率几乎不变,期权时间价值的变化如表 1-8 所示。

表 1-8 期权时间价值的变化

情形项目	期货价格 /(元/吨)	期权剩余时间 /天	期权内涵价值 /(天/吨)	期权时间价值 /(元/吨)	期权价格 /(元/吨)
初始情形	3 452	30	0	90	90
情形 1	3 565	20	65	55	120
情形 2	3 565	10	65	15	80
情形 3	3 565	0	65	0	65

情形 1:假设 10 天后,豆粕期货结算价由 3 452 元/吨上涨到 3 565 元/吨,同期该看涨期权价格也上涨到了 120 元/吨。

分析:期货价格上涨了 113 元/吨,看涨期权由当初的虚值状态变成了实值状态,内涵价值为:期货价格-执行价格=65 元/吨,而同期期权价格只上涨了 30 元/吨,上涨的幅度小于内涵价值上涨的幅度。显然,内涵价值的有利变化被时间价值的不利变化给抵消了一部分,也就是时间价值的下降才导致期权价格的上涨幅度不及期货价格的上涨幅度。

情形 2:假设 20 天后,豆粕期货结算价格保持 3 565 元/吨不变,同期该看涨期权价格却下跌到了 80 元/吨。

分析:期货价格保持不变,看涨期权仍为实值状态,内涵价值保持 65 元/吨不变,而同期期权价格却下跌了 40 元/吨。表明随着到期日的临近,时间价值进一步下降,在期权价格中仅占 80-65=15 元/吨。

情形 3:假设 30 天后,即到期日当天,豆粕期货结算价格仍保持 3 565 元/吨不变,同期该看涨期权价格却下跌到了 65 元/吨。

分析:期货价格保持不变,看涨期权仍为实值状态,内涵价值 65 元/吨不变,而同期期权价格又下跌了 15 元/吨。这表明在到期日期权的时间价值已经没有了,65 元/吨的价格完全体现的是期权的内涵价值。

5. 无风险利率

无风险利率主要影响商品期权交易中的机会成本(opportunity cost)。我们来看一下买入看涨期权和买入标的商品的区别。如果买入看涨期权,只要付定金(权利金)后想行权时再付款就可以,而买入现货需要即时付款。也就是说,相对于买入现货来说,买入看涨期权具有延迟付款的效果,那么利率越高,对看涨期权的买方来说也就越有利,对期权的卖方来说就得通过提高期权的价格得到补偿,即随着利率的增加,看涨期权的价格是上升的;而买入看跌期权者相当于是商品的卖家,要比卖出现货晚收到货款,利率升高对看跌期权的买方来说是不利的,应该给看跌期权的买家补偿,所以看跌期权的价格是随着利率上升而下降的(表 1-9)。

表 1-9　执行价格与期权价格的关系

期权种类	利率	期权价格
看涨期权	上升	上涨
	下降	下跌
看跌期权	上升	下跌
	下降	上涨

二、商品期权市场发展历程和现状

自 1973 年 4 月 26 日世界第一家期权交易所——芝加哥期权交易所(CBOE)成立后,期权交易规模逐年增大。进入 21 世纪后,全球期权交易发展更为迅猛。2000 年,全球期权交易总量首次超过了期货交易总量,而期权持仓总量从 1999 年开始就超过了相应的期货持仓总量。美国期货业协会(FIA)的统计数据表明,2015 至 2020 年,全球期权交易量由 103.22 亿手增长至 212.22 亿手,年增幅达到 20% 以上,期权已经成为全球衍生品市场的主力军。

(一)美国商品期权市场发展状况

美国是全球商品期权发展最早的市场。19 世纪后期,美国已出现场外商品期权交易,起初以谷物类农产品为主。此时的美国已成为全球主要农产品生产与出口的大国,农产品期货交易相当活跃,正是市场需求刺激了商品期权的交易。

期权的发展可谓一波三折。20 世纪上半叶,由于 20 世纪 30 年代全球经济危机以及场外商品期权欺诈事件,美国开始加强金融监管,于 1936 年出台了《商品交易所条例》,直接禁止农产品期权交易。第二次世界大战结束后,随着全球工业经济的快速发展,美国场外商品期权重新趋于活跃,不过交易品种开始转移到白糖、白银等软商品与工业品上。20 世纪 70 年代,由于高通货膨胀压力,美国政府加强了物价管制,并于 1974 年出台了《商品期货交易委员会条例》,重新限制商品期权交易。直到 20 世纪 80 年代,随着金融监管的重新放松,以及期权定价理论学术研究成果应用于实践,美国才于 1984 年在交易所重新上市商品期权交易。

1984—1986 年,芝加哥期货交易所先后推出了大豆、玉米和小麦等品种的期货期权,商品期权开始面世。据统计,目前美国交易所场内商品期权交易覆盖了谷物类、软商品(咖啡)、工业金属、原油等品种。虽然原油期货 1983 年才得以推出,但目前原油、天然气等能源类商品期权成交最为活跃,农产品商品期权交易次之,贵金属商品期权交易也较为活跃,工业金属商品期权则表现一般。这与美国目前作为全球最大油气消费国与农产品产销国的地位相匹配。根据成交量对比,天然气商品期权为美国目前交易所场内交易最活跃品种,除了近年美国天然气行业大发展的背景刺激外,主要是天然气独特的定价体系吸引了对冲基金参与套利交易,活跃了市场。

(二)欧洲商品期权市场发展状况

欧洲商品期权发展的历史较短,这与当时全球经济的发展环境有密切关系。第二次世界大战后,英国等欧洲国家普遍实行产业国有化政策,对重点商品实施政府计划指导或国有企业经营,部分交易所被迫中断交易,限制了金融行业发展。虽然20世纪70年代欧洲地区也出现了商品期权场外交易,但欧洲商品衍生品整体发展较为缓慢。直到20世纪80年代,随着国际金融环境的变化,欧洲国家产业私有化政策刺激了金融创新的发展,以伦敦金属交易所为代表的欧洲商品衍生品才重新进入活跃时期。

欧洲虽然也推出了农产品商品期权交易,但目前成交活跃的期权品种为能源类与工业金属类。布伦特原油期货期权是目前欧洲成交最活跃的商品期权交易品种,其次是伦敦金属交易所的工业金属铜、铝等品种。对比美国商品期权交易,欧洲在农产品期权交易方面相对落后,这与欧洲地区普遍存在的农产品政府保护政策有关。而在工业金属方面,欧洲商品期权交易则相对领先,这主要得益于伦敦金属交易所仍为全球工业金属定价中心,加上中国已取代美国成为全球最大工业金属消费国,在伦敦金属交易所的影响与日俱增。在商品期权创新方面,美国场内交易所已推出指数、价差等创新期权,而伦敦金属交易所除平均价期权品种较为成功外,创新品种较少。

(三)我国商品期权市场发展状况

我国商品期权市场发展起步较晚,2017年是我国商品期权发展的元年。2017年3月31日,大商所推出我国第一个商品期权——豆粕期权。2018年9月21日,我国首个工业品期权铜期权上市。2019年12月9日,我国首个黑色金属期权铁矿石期权上市。经过近几年的发展,我国商品期权市场越发成熟,2019—2020年更是迎来爆发性的增长,期权品种上市加快,整个期权市场规模也快速扩大。截止到2021年末,我国共上市20个商品期权(表1-10),已覆盖农产品、能化、黑色、有色、贵金属等板块,为投资者提供了更多的投资与风险对冲工具,整体市场发展良好,交易规模快速增长,客户交易结构不断完善,表明我国商品期权市场开始步入稳健较快的发展轨道。

表 1-10　我国商品期权上市进程

交易所	商品期权品种	上市时间
大连商品交易所	豆粕期权	2017年3月31日
	玉米期权	2019年1月28日
	铁矿石期权	2019年12月9日
	LPG期权	2020年3月31日
	PP期权	2020年7月6日
	PE期权	2020年7月6日
	PVC期权	2020年7月6日
	棕榈油期权	2021年6月18日
郑州商品交易所	白糖期权	2017年4月19日
	棉花期权	2019年1月28日
	PTA期权	2019年12月16日
	甲醇期权	2019年12月16日
	菜籽粕期权	2020年1月16日
	动力煤期权	2020年7月3日

续表

交易所	商品期权品种	上市时间
上海期货交易所	铜期权	2018 年 9 月 21 日
	橡胶期权	2019 年 1 月 28 日
	黄金期权	2019 年 12 月 20 日
	铝期权	2020 年 8 月 10 日
	锌期权	2020 年 8 月 10 日
上海国际能源交易中心	原油期权	2021 年 6 月 21 日

随着我国期权品种上市速度加快,新品种带来的期权成交量增速加快(图 1-15)。目前我国已上市 21 个场内期货期权品种,包括 20 个商品期货期权以及沪深 300 股指期货期权。其中,2021 年全国商品期权累计成交量 2.15 亿手,累计成交额 2 627.79 亿元,日均持仓量 227.3 万手,同比分别增长 97.33%、134.31%、27.10%。其中上市时间最久的豆粕期权无论是从成交量、成交额还是从持仓量方面来看,其活跃程度均位于第一位,其次 PTA 期权、铁矿石期权、玉米期权、甲醇期权等同样较为活跃。总体来看,我国化工类和农产品类期权交易较为活跃,有色金属期权在市场上的交易活跃程度较低。

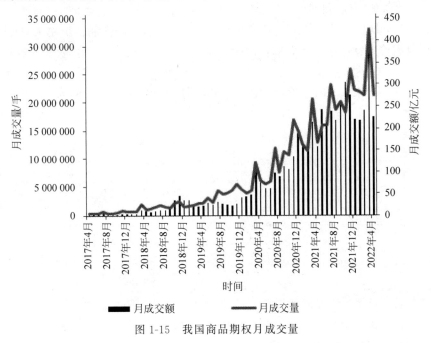

图 1-15　我国商品期权月成交量

三、商品期权交易实务

期权的报价方式与期货相比有很大不同,因为期权价格与期货价格有着完全不同的含义。在期货交易中,市场所报出的价格是标的资产本身的价格,而在期权交易中,市场所报出的是权利买卖的价格,即权利金,同一标的期货的期权权利金相差巨大,为何会出现如此情况?期权的价格究竟是如何确定的,商品期权的交易过程又是如何?我们将在下面讨论。

（一）商品期权价格构成

期权价格即权利金，是期权买卖双方在达成交易时，由买方向卖方支付的购买该项期权的金额。这个金额的高低，主要与未来买方在行权时是否有利可图相关。投资者买入的看涨期权执行价格越低，就越容易行权获利，或者买入的看跌期权的执行价格越高，也越容易行权获利。反过来，越容易获利期权的卖出所要求的权利金就越高，越不容易行权获利的期权合约卖方所要求的权利金就越低。因此，期权价格首先是与期权的执行价格的高低密切相关，称之为期权的"内涵价值"。其次，即使有的期权是立即行权无法获利，毫无内涵价值，但由于期权有一个到期的时间段，保不准在该期权合约到期前，因期货价格涨跌导致哪一天期权就有内涵价值了。也就是说，期权距到期日的时间越长也就越值钱，称之为"时间价值"。因此，期权价格主要由内涵价值和时间价值两部分组成：期权价格＝内涵价值＋时间价值。

1. 内涵价值

执行价格与标的期货合约价格的相对差额决定了期权内涵价值的大小。对于看涨期权来说：内涵价值＝期货价格－执行价格$\geqslant 0$（图1-16）。

公式说明：期货合约价格超过执行价格越多，看涨期权的内涵价值越大；超过越少，看涨期权内涵价值就越小；当期货合约价格等于或低于执行价格时，看涨期权内涵价值为零。

对于看跌期权来说：内涵价值＝执行价格－期货价格$\leqslant 0$（图1-17）。

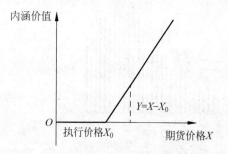

图1-16　看涨期权内涵价值

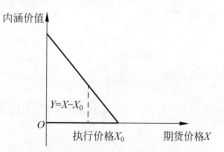

图1-17　看跌期权内涵价值

公式表明：期货合约价格低于执行价格越多，看跌期权内涵价值越大；当期货合约价格等于或高于执行价格时，看跌期权内涵价值为零。

【例1-8】　某日收市后，豆粕M1501期货合约结算价为3 520元/吨。当天该期货合约执行价格为3 470元/吨的看涨期权具有的内涵价值为：3 520－3 470＝50元/吨。

期权的内涵价值不可能小于0，因为当看涨期权的执行价格高于期权价格或看跌期权的执行价格低于期货价格时，期权的买方可以选择不去执行期权。

2. 时间价值

时间价值又称外涵价值。一般来说，期权的有效期越长，其时间价值就越大；反之亦然，当期权临近交割日时，如果其他条件不变，那么该期权时间价值的衰减速度就会加快。

而在到期日,该期权就不再有任何时间价值,该期权的价值只是内涵价值了。所以,期权价格与到期时间的关系是一种非线性的关系,而不是简单的倍数关系。期权距到期日时间越长,价格大幅度变动的可能性就越大,期权买方行权获利的机会也越大。与较短期的期权相比,期权买方购买较长时间的期权就应付出更高的权利金。

【例1-9】 3月某日,棉花CF505C13800的成交价为1元/吨,分析该期权的特性。

首先,根据极低的期权价格可以判定,这是一个深度虚值看涨期权,其内涵价值为0,表明期货价格要比13 800元/吨的执行价格低得多。1元/吨的价格代表该期权还有一点点的时间价值,但由于距最后交易日所剩时间不多了,所以该期权的时间价值也就所剩无几了。

此外,执行价格与标的期货合约价格的相互关系也会影响到期权的时间价值的大小,如表1-11所示。一般来说,在其他因素相同的情况下,执行价格与期货合约价格的差额越大,时间价值就越小;相反,差额越小,时间价值就越大。当一种期权处于极度实值或极度虚值时,其时间价值都将趋于零。而当一种期权正好处于平值期权时,其时间价值却达到最大,因为此时,距离到期时间越长,期权价格朝投资者希望的方向发展的可能性就越大,即时间价值与"机会"实现的可能性关系密切。

表1-11 实值期权、虚值期权和平值期权的价格差别对比

期权类型	期权价格(未到期)	期权价格(到期)
实值期权	内涵价值+时间价值	内涵价值
虚值期权	时间价值	0
平值期权	时间价值	0

(二)商品期权交易流程

商品期权在规避风险和完善市场功能方面发挥了重要作用,因此发展商品期权势在必行,目前国内的期货交易所也已陆续推出商品期权仿真交易,很多投资者通过这一平台开始接触期权交易,下面简单介绍一些有关期权交易的基本知识。

1. 期权交易指令

期权交易指令包括限价指令、市价指令、取消指令、组合指令及交易所规定的其他指令。

凡做过证券交易或期货交易的投资者对限价指令、市价指令、取消指令可能不会感到陌生,但对组合指令可能没有接触过。组合指令,是指同时买卖两个不同合约的指令,主要用于期权套利。期权组合指令包括垂直价差、跨式组合和宽跨式组合等指令。有关垂直价差、跨式组合和宽跨式组合等概念将在"期权套利策略"中详细论述。

买入看涨期权的垂直价差指令,是指买入较低执行价格的看涨期权的同时,卖出同一标的物、同到期日、同数量较高执行价格的看涨期权。

卖出看涨期权垂直价差指令,是指卖出较低执行价格的看涨期权的同时,买入同一标的物、同到期日、同数量较高执行价格的看涨期权。

买入看跌期权垂直价差指令,是指买入较高执行价格的看跌期权的同时,卖出同一标

的物、同到期日、同数量较低执行价格的看跌期权。

卖出看跌期权垂直价差指令,是指卖出较高执行价格的看跌期权的同时,买入同一标的物、同到期日、同数量较低执行价格的看跌期权。

买入跨式组合指令,是指买入相同数量的同一标的物、同到期日、同执行价格的看涨期权和看跌期权。

卖出跨式组合指令,是指卖出相同数量的同一标的物、同到期日、同执行价格的看涨期权和看跌期权。

买入宽跨式组合指令,是指买入相同数量的同一标的物、同到期日、较高执行价格的看涨期权和较低执行价格的看跌期权。

卖出宽跨式组合指令,是指卖出相同数量的同一标的物、同到期日、较高执行价格的看涨期权或较低执行价格的看跌期权。

2. 下单与成交

(1)下单:交易者向交易软件输入下单指令,明确要求买进或卖出的期权数量、看涨期权或看跌期权,以及期权的执行价格、到期月份、交易指令种类、开仓或平仓等。指令被接收后,将其传送到交易所(注意:市价指令、组合指令不能参与集合竞价)。

【例1-10】　某投资者拟开仓买入10手执行价格为4 900元/吨的5月白糖期货合约的看涨期权,权利金为45元/吨。他发出的限价指令单如下:

买/卖	合约代码	数量	价格	开/平仓
买入	SR505C4900	10	45	开仓

(2)撮合成交:交易指令通过交易所计算机按照成交原则撮合成交。期权的竞价原则与期货合约的竞价原则相同,即价格优先、时间优先。计算机撮合系统首先按照竞价原则分买入和卖出指令进行排序,当买价大于等于卖价则自动撮合成交,撮合成交价为买价、卖价和前一成交价三者中居中的一个价格。不过,以涨跌停板价格申报的指令,按平仓优先和时间优先的原则撮合成交;交易所强行平仓申报指令优于其他平仓申报指令。

【例1-11】　客户甲发出如下指令:以30元/吨权利金卖出10手5月到期、执行价格为4 900元/吨的白糖看涨期权。这是一个限价指令。不久,客户乙发出指令:以市价买入开仓10手5月到期、执行价格为4 900元/吨的白糖看涨期权。这是一个市价指令。那么甲乙双方的指令通过计算机就会迅速撮合成交,交易软件会自动将成交回报显示出来,告知交易者。

3. 持仓部位的了结方式

商品期权持仓部位的了结方式与期货持仓部位的了结方式比较类似,但要多出一种。

(1)对冲平仓方式。期权的对冲平仓方式与期货合约的对冲平仓方式基本相同,都是将先前买进平仓或卖出开仓的合约卖出平仓或买进平仓就了结了。如果买进了看涨或看跌期权,则对冲平仓行为就是卖出相同执行价格、相同到期日的看涨或看跌期权;如果卖出了看涨或看跌期权,则对冲平仓行为就是买进相同执行价格、相同到期日的看涨或看跌期权。

【例1-12】　某客户以40元/吨的价格(权利金)买入10手5月到期、执行价格为

4 900 元/吨的白糖看涨期权。几天后白糖期货价格上涨了，期权价格也上涨到了 60 元/吨，该客户想兑现盈利，于是他发出如下交易指令：以 60 元/吨卖出平仓 10 手 5 月到期、执行价格为 4 900 元/吨的白糖看涨期权。如果成交了，则该客户原来持有的期权持仓就对冲了结了。

（2）执行履约方式。除了对冲平仓的了结方式外，持有商品期权头寸的另一个了结方式就是履约行权，也就是买方行使权利而使期权合约转换成期货合约，有点类似期货交易双方的交割。

商品期权行权的具体流程如下。

① 买方在合约规定的有效期内的任一交易日交易时间内均可通过交易下单系统下达执行期权的指令（也可随时撤销已下达的期权执行指令）。

② 收市后，交易所检查申请期权执行的买方账户里是否有足额的资金，能够保证期权转成期货合约后应缴纳的保证金，并冻结期货保证金金额。

期货账户中的资金金额≥应缴纳的期货合约保证金－期权实值额（或＋期权虚值额）；

如果账户中资金不足，则交易所有权拒绝买方的行权申请。

③ 交易所为买方选择执行配对的期权卖方。选择卖方履约配对的原则是：先投机卖出持仓，再组合卖出持仓，最后是套期保值卖出持仓；如果是同一种类型的持仓则按谁的持仓时间长谁就先行配对的原则。

④ 期权执行后，期权买卖双方的期权头寸按照执行价格转换成相应的期货合约持仓，并按照当日期货合约结算价进行结算；对于看涨期权的买方，按照执行价格获得期货多头持仓；对于看涨期权卖方，按照执行价格获得期货空头持仓；对于看跌期权的买方，按照执行价格获得期货空头持仓；对于看跌期权的卖方，按照执行价格获得期货多头持仓。

⑤ 第二天开市后，原期权买卖双方就改为交易自己账户中的期货合约了。

【例 1-13】　执行价格为 3 600 元/吨的 1 月豆粕看涨期权执行后，买方获得 3 600 元/吨的 1 月份豆粕期货多头持仓；卖方获得 3 600 元/吨的 1 月份豆粕期货空头持仓。如果期权买方已经持有开仓价格为 3 600 元/吨的 1 月豆粕空头期货合约，也可用执行看涨期权获得的多头期货头寸与已经持有的空头期货头寸平仓，获利 60 元/吨。

4. 放弃方式

放弃方式是指期权合约直到到期日当天闭市后，买方都未提出执行申请和提出申请但未予执行的期权合约，按买方自动放弃权利处理。这是期货交易中所没有的持仓部位的了结方式，是期权交易中特有的一种持仓了结方式。

至此，从下单到所拥有的期权寿命结束，整个期权的交易流程全部结束。

（三）商品期权交易权利金的收取和盈亏计算

期权买方开仓时，按照成交价格向交易所支付权利金。与之对应的是，期权卖方开仓时，按照成交价格从交易所收取权利金。期权买方平仓时，按照成交价格从交易所收取权利金；与之对应的是，期权卖方平仓时，按照成交价格向交易所支付权利金。交易所仅在买卖双方开仓、平仓或行权当日从交易者的资金账户中划转权利金。由于权利金金额是固定的,采取的是一次性划转,不像保证金那样因浮动性存在追加的可能,交易所对权利金不进行逐日盯市。

权利金计算公式如下:

期权买方开仓支付的权利金＝$\sum$买入开仓成交价×买入期权数

期权买方平仓收取的权利金＝$\sum$卖出平仓成交价×卖出期权数

期权卖方开仓收取的权利金＝$\sum$卖出开仓成交价×卖出期权数

期权卖方平仓支付的权利金＝$\sum$买入平仓成交价×买入期权数

【例 1-14】 某客户以 40 元/吨价格开仓买入 10 手(1 手 10 吨)5 月到期、执行价格为 4 900 元/吨的白糖看涨期权,随后又以 30 元/吨价格卖出开仓 5 手(1 手 10 吨)9 月到期、执行价格为 3 500 元/吨的豆粕看跌期权。收市前,白糖期货价格上涨了,期权价格也上涨到了 60 元/吨,但豆粕期权价格也上涨到了 50 元/吨。于是,他以 60 元/吨价格卖出平仓了 10 手白糖看涨期权,又以 50 元/吨价格买入平仓了 5 手豆粕看跌期权。当天结算后,他账户中的资金金额变化见表 1-12。

表 1-12　权利金盈亏计算　　　　　　　　　　　　　　　　　　　　　　元

交易行为	缴纳权利金	收到权利金	总计
开仓买入白糖期权	$-40×10×10=-4\,000$	—	
开仓卖出豆粕期权	—	$30×10×5=1\,500$	$-4\,000+1\,500+6\,000-$
平仓卖出白糖期权	—	$60×10×10=6\,000$	$2\,500=1\,000$
平仓买入豆粕期权	$-50×10×5=-2\,500$	—	

(四)商品期权交易保证金计算

期权卖方开仓时,交易所按照上一交易日标的期货合约的结算价计收卖方交易保证金(margin)。期权卖方平仓后,交易所会将期权卖方所平仓的交易保证金释放归还,划入其期货账户中。值得注意的是,卖方收取买方的权利金,在期权到期前,即履约义务没有解除前,需要作为卖方保证金的一部分冻结在交易所,不得提取。

有关期权卖方需要缴纳的保证金的具体收取标准,各交易所的规定略有不同。

按大商所和郑商所交易制度的有关规定,商品期权卖方交易保证金收取标准为以下二者的最大值:

(1) 权利金＋期货保证金－期权虚值额的一半(实值和平值为零)。

(2) 权利金＋期货保证金的一半。

看涨期权虚值额＝max(期权合约行权价格－标的期货合约结算价,0)

看跌期权虚值额＝max(标的期货合约结算价－期权合约行权价格,0)

上述标准(1)的依据为:由于虚值期权执行的可能性小(但也不是完全不会执行),即使执行的话,买方获得的期货合约处于亏损状态,而卖方的期货持仓处于盈利状态,此时的卖方保证金追加风险较小,按照国际惯例,在收取的卖方保证金中减去期权虚值额的一半。

上述标准（2）的依据为：对于深度虚值期权来说，减去期权虚值额的一半可能会导致保证金计算结果为负或零，出现卖方无须缴纳保证金的不合理结果，因此，在深度虚值期权的情况下，一般是收取相当于期货合约保证金一半的资金。

再在标准（1）和标准（2）中选取最大者作为收取保证金的标准，就能确保期权卖方不发生违约风险。

上期所对期权卖方保证金的收取标准比大商所和郑商所规定略微复杂。上期所规定期权合约卖方保证金为以下二者的较大值：

（1）（标的期货合约结算价×标的期货合约保证金率×Delta 风险值×期权合约持仓量）+（期权合约收盘价与结算价的较大值×期权合约持仓量）

（2）期权最小保证金×期权合约持仓量。

公式中的 Delta 风险值是标的期货合约价格发生单位变化时，期权合约价格所发生的变化，由交易所每日公布。期权最小保证金也由交易所另行公告，交易所有权根据市场情况对期权最小保证金标准进行调整。

在某一期权合约的交易过程中，当出现下列情况时，各交易所可能根据市场风险调整其交易保证金标准。

（1）持仓量达到一定的水平时。

（2）临近最后交易日时。

（3）期权合约当日无成交时。

（4）连续数个交易日的期权合约或者标的期货合约累计涨跌幅达到一定的水平时。

（5）期权合约或者标的期货合约连续出现涨跌停板时。

（6）遇国家法定长假时。

（7）交易所认为市场风险明显增大时。

（8）交易所认为必要的其他情况。

【例 1-15】 某投资者卖出 1 手豆粕看涨期权 M1501-C-3300 合约，收取权利金 100 元/吨。当日期货合约 M1501 结算价为 3 250 元/吨，期货保证金率为 10%。该投资者应缴纳的保证金为多少？

$$看涨期权的虚值额 = \max(期权执行价格 - 标的期货合约当日结算价, 0)$$
$$= \max(3\,300 - 3\,250, 0) = 50\ 元/吨$$

（1）权利金+标的期货合约交易保证金-0.5×期权虚值额

=（100+3 250×10%-0.5×50）元/吨×10 吨/手

=400 元/吨×10 吨/手

=4 000 元/手

（2）权利金+0.5×标的期货合约交易保证金

=（100+0.5×3 250×10%）元/吨×10 吨/手

=262.5 元/吨×10 吨/手

=2 625 元/手

选取（1）和（2）两者中的最大值，故该投资者需缴纳的保证金为 4 000 元/手。

【例 1-16】 某投资者 3 月 5 日卖出 1 手 9 月白糖看跌期权，执行价格为 5 000 元/吨，收取权利金 20 元/吨。上一交易日期货结算价为 5 020 元/吨,若期货保证金按 10% 收取,则该投资者卖出开仓期权需要缴纳的保证金为(1)与(2)计算值的最大者。

看跌期权虚值额=max(标的期货合约结算价-期权合约行权价格,0)
=max(5 020-5 000,0)=20 元/吨

(1) 20 元/吨×10 吨/手(权利金)+5 020 元/吨×10 吨/手×10%(期货保证金)-0.5×20 元/吨×10 吨/手(期权虚值额×1/2)=5 120 元/手。

(2) 20 元/吨×10 吨/手(权利金)+5 020 元/吨×10 吨/手×10%/2(期货保证金×1/2)=2 710 元/手。

所需缴纳的期权卖出开仓保证金为 5 120 元/手。

若 3 月 6 日期货结算价为 5 030 元/吨,权利金结算价降低到 15 元/吨,该投资者的那1 手看跌期权未平仓,则该日需缴纳的保证金为

看跌期权虚值额=max(标的期货合约结算价-期权合约行权价格,0)
=max(5 030-5 000,0)=30 元/吨

(1) 15 元/吨×10 吨/手(权利金)+5 030 元/吨×10 吨/手×10%(期货保证金)-0.5×30 元/吨×10 吨/手(期权虚值额×1/2)=5 030 元/手。

(2) 15 元/吨×10 吨/手(权利金)+5 030 元/吨×10 吨/手×10%/2(期货保证金×1/2)=2 665 元/手。

比较(1)与(2),当日结算时该投资者需要缴纳的保证金为 5 030 元/手。

若 3 月 7 日期货结算价格下跌到 5 010 元/吨,权利金上涨到 18 元/吨,则重新计算保证金:

看跌期权虚值额=max(标的期货合约结算价-期权合约行权价格,0)
=max(5 010-5 000,0)=10 元/吨

(1) 18 元/吨×10 吨/手(权利金)+5 010 元/吨×10 吨/手×10%(期货保证金)-0.5×10 元/吨×10 吨/手(期权虚值额×1/2)=5 140 元/手。

(2) 18 元/吨×10 吨/手(权利金)+5 010 元/吨×10 吨/手×10%/2(期货保证金×1/2)=2 685 元/手。

比较(1)与(2),当日所需的保证金为 5 140 元/手。

在上面的例子中,保证金的第一种计算方法都比第二种计算方法得出的数值大。那么,什么情况下缴纳保证金会是第二种计算方法的结果呢?通常这只有在卖出的期权虚值很大时才会出现。

【例 1-17】 假若【例 1-16】中的投资者 3 月 5 日卖出的是 1 手 9 月执行价格为 4 020元/吨的白糖看跌期权,收取权利金 8 元/吨,那么保证金为

看跌期权虚值额=max(标的期货合约结算价-期权合约行权价格,0)
=max(5 020-4 020,0)=1 000 元/吨

(1) 8 元/吨×10 吨/手(权利金)+5 020 元/吨×10×10%(期货保证金)-0.5×1 000 元/吨×10 吨/手(期权虚值额×1/2)=100 元/手。

(2) 8 元/吨×10 吨/手(权利金)+5 020 元/吨×10 吨/手×10%/2(期货保证金×1/2)=2 590 元/手。

比较(1)与(2),所需的初始保证金为2 590元/手。

本章小结

(1) 商品期货主要包括四大类:农产品期货、基本金属期货、贵金属期货和能源化工产品期货,其中各大类又有许多具体品种,如农产品中的棉花、豆粕,金属中的铜、黄金,能源化工中的沥青等。

(2) 商品期货上下游产业链比较庞杂,而且在各个阶段还会受到不同因素的影响。农产品要经历农作物生长、农产品加工和最后的销售过程,其中在生长阶段就会受到天气因素和季节因素的影响;而其他品种就要更为复杂。

(3) 商品期货价格的主要影响因素就是供给和需求,这也是所有品种的共同点,其他因素还包括国家政策、法律法规、汇率和通货膨胀等。

(4) 商品期权的功能主要有:风险管理;强化期货市场功能,延伸期货市场体系;助推金融工程,增加资产投资新引力。商品期权合约的基本要素包括合约标的、合约类型、交易代码、执行价格、执行价格的间距和数量、行权方式和权利金等。

(5) 期权价格由内涵价值和时间价值两部分构成,期权内涵价值不可能小于0,如果出现此种情况,期权买方可以选择不行权。

关键术语

商品期货　农产品期货　基本金属期货　贵金属期货　能源化工产品期货　产业链商品期权　看涨期权　看跌期权　权利金　实值期权　虚值期权　执行价格

复习思考题

1. 简述农产品行业分析的共同特征。
2. 如何分析农产品的库存消费比与供求大势的关系?
3. 基本金属产业链分析包括哪些内容?
4. 我国石化产品的价格形成有何特点?
5. 简述商品期权在金融市场中的功能。
6. 商品期权合约的构成要素有哪些?
7. 无风险利率是如何影响商品期权价格的?
8. 如何计算期权交易中的权利金和盈亏?

即测即练

第二章

基　　差

本章导读

在商品期货与期权的实际操作中,无论是投机、套利,还是实体企业对现货贸易进行的对冲操作,都不可避免地牵涉到期货和现货之间的差异,也就是基差的问题。对基差的利用与否,将在很大程度上影响到商品期货与期权的实际操作效果。在本章我们引入基差的概念,并剖析其形成来源和变化的原因,并根据对基差的分析,来改善在商品期货和期权领域实际操作的效果。

引导案例

现货与期货价差高低互换　棉价创出历史新高

在 2010 年之前,棉花现货价格长期低于期货价格,但从当年 5 月末开始,棉花市场现货相对于期货显著走强。现货价格由低于期货 1 000 元逐渐转为与期货持平,后来现货已高于期货 1 600 元之上。

从现货市场的实际情况来看,当年春天受低温、阴雨天气的影响,主要产棉区的棉花播种时间都较往年推迟。新疆部分地区又受到降雪的影响,国内的棉花生长相当迟缓。棉花现货市场先于期货表现出棉花供需矛盾激化的迹象。在此刺激下,棉花期货价格后来居上,短短半年的时间从 17 000 元飙升到 33 000 元,最多时高于现货价格超过 4 000元。对期、现货价差变化的观察,有助于投资者把握大的投资机会。

知识结构图

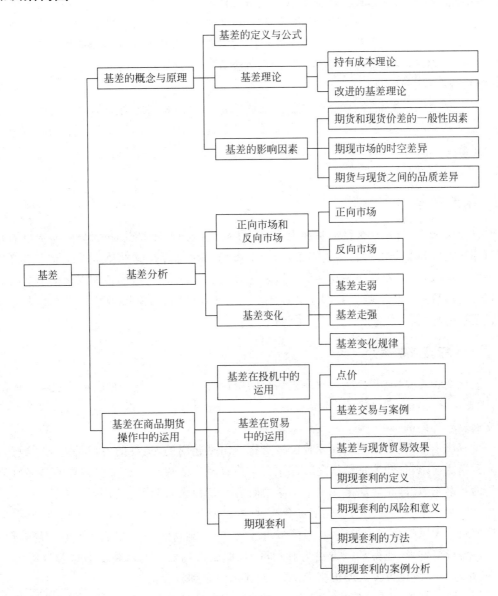

第一节　基差的概念与原理

基差是期货市场的重要概念,本节我们围绕基差这一概念,从理论的层面对其本质、性质、变化规律进行探讨,以便对基差进行分析并应用于大宗商品市场的实际操作。

一、基差的定义与公式

原则上来说,期货价格和现货价格趋势相同且最终走向一致,但在实际的运行中,两者往往存在一定的偏差,导致这种偏差的因素包括但不仅限于商品的库存成本、运输和损耗等。为了衡量这样的偏差,我们引入了基差这样的概念。

$$基差（basic）＝现货价格（spot）－期货价格（futures）$$

举个例子来说,6月8日,广西南宁白糖现货报价对郑商所9月白糖期货价格的基差为"＋58元/吨",这意味着品质为一级的白砂糖在南宁交货的价格要比郑商所9月白糖期货价格高出58元/吨。

基差是金融衍生品特有的一个概念,描述的是标的物和与之对应的金融衍生产品之间的关系。当前来说,我们主要在对大宗商品的套期保值当中面临基差问题,但随着金融工具的发展和对冲领域的拓展,对冲对象除了商品,还有外汇、股票等金融资产,对冲工具除了期货,还有期权、掉期等。

二、基差理论

从定义来看,基差是衡量期货和现货两种价格之间的差异,具体包含分隔期货市场和现货市场的"时间"与"空间"两大因素,即两个市场之间的持有成本和运输成本。随着基差研究的深入,人们发现除了这两大类因素之外,金融市场所特有的预期因素也会对两大市场之间的价差产生影响。我们通过对基差理论演变的回顾,来探讨基差产生的来源和基差的主要构成。

（一）持有成本理论

凯恩斯和希克斯认为,期现价差包括仓储费、利息和保险,即持有成本的三大组成部分,随着期货合约到期日来临,期货价格向现货价格回归,但最终不完全一致,因为还有一个交通运输的差额。

持有成本理论认为,期货和现货价格变化方向是趋同的,最终的价值是完全一致的;在未到期之前,现货和期货价格之间存在一个持有现货的成本。这主要体现的是无风险套利的基本思想,即企业如果在未来半年之后需要某种大宗商品原料,可以有两种选择,一是立即买入半年后交割的对应期货合约,持有到期并交割;二是立即买入现货,储存半年后使用。无风险套利思想认为,当前买入现货,应当与持有期货多单并到期交割等价。如果市场价格偏离,使得某一方更为有利可图,那么市场的参与者将更多选择这样的方式,并相应地提高该种方式的价格,直到达到无风险套利机会消失。

如果买入现货并持有到交割期,现货商需要支付仓储费用、资金利息,以及保险等其他费用。此外还存在交割费用——将现货运至期货交易所指定的交割仓库还需要支付运输成本、仓单注册和交易成本。这些综合起来,期货价格和现货价格之间就存在一个固定的费用。持有成本理论认为,由于持有现货需要多付出持有成本费用,那么期货价格在正常情况下应该比现货价格高,而且这个价差是可以根据上述费用进行衡量的。

如图2-1所示,期货合约的到期时间越久,则仓储费和利息就越高,从而持有成本越高,基差也就越大。但随着交割日期的逐渐临近,仓储费和利息将缩小,基差也就减少,最终期货价格和现货价格趋同,期现价差最终体现为交通运输成本。

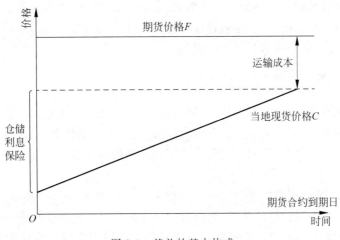

图 2-1　基差的基本构成

（二）改进的基差理论

美国的沃金（Working）对期现价差和持有成本做了大量研究,最终得出结论:期货和现货的价差可以偏离持有成本,但偏离的幅度有限。影响期现价差的除了持有成本,还有预期的因素。期货价格不可能永远比现货价格高很多,否则将出现无风险套利的机会,而套利活动会使期现价差回到合理区间。沃金还发现期现价差的波动幅度是有限的,是可以预期的,并首次提出了基差的概念。

正常情况下,期货价格和现货价格之间的关系无非两种。

（1）当期货价格高于现货价格,我们称之为正向市场（也称为 contango 结构）,这时基差是负值,现货价格和期货价格之间的差值体现了持有成本和预期,当期现价差超过持有成本时,超出的部分就是预期利润,如果期现价差低于持有成本,则体现了预期可能有损失。

（2）当期货价格低于现货价格,我们称之为反向市场（也称为 back 结构）,这时基差是正值。这种情况比较少见,但在经济萧条、金融危机的时候,包括企业急需充实库存之时经常会出现这样的情况:现货紧张,市场的参与者都在抢购现货,即使期货价低也要买原料,而期货所反映的远期供需情况可能会缓解。所以在现货供不应求的时候,往往会出现现货价格高于期货价格的情形,在这时期货合约上也会体现出近月比远月贵的特点。

反向市场的基差为正体现了持有现货的便利收益——持有现货带来的好处。例如,现货铜价已经涨得很高,期货合约上未来 3 个月会有明显的低价,但铜加工厂精铜库存已经耗尽,而下游的订单又急需生产,这时加工厂就只能继续在现货市场上购买,宁可高价要现货,也不能去买期货市场上的远期合约。这就体现了便利收益,只有现货能保证企业的即时需要,持有高价货的效益覆盖了停产可能带来的损失。

三、基差的影响因素

影响基差的因素有很多方面,通过上一部分对基差来源和结构的探讨,我们认识到,除了影响现货价格和期货价格的一般性因素,如商品供需、替代品供需及其价格、商品品质、经济周期波动、货币因素等,还包括结构性因素如运输价格、库存费用、交割期限、资金利率等,下面我们总结影响基差的主要因素。

(一)期货和现货价差的一般性因素

基差作为现货价格和期货价格的差值,本质上来说也是一种价格。我们知道,影响商品价格的因素非常多,总的来看分为三方面,一是商品本身的供需,二是投机因素,三是金融因素。从差异角度来看,影响现货价格和期货价格的这三方面因素,对两者价格的影响程度略有不同。

从供需来看,现货价格更强调短期区域性供需的影响,而期货价格更强调的是市场对全国甚至全球未来供需变化的预期,而且这样一个预期由于受到金融宏观形势的影响,变化幅度可以非常大。或者说短期现货市场状况可能会引起现货价格的起起落落,但不容易影响更远交割月份的期货合约价格;特别地,区域性现货供需情况会影响当地现货价格,但对于更多反映全国或者全球状况的期货价格的影响是有限的。

从投机因素方面来看,现货市场虽然有投机,但相比于总量,占据份额较小;期货市场有很多投机者存在,短期投机资金的炒作对期货价格的影响是非常显著的,但从中长期看,投机资金的影响仍然有限。

从金融因素来看,现货价格更多会受到短期金融因素,如短期利率、汇率、通胀等因素影响,相比较而言,期货价格更多反映了市场对未来金融因素变化的预期。由于当前的金融因素和预期因素之间往往存在差别,特别是偶发性的金融事件,如非农数据公布、美联储讲话、降息降准等往往对期货价格影响剧烈,但现货价格往往不能跟上期货价格的波动幅度,这也导致基差出现变化。

(二)期现市场的时空差异

我们在前面的持有成本理论中指出,由于持有现货需要多付出持有成本费用,那么期货价格在正常情况下应该比现货价格高。从这一角度出发,基差包含两个市场之间的运输成本和持有成本,这既是基差存在的重要基础,也是影响基差的重要因素。我们知道运输成本和持有成本也是会随着其他因素的变化而变化,如油价、运力的紧张程度将影响运输成本,利率、汇率将影响持有成本。

(三)期货与现货之间的品质差异

一方面,参加套期保值的商品可能与期货合约规定的商品种类不尽相同。比如废铜的加工贸易商可能会用上期所的铜合约进行保值,但铜期货合约的标的物是标准阴极铜,也就是常说的精铜。我们知道废铜的生产成本、供求关系和精铜的并不完全一致,这其中也自然带来了价格波动的差异。

另一方面,期货与现货即使是同一品种,但现货市场中每种商品有不同的等级,每种等级价格变动比率不同。期货合约先指定一个或几个特定的等级,而需要套期保值的商品价格波动可能大于或小于期货合约所规定等级的波幅。

第二节　基差分析

在商品期货市场上,受到不同的供需、交割、季节性等一系列因素制约,不同品种的基差会体现不同的特点,同一个品种在不同的时间上基差也会出现相当大的差别,通过对基差进行分析,我们尝试界定一个品种基差数值的形成原因及其合理性,并对各个品种基差未来的变化趋势作出判断。

一、正向市场和反向市场

正向市场和反向市场描述了期货和现货之间的相对强弱。基差数值的正负指示着某种商品期货市场所处的状态,特别是对于同一个品种而言,基差的大小反映了该种商品的现货供需和期货预期。

（一）正向市场

如果排除了品质价差和地区价差的因素,期货价格高于现货价格或者远期期货合约价格大于近期期货合约时,这种市场状态称为正向市场(normal market 或 contango),此时基差为负值。

正向市场主要反映了持仓成本。持仓成本与期货价格、现货价格之间的关系可通过下面的例子来说明:假定某企业在未来 3 个月后需要某种商品,它可以有两种选择,一是立即买入 3 个月后交割的该商品的期货合约,一直持有并在合约到期时交割;二是立即买入该种商品的现货,将其储存 3 个月后使用。买入期货合约本身除要缴纳保证金而产生资金占用成本外,不需要更多的成本。而买入现货意味着必须支付从购入商品到使用商品期间的仓储费、保险费以及资金占用的利息成本。如果期货价格与现货价格相同,很显然企业都会选择在期货市场而不愿意在现货市场买入商品,这会造成买入期货合约的需求增加、现货市场的需求减少,从而使期货价格上升现货价格下降,直至期货合约的价格高出现货价格的部分与持仓成本相同,这时企业选择在期货市场还是在现货市场买入商品是没有区别的。因此,在正向市场中,期货价格高出现货价格的部分与持仓成本的高低有关,持仓成本体现的是期货价格形成中的时间价值。持仓成本的高低与持有商品的时间长短有关,一般来说,距离交割的期限越近,持有商品的成本就越低,期货价格高出现货价格的部分就越少。当交割月到来时,持仓成本将降至零,期货价格和现货价格将趋同。

从基差的绝对值来说,正向市场中的负基差绝对值是有限的,这是受到商品市场中套利的制约。在商品市场中,买近抛远交割式套利是唯一无风险的套利模式,加上期现套利的资金操作,在期货价格高于现货价格太多的情况下,必然会吸引套利资金进行卖远买近的操作,压制期货价格,支持现货或近月合约的价格,表现在基差上,就是负基差变动空间受限。进一步地说,负基差最大绝对值受制于无风险买近抛远交割套利的成本或期现套利成本加上一个合理的利润水平。

1. 正向市场牛市套利

正向市场中如果供给不足,需求相对旺盛,则会导致近期合约价格的上升幅度大于远期月份合约,或者近期合约价格的下降幅度小于远期月份合约,这样就可进行在近月合约上做多,而在远月建立同等头寸的空头合约套利操作。

套利收益＝仓位×{(远期月份卖出价－近期月份买进价)－(远期月份买进价－近期月份卖出价)}＝仓位×(B_1-B_2)。

当$(B_1-B_2)>0$时,价差<0,如果价差绝对值缩小,套利交易获利。此时,反映近期合约对远期合约升水,其升水额取决于近期市场对商品的需求程度及供给的短缺程度,不受其他限制,所以获利潜力巨大。当$(B_1-B_2)<0$时,价差>0,如果价差绝对值扩大,套利交易亏损。此时,反映远期合约对近期合约升水,投资者或者及时止损,或者在坚持价差判断的情况下迁仓。

2. 正向市场熊市套利

若近期供给量增加但需求减少,导致近期合约价格跌幅大于远期或近期合约价格涨幅小于远期,则可卖出近期合约的同时买入远期合约。

(二) 反向市场

当现货价格高于期货价格或者近期期货合约价格大于远期期货合约价格时,这种市场状态称为反向市场,或者逆转市场(inverted market)、现货溢价(backwardation)。在这种情况下,基差为正值。

反向市场的出现主要有两个原因:一是近期对某种商品或资产需求非常迫切,远大于近期产量及库存量,使现货价格大幅度增加,高于期货价格;二是预计将来该商品的供给会大幅度增加,导致期货价格大幅度下降,低于现货价格。反向市场的价格关系并非意味着现货持有者没有持仓费的支出,只要持有现货并储存到未来某一时期,仓储费、保险费、利息成本的支出就是必不可少的。只不过在反向市场上,由于市场对现货及近期月份合约需求迫切,购买者愿意承担全部持仓费来持有现货而已。在反向市场上,随着时间的推移,现货价格与期货价格如同在正向市场上一样,会逐步趋同,到交割期趋向一致。

从绝对数值的角度来说,正基差的绝对值可以很大,因为买远抛近的套利是有风险的。当远期期货价格非正常明显低于近期期货价格时,现货和仓单的供给往往处于紧缺的状态,远期供需则不这么紧缺。这种情形下,买远抛近的现货交割套利会受到现货货源的制约,而不掌握货源的纯套利资金风险非常大。因此现货市场价格远高于期货市场的情形可能会维持一段时间。

1. 反向市场熊市套利

卖出较近月份的合约同时买入远期月份的合约,这正好与牛市套利策略相反。之所以称熊市套利,是因为一般认为当市场熊市时,较近月份合约价格下跌的幅度大于较远月份合约价格的下跌幅度,远期合约价格与较近月份合约价格之间的价差往往会随着时间的推移而扩大。在这种情况下,卖出较近月份的合约同时买入远期月份的合约进行套利盈利的可能性就比较大。

2. 反向市场牛市套利

由于需求远大于供给,现货价格高于期货价格,连带近期期货合约价格高于远期合约。此时虽然现货的持仓费仍然存在,但已被忽略,购买者愿意承担。因此,可以买入近期月份合约的同时卖出远期月份合约。

二、基差变化

随着时间的变化,特别是交割时间的逐渐临近,期货价格往往会向现货价格进行收敛,但由于各种因素的影响,基差的走势也会呈现不同的变化。

(一)基差走弱

基差走弱是指基差数值(而非绝对值)走低的情况,具体来说,基差数变小,就是现货价格走势弱于期货价格。其主要有两种表现,一是当商品价格下跌时,现货价格下跌幅度超过期货价格下跌幅度;二是当商品价格上涨时,现货价格上涨幅度小于期货的价格上涨幅度。一般包括:基差值为正值且数值越来越小、基差值由正值转为负值、基差值为负值且数值越来越大,如图 2-2、图 2-3 所示。

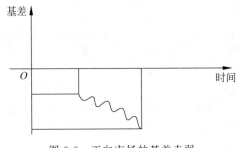

图 2-2　正向市场的基差走弱

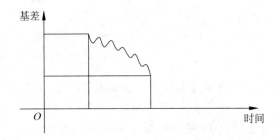

图 2-3　反向市场的基差走弱

(二)基差走强

基差走强是指基差数值(而非绝对值)走高的情况,具体来说,基差数变大,就是现货价格走势强于期货价格。其主要有两种表现,一是当商品价格下跌时,现货价格下跌幅度不及期货价格下跌幅度;二是当商品价格上涨时,现货价格上涨幅度超出期货的价格上涨幅度。一般包括:基差值为正值且数值越来越大、基差值由负值转为正值、基差值为负值且数值越来越小,如图 2-4、图 2-5 所示。

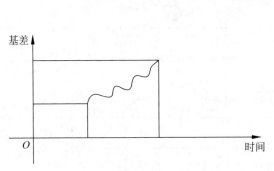

图 2-4　反向市场的基差走强

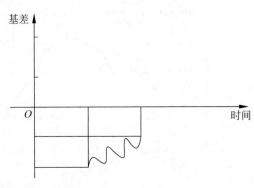

图 2-5　正向市场的基差走强

（三）基差变化规律

1. 临近交割基差绝对值缩减

就一般的情形而言，随着交割日期不断接近，交易所的保证金会提高，合约流动性也将下降，投机盘将不断退出，而上下游以及贸易商的保值盘占比不断增大，持续下去的结果是期货价格逐渐向现货价格靠拢，基差绝对值减小，如图 2-6 所示。

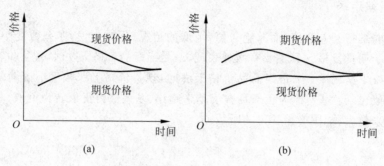

图 2-6   临近交割情况下的基差收敛
(a) 基差为正时收敛；(b) 基差为负时收敛

2. 现货紧缺情形下的基差扩大

在现货紧缺、库存偏低的情况下，现货由于便利收益而走高，期货价格可能由于宏观方面的预期，涨势有限，在这样的情况下，会出现基差走高。

某年春季由于国家储备局收购 20 万吨精炼铜，上海交易所库存短短 3 个月从 21.3 万吨降到 6 月中旬的 7.5 万吨，在现货市场上，持货商惜售挺价，中间贸易商继续投机入市收铜，市场哄抬升水氛围浓郁。在这样的情况下，下游加工厂商以及消费商仍然必须购买现货维持正常生产，而这样的需求是买期货所无法满足的。现货的供不应求使得基差一路攀升，铜基差从正常的负值水平一路飙升到超过 1 000 元/吨的水平。但随着现货市场最终由于铜供应的跟上，供应缺口得到缓解，基差也回到正常水平。如图 2-7 所示，柱状表示基差数值，折线为同期的上海交易所库存，我们可以看到随着交易所库存的消耗，当地的现货相对于期货的差值迅速飙升。

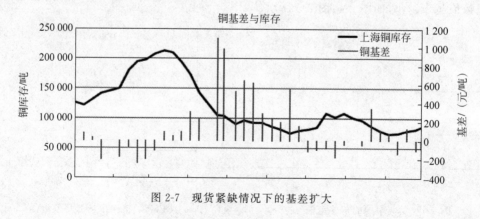

图 2-7   现货紧缺情况下的基差扩大

3. 趋势与时间跨度对基差变化的影响

一般来说,趋势越是明显,时间跨度越长,基差的变化在主要价格趋势的变动中所占的比重就越小。

在趋势明显或时间跨度较长的情况下,基差的波动幅度通常小于商品价格单边的波动幅度。以郑商所白糖期货来看,2020年年末到2021年5月,白糖期货价格从4 950元/吨一路上升到最高5 810元/吨,单边价格波动幅度近900元/吨,但其间基差最大变动幅度只有约300元/吨。相比之下,从基差的角度来管理风险,要比简单地在现货市场进行风险管控更好。

当趋势较为不明显或者时间跨度较短时,基差波动幅度可能会高于商品价格单边波动的幅度。由于期货价格波动率一般高于现货的价格,尤其是期现价格联系相对松散的农产品,因此在较短时期内,基差的波动幅度可能会超过现货和期货单边的价格波动幅度。另外,在商品价格较长时间内震荡,无明显趋势,或者远期供需与短期供需差异较大的情况下,也可能出现基差波动幅度大于现货单边波动幅度的情况。

4. 农产品期现市场基差季节性变动规律

在大宗商品市场中,农产品类的品种具有集中收获、全年消费的特点,在正常情形下,集中收获上市期间现货价格相对便宜,因此农产品收获季节相对应的期货合约价格要便宜,表现出收获月期货合约相对现货贴水、基差为正的数值。而在收获之后或者收获之前,特别是恰逢消费旺季的月份里,期货合约的价格要偏高,对应着期货价格相对于现货升水。

但是值得注意的是以上思路只是从季节性这个单一维度进行考虑,实际在操作时要考虑更多的现实情形,比如在收获期间遇到农业灾害,农产品产量明显低于预期,则会引发资金抢收。在这样的情况下,期货的贴水幅度往往会趋于减小,甚至转为升水,在消费旺季如果受到宏观或者整体经济环境的影响,消费弱于预期,期货价格的高升水反而可能会面临下跌甚至贴水的情形。

扩展阅读2.1　豆粕大涨前后的基差表现

此外,由于集中收获全年消费以及相对于工业品较为不耐储存的特点,收获后农产品储存极为普遍,而且交易所对仓单都有规定的有效期,超出有效期就必须退出市场。因此,一般情况下,除了收获期月份合约价格以及仓单退出市场月份的期货合约相对于现货或收货前合约价格贴水之外,其他合约往往会呈现升水格局,升水幅度受限制于持有成本和买近卖远套利成本。

5. 品种特性和市场的成熟度

从品种特性来说,主流的有色金属期货如铜、锌和贵金属期货黄金白银这些品种,由于标准化程度高,加上市场存在大量和普遍的套利行为,市场的期货和现货之间价差一般维持一个确定的水平,基差风险相对较小。但是其他的一些品种,如化工、黑色以及一些比较小的有色品种,特别是质量品级差异较大的农产品等品种,由于供需变动剧烈以及仓储原因,特别是存在逼仓的情况下,可能基差大幅波动。

从期货市场的成熟度来说,期货市场越成熟,期货市场发现价格的功能越能有效发挥,相应地期货价格和现货价格的联系也就越紧密,基差风险就相对小。期货市场成熟度往往取决于相关现货的市场化程度、质量品级标准化程度、市场参与情况和市场管理水平等。参与期货市场的投资者越多,市场容量越大,尤其是实体企业参与期货市场进行套期保值的程度越高,期货市场也就越成熟,期现价格联系就越紧密,基差风险较小。

第三节　基差在商品期货操作中的运用

一、基差在投机中的运用

在商品期货市场中,基差对于期货和现货所处的状态是一个重要的指标,基差的异常变动,可能有助于期货投机者发现和把握大的投机机会。我们分析基差,仅仅分析其所处的位置是远远不够的,更重要的是发现其异常变化,抓住基差变动大的转折,分析这样的转折是否具有基本面背景,是持续性的还是阶段性的,并且去揭示其变化的背后原因,在这样的过程中,可能会发现大的投资机会。

【例 2-1】　基差大幅走弱后糖价止跌回升

2020 年 10 月起白糖基差显著回落,到 2021 年 1 月基差出现近年罕见的负值,以广西现货报价及郑糖期货指数来计算,1 月均值为 -60 元,现货贴水最深时为 -158 元。在此期间,国际糖价主力合约由 13.5 美分上升至 15.96 美分,对郑商所白糖期货走势起到提振作用,期货糖价由 5 156 元上涨至 5 285 元,而现货价格则受到季节性供应压力的影响而表现相对偏弱,由 5 600 元下跌至 5 190 元。同期基差走低了 500 余元,反映远期糖价预期的期货价格表现坚挺,未来糖价再次上涨的可能性增大。进入 2 月份,国际糖价加速上涨创新高,导致配额外进口糖成本高于国内糖价,这对于进口糖数量有抑制作用,对国内糖价则构成利多支持。这样,郑商所白糖期货价格进一步走高,达到 5 500 元上方。3—4 月糖价出现回调,但基差持续为负,期货价格坚挺的局面还在持续。到 4 月末受外糖再次创出新高的刺激,5 月中旬国内现货及期货价格分别达到 5 700 元、5 800 元的高点。白糖期现价差与价格走势的关系如图 2-8 所示。

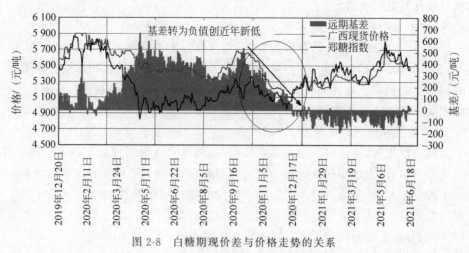

图 2-8　白糖期现价差与价格走势的关系

这样看,当基差出现显著异常变化时,很可能预示会有大的投资机会来临。

但是值得注意的是,现货的升水也会引来持有现货的贸易商以及上游生产商急于进行高位的卖保,从而对现货升水进行打压。基差在短期内也是可能会出现反复变动的,但观察基差的变动,为我们分析大宗商品产业链矛盾的转换提供了一个客观的角度和思路,有助于把握大的投资机遇。

二、基差在贸易中的运用

基差这样一个数值联系了期货市场和现货市场两大市场,期货市场又具有重要的价格发现功能,利用期货市场的价格发现功能,为现货市场进行定价,就必然会围绕基差进行。

(一) 点价

1. 点价的概念

点价也就是确定现货购销价格(spot pricing),本质上是一种大宗商品贸易的定价方式,是从国外粮商做进出口贸易时引进的一个概念,翻译的时候,把 spot(现货)翻译成了"点",因为 spot 的另一个意思是斑点。所以有了点价这个说法。

点价交易的意思是,当现货购销双方在确定现货买卖价格的时候,并不是确定一个明确的价格,而是确定一个定价公式,这个公式往往就是"现货买卖价格=期货价格+升贴水"。通常在签订买卖合同的时候,先确定升贴水,然后买方可以在随后的一段时间(点价期)内,根据期货价格的变化来选择价格。比如签订合同一个月后的某天,买方认为当前的期货价格再也跌不下去了,所以就通知卖方,用这个时候的期货价格来计算现货买卖价格,这就是点价的过程。

根据确定具体时点的实际交易价格的权利归属,点价交易可分为买方叫价交易和卖方叫价交易。如果确定交易时间的权利属于买方,称为买方叫价交易;若该权利属于卖方,则称为卖方叫价交易。

通常情况下,点价期的确定由卖方来确定,买方必须在点价期内点价,否则卖方就得按既定的价格或者最后时刻的期货价格来计算现货买卖价格,这称为强行点价。点价的作用体现在给买方一个选择价格的机会。最初,点价常用在大宗商品进出口贸易当中,因为进出口贸易需要比较长的物流时间,而这段时间内货物的市场价格可能发生很大的变动,以至于买方很不合算。例如,中国的油脂企业从美国进口大豆,船期 40 天。进口大豆时,要交每船 500 万元的保证金,每船大概 5.5 万吨。从大豆离开美国港口,要经过 40 天才到达中国港口。在这 40 天之内,大豆价格可能已经大幅下降,以至于中国的进口商即使放弃这 500 万元的保证金并再次从别地拿货,也比直接要这船货划算。这就导致很多中国进口商违约。这样的话,生意就做不下去了。所以,美国粮商就和中国进口商签订一个点价协议,让中国进口商在签订协议后有 35 天的点价期,在这段时间内,进口商可以按照 CBOT 的大豆价格进行点价,点价时马上通知美国粮商即可。这样避免了海上运输期间大豆价格大幅下跌导致的违约问题。中国进口商可以在价格下跌后,用下跌后的低价来结算,进口成本也降低了。所以是双赢的局面。

2. 点价的广泛运用

在一些大宗商品贸易中,如大豆、铜、石油等贸易,点价交易已经得到普遍应用。

例如,在大豆的国际贸易中,通常以芝加哥期货交易所的大豆期货价格作为点价的基础;在铜精矿和阴极铜的贸易中通常利用伦敦金属交易所或纽约商品交易所(COMEX)的铜期货价格作为点价的基础。之所以使用期货市场的价格来为现货交易定价,主要是因为期货价格是通过集中、公开竞价方式形成的,具有公开性、连续性、预测性和权威性。使用大家都公认的、合理的期货价格来定价,可以省去交易者搜寻价格信息、讨价还价的成本,提高交易的效率。

与传统的贸易不同,在点价交易中,贸易双方并非直接确定一个价格,而是以约定的某月份期货价格为基准,在此基础上加减一个升贴水来确定。升贴水的高低,与点价所选取的期货合约月份的远近、期货交割地与现货交割地之间的运费以及期货交割商品品质与现货交割商品品质的差异有关。在国际大宗商品贸易中,由于点价交易被普遍应用,升贴水的确定也是市场化的,有许多经纪商提供升贴水报价,交易商可以很容易确定升贴水的水平。

(二)基差交易与案例

1. 基差定价

基差定价,可以看作点价的一种形式,就是买卖双方在合同订立时不确定具体成交价格,而只是约定在未来的某一时间对合同标的物进行实物交收,并规定以交货之前某一时间期货市场的该标的物期货价格为基准,加上双方事先达成的期现货之间的价差(基差)确定销售价格并进行货款结算。

经典的基差定价在买卖合同订立的同时,买卖双方会根据市场情况选择时机在期货市场对该合同项下的货物进行套期保值,并在期货价格"点价"的当天通过期货转现货交易完成套期保值头寸的了结。

2. 基差定价操作模式

美国贸易商向国外油厂出口大豆时,大多采用基差定价方式,即

大豆出口价格=CNF 升贴水价格+交货期内某一天的 CBOT 期货价格

CNF 升贴水由美国贸易商报出,是国外到货港价格与 CBOT 期货价格之间的基差,该升贴水取决于美国现货收购市场的紧张程度、海运费、贸易商的经营利润等因素。

【例 2-2】

(1)某年 7 月 1 日,贸易商 F 公司自农场主手中收购 9 月交货的 1 万蒲式耳大豆,价格为 650 美分/蒲式耳,并打算在 12 月份卖出该货物;当日,F 公司在 CBOT 次年 1 月份合约上卖出 2 手大豆合约进行卖出保值,价格为 610 美分/蒲式耳,基差为 40 美分。

(2)当年 9 月 20 日,大豆运入 F 公司的粮仓,F 公司向农场主付清全部货款。

(3)当年 10 月 20 日,F 公司与外国 OIL 油厂签订了销售该笔大豆的合同,确定 12月中旬交货;F 公司确定其卖给 OIL 油厂报价是"CNF 升贴水 140 美分+CBOT 1 月大豆合约的价格"。OIL 油厂在合同签订的当天在 CBOT 次年 1 月合约上进行买入保值,价格为 620 美分/蒲式耳;F 公司计算了从 9 月 20 日到 12 月中旬期间所发生的全部费用:储存费和利息等共计 40 美分,海运费 50 美分,贸易商利润 10 美分,共计 100 美分;F 公司买入价格的基差为 1 月合约 40 美分,假定该基差在 10 月 20 日没有变化,只要 F公司能够保证卖出价格的基差等于 140 美分,就可以获得 10 美分的盈利。

(4) 12 月 15 日,F 公司完成大豆装运,OIL 油厂完成期货点价(740 美分),双方按 880 美分(CNF 升贴水 140 美分＋CBOT 1 月大豆合约价格 740 美分)结清该批大豆的货款;OIL 油厂在确定期货上的买入价格为 740 美分/蒲式耳。

情景 1(直接平仓):由于市场行情的波动,双方都无法在这一价位顺利平仓,OIL 不得不在 730 美分对冲,由于基差变强而产生 10 美分的损失,而 F 公司可能被迫在 755 美分对冲,由于基差变弱产生 15 美分的损失。在这种情况下,基差发生了不利变化,影响了预期利润。

情景 2(期货转现货平仓):OIL 油厂确定期货买入价格为 740 美分后,并进行期货转现货交易,油厂和贸易商交换了各自清算会员的名称和交易账号。贸易商通知其清算会员,按照 740 美分的价格从油厂所在清算会员的交易账号中接收其全部买入持仓,同时油厂通知其清算会员将相应地买入持仓转移贸易商所在清算会员的交易账号。这样,不管 12 月 15 日的市场价格是多少,该笔交易均按照 740 美分成交。

3. 基差定价在国际上的发展情况

较普遍的基差定价产生于 20 世纪 60 年代,早先在新奥尔良港口定价中使用,后来逐渐推广到内陆各地。目前,较大规模的农产品贸易公司都有自己的基差图,大多自 20 世纪 60 年代起开始记录各地点每天或每周的基差变化,既有现货价格与近月合约的基差图,也有现货价格与远月合约的基差图。嘉吉、ADM 等大公司在全国各地都设有收购站,采用收购站的买入报价作为当地的现货价格,并据此计算当地的基差,CBOT 网站也公布有近 15 年来美国海湾地区及主要农作物产区的大豆、玉米、小麦等的每周基差统计表,并在其各类宣传材料中也反复强调应利用基差来指导现货贸易。图 2-9 是玉米基差图。

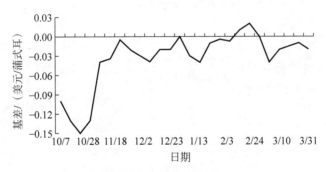

图 2-9 玉米基差图

4. 国内豆粕市场基差定价案例

【例 2-3】 A 油厂的豆粕基差定价见表 2-1。

表 2-1 A 油厂的豆粕基差定价

日　期	项　目	某油厂	饲料厂
10 月 21 日	双方签订基差合同,基差:90 元/吨		
10 月 26 日		3 082 元/吨的价格卖出 2105 合约豆粕 500 手	

续表

日　　期	项　　目	某油厂	饲料厂
12月8日	点价,期货价格:3 095元/吨		以3 095元/吨的价格买入2105豆粕500手
12月9日	提出期货转现货申请		
12月13日	提出期货转现货申请	期货市场盈亏=(3 082－3 095)×500×10=－65 000元	期货市场盈亏=(3 095－3 095)×500×10=0元
12月21日	现货结算价:3 185元/吨;当日现货价格3 240元/吨	现货市场盈亏=(3 185－3 240)×500×10=－275 000元	现货市场盈亏=(3 240－3 185)×500×10=275 000元
总体盈亏		－340 000元	275 000元

【例2-4】　B油厂的豆粕基差定价见表2-2。

表2-2　B油厂的豆粕基差定价

日　　期	项　　目	A油厂	B贸易商
3月3日	双方签订基差合同400吨,基差:＋300元/吨,大连豆粕2109	合同提货期为3月15日—4月15日	
3月3日		3 452元/吨的价格卖出2109豆粕40手进行保值	按(期货收盘价＋基差)的10%的付合同定金给A
3月12日	点价,期货价格:3 295元/吨,150吨	3 295元/吨,买入平仓15手	点价日现货报价为3 300元/吨,点价所得价格为3 595元/吨
3月25日	点价,期货价格:3 397元/吨,100吨	3 397元/吨,买入平仓10手	点价日现货报价为3 260元/吨,点价所得价格为3 697元/吨
3月31日	点价,期货价格:3 383元/吨,150吨	3 383元/吨,买入平仓15手	点价日现货报价为3 210元/吨,点价所得价格为3 683元/吨
4月15日		油厂期货市场盈亏=(3 452－3 295)×150+(3 452－3 397)×100+(3 452－3 383)×150=39 400元	油厂现货市场盈亏=(3 595－3 300)×150+(3 697－3 260)×100+(3 683－3 210)×150=158 900元
总体盈亏		油厂总体盈亏198 300元	

(三)基差与现货贸易效果

1. 对买入套期保值者而言,基差走弱较为有利

(1)现货价格和期货价格均上升,但现货价格的上升幅度大于期货价格的上升幅度,基差扩大,从而使得加工商在现货市场上因价格上升买入现货蒙受的损失大于在期货市场上因价格上升买入期货合约的获利。如果现货市场和期货市场的价格不是上升而是下降,加工商在现货市场获利,在期货市场损失。所以,只要基差扩大,买入保值者就会出现净亏损。

（2）现货价格和期货价格均上升,但现货价格的上升幅度小于期货价格的上升幅度,基差缩小,从而使得加工商在现货市场上因价格上升买入现货蒙受的损失小于在期货市场上因价格上升买入期货合约的获利。如果现货市场和期货市场的价格不是上升而是下降,加工商在现货市场获利,不仅能弥补期货市场的全部损失,而且会有净盈利。

【例 2-5】　5 月初,某饲料公司预计 3 个月后需要购入 3 000 吨豆粕。为了防止豆粕价格上涨,该饲料公司买入 9 月份豆粕期货合约 300 手(每手 10 吨)。成交价格为 2 910 元/吨。当时现货市场豆粕价格为 3 160 元/吨。至 8 月份,豆粕现货价格上涨至 3 600 元/吨,该饲料公司按此价格采购 3 000 吨豆粕,与此同时,将豆粕期货合约对冲平仓,成交价格为 3 280 元/吨。

由于现货价格上涨幅度大于期货价格上涨幅度,基差走强 70 元/吨。期货市场盈利 370 元/吨,现货市场亏损 440 元/吨,两者相抵后存在净亏损 70 元/吨。通过套期保值,该饲料公司的豆粕的实际购入价相当于:现货市场实际采购价－期货市场每吨盈利＝3 600－370＝3 230 元/吨。该价格要比 5 月初的 3 160 元/吨的现货价格高 70 元/吨。而这 70 元/吨,正是基差走强的变化值。这表明,进行买入套期保值,如果基差走强,两个市场盈亏相抵后存在净亏损,它将使套期保值者承担基差变动不利的风险,其价格与其预期价格相比要略差一些。

【例 2-6】　1 月初某轮胎企业,为了防止天然橡胶原料价格进一步上涨,买入 5 月份天然橡胶期货价格 100 手(每手 10 吨),成交价格为 14 500 元/吨,对其未来生产所需要的 1 000 吨天然橡胶进行保值。当时现货市场天然橡胶价格为 14 030 元/吨。不过,后来天然橡胶价格冲高回落。至 4 月初,天然橡胶现货价格 13 350 元/吨,该企业按此价格购入天然橡胶 1 000 吨,与此同时将天然橡胶期货合约 100 手对冲平仓,成交价格 14 000 元/吨。

由于现货价格下跌幅度大于期货价格下跌幅度,基差走弱 180 元/吨。期货市场亏损 500 元/吨,现货市场盈利 680 元/吨,两者相抵后净盈利 180 元/吨。通过套期保值,该轮胎企业的天胶橡胶的采购成本为:现货市场实际采购价＋期货市场的亏损＝13 350＋500＝13 850 元/吨。该价格比 1 月初 14 030 元/吨的现货价格低 180 元/吨,这正是基差走弱的变化值。这表明,进行买入套期保值,如果基差走弱,两个市场盈亏相抵后存在净盈利,它将使套期保值者获得的价格比预期价格更理想。

2. 对卖出套期保值者而言,基差走强较为有利

（1）现货价格和期货价格均下降,但现货价格下跌幅度小于期货价格下跌幅度,基差扩大,从而使得经销商在现货市场上因价格下跌卖出现货蒙受的损失小于在期货市场上因价格下跌卖出期货合约的获利。结果是净盈利。如果现货市场和期货市场的价格不是下降而是上升,经销商在现货市场获利,在期货市场损失。只要基差缩小,即现货价格上升幅度小于期货价格上升幅度,现货市场的盈利只能弥补期货市场的部分损失,结果是净亏损。

（2）现货价格和期货价格均下降,但现货价格下降幅度大于期货价格下降幅度,基差缩小,从而使得经销商在现货市场上因价格下跌卖出现货蒙受的损失大于在期货市场上因价格下跌卖出期货合约的获利,结果是净损失。如果现货市场和期货市场的价格不降反升,经销商在现货市场获利,在期货市场损失。但只要基差扩大,也就是现货价格上涨幅度大于期货价格上涨幅度,现货市场的盈利超过期货市场的全部损失,结果是净盈利。

【例 2-7】 5 月中旬,某糖厂与饮料厂签订销售合同,约定将在 6 月中旬销售 100 吨白糖,价格按交易时的市价计算。5 月中旬现货糖价为 5 730 元/吨,该糖厂担心后期糖价下跌,于是卖出 10 手(每手 10 吨)的 9 月份白糖合约,成交价格为 5 800 元/吨。至 6 月中旬交易时,现货价格跌至 5 500 元/吨,期货价格也跌至 5 500 元/吨。该糖厂按照现货价格销售 100 吨白糖,并将 10 手期货合约对冲平仓。

该案例中,由于现货价格下跌幅度小于期货价格下跌幅度,基差走强 70 元/吨。期货市场盈利 300 元/吨,现货市场亏损 230 元/吨,两者相抵后存在净盈利 70 元/吨。通过套期保值,该糖厂的实际售价相当于: 现货市场实际销售价格＋期货市场盈利＝5 500＋300＝5 800 元/吨。该价格要比 5 月中旬时 5 730 元/吨的现货价格高出 70 元/吨,这正是基差走强的变化值。这表明,进行卖出套期保值,如果基差走强,两个市场盈亏相抵后存在净盈利,可以使套期保值者获得更理想的价格。

【例 2-8】 3 月初,某地钢材价格为 4 380 元/吨。某经销商目前持有 5 000 吨钢材存货尚未售出,为了防范钢材价格下跌风险,该经销商卖出 500 手(每手 10 吨)10 月份螺纹钢期货合约进行套期保值,成交价格为 4 800 元/吨。到了 4 月末,钢材价格上涨,该经销商按 4 850 元/吨的价格将库存钢材出售,并同时将期货合约对冲平仓,成交价格为 5 330 元/吨。

由于现货价格上涨幅度小于期货价格上涨幅度,基差走弱 60 元/吨。期货市场亏损 530 元/吨,现货市场盈利 470 元/吨,两者相抵后存在净亏损 60 元/吨。通过套期保值,该经销商的实际售价相当于: 现货市场实际销售价格－期货市场亏损＝4 850－530＝4 320 元/吨。该价格要比 3 月初 4 380 元/吨现货价格低 60 元/吨,这正是基差走弱的变化值。这表明,进行卖出套期保值,如果基差走弱,两个市场盈亏相抵后存在净亏损。这将使套期保值者承担基差变动不利的风险,实际交易价格比预期价格要低一些。

3. 总结

在基差不变的情况下,买入套保和卖出套保均呈现完全套期保值的特点,盈亏完全相抵。对于卖出套期保值者而言,基差走强将出现净盈利,基差走弱将出现净亏损。对于买入套期保值则与之相反。

三、期现套利

(一) 期现套利的定义

从基差的角度来说,期现套利就是对基差进行交易的操作。按照经济学上的同一价格理论,两者间的差距,即"基差"(基差＝现货价格－期货价格)应该等于该商品的持有成本。一旦基差与持有成本偏离较大,就出现了期现套利的机会。其中,期货价格要高出现货价格,并且超过用于交割的各项成本,如运输成本、质检成本、仓储成本、开具发票所增加的成本等。期现套利主要包括正向买进期现套利和反向买进期现套利两种。正常情况下,期现套利交易将确保期货价格和现货价格处于合理均衡状态。

(二)期现套利的风险和意义

期现套利交易不仅面临着风险,而且有时风险很大,主要的风险包括以下几种。

(1)现货组合的跟踪误差风险。

(2)现货头寸和期货头寸的构建与平仓面临着流动性风险。

(3)追加保证金的风险。

(4)市场风险的不确定性和期货合约定价模型是否有效的风险。

由于面临这些风险,在考虑风险之后的套利收益率如果高于其他投资交易机会,期现套利活动才可能发生。因此,套利所面临的风险和预期收益率将影响套利活动的效率和期现价差的偏离程度。

但是,期现套利仍然对现货市场和期货市场的均衡具有重要的意义。一方面,正因为现货市场和期货市场之间可以套利,期货才不会脱离商品的现货价格而出现离谱的价格。期现套利也使现货价格更合理,更能反映现货市场的价格走势。另一方面,套利行为有助于商品期货市场流动性的提高。套利行为的存在不仅增加了商品期货市场的交易量,也增加了现货市场的交易量。市场流动性的提高,有利于投资者交易和套期保值操作的顺利进行。

(三)期现套利的方法

既然要进行期现套利的操作,那么就需要确定在什么情况下能够进行无风险套利,也就是我们要确定价差的合理水平。首先要确定期货价格是否被高估或低估;其次,确定无套利(指无风险套利,下同)区间,在该区间之外进行套利。

1.具体操作步骤

(1)计算商品期货的理论价格,估计期货合约无套利区间的上下边界。无套利区间的上下边界确定与许多参数有关,如贷款金额以及借贷利率,市场流动性强弱,市场冲击成本,交易手续费等。确定参数后代入公式即可得到适合自身商品的无套利区间。由于套利机会转瞬即逝,所以无套利区间的计算应该及时完成,实际操作中往往借助电脑程式化交易进行。

(2)判断是否存在套利机会。通过监视期货合约价格与现货价格的价差走势,并与无套利区间进行比较,可以判断是否存在套利机会,只有当期现价差落在无套利区间上界之上或下界之下时,才出现可操作的套利机会。

(3)确定交易规模。确定交易规模时应考虑预期的获利水平、交易规模大小对市场冲击的影响,交易规模过大会造成冲击成本高,从而使套利利润降低。

(4)同时进行商品期货合约和商品现货交易。

(5)监控套利头寸的盈亏情况,确定是否进行加仓或减仓操作。

2．无风险套利区间的确定

在金融市场上实施套利行为非常方便和快捷，这使得套利时机往往转瞬即逝。一旦有套利机会的存在，投资者就会很快地实施套利而使得市场又回到无套利机会的均衡中。因此，无风险套利区间的确定确定了套利机会的开始和结束。所以，需要应用无风险套利模型对金融产品的价格进行预估。

（四）期现套利的案例分析

【例 2-9】 2021 年 2 月，我国花生期货上市进行交易，上市主力合约为 10 月合约，交割月时间上主要对应国内 8 月中旬开始上市的新季花生，但是根据交易所规则，旧季花生在品质满足交割标准的前提下可以进行交割。花生期货上市初期看涨氛围较为浓厚，价格持续处于 10 000 元/吨以上，花生期价明显高于旧作花生仓单成本，利用国内期货市场的交割功能可进行无风险套利操作。适合具有花生现货背景的法人客户和可以购买花生现货的投资机构。总体思路为，当期货价格明显高于旧作仓单成本时，可以购买或者持有现货，在花生期货市场进行卖出，以期在未来赚取期现价差缩小的无风险收益（交割月时期现货价格将回归）。由表 2-3 可知，2021 年 5 月 10 日旧作花生仓单成本为 9 507.75 元/吨，花生期货 10 月合约当日收盘价是 10 578 元/吨，期现货无风险套利利润可高达 1 070.25 元/吨。

扩展阅读 2.2
花生：无风险套
利机会仍存 盘面
高升水难以为继

表 2-3　旧作花生仓单成本分析

项　　目	仓单成本/元	分　　析
现货价格	8 750	5 月 10 日临沂油料花生现货价格
现货资金利息	218.75	资金成本 6%，按 5 个月计算
交割费	1	0.5 元/吨
车板入库费	15	15 元/吨
仓储费用	200	40 元每月每吨（冷库）
配合检验费	10	10 元/吨
检验费	62	1 250 元/30 吨；黄曲霉 600 元/样
增值税	171	9%
出入库费	50	
短倒费	30	
仓单成本	9 507.75	

资料来源：卓创、郑商所。

本章小结

本章首先引入基差这一概念，从理论的层面对其本质、性质、变化规律进行探讨，并运用大量案例分析了基差的变化规律。在此基础上，介绍了如果利用基差在大宗商品市场的投机、套保、贸易、套利的操作中进行分析和操作。本章的核心在于基差的影响因素和变化规律，重难点则在于点价操作和期现套利，须重点进行学习。

关键术语

基差　点价　期现套利

复习思考题

1. 基差的本质是什么？怎样计算？
2. 基差的数值应当从哪些方面进行界定其合理性？
3. 如何看待和分析基差数值的变化？
4. 怎样利用对基差的分析进行套期保值操作？
5. 基差的变化对于套期保值的影响有哪些？
6. 利用基差进行期现套利需要注意哪些要点？
7. 什么是点价？点价和基差定价有什么区别？

即测即练

第三章

商品期权及应用

本章导读

按照合约标的，期权可分为商品期权和金融期权两大类。国内商品期权是指标的物为期货的期权，如豆粕期权、白糖期权、铜期权等，是用于规避和管理大宗商品风险的金融工具。它作为期货市场的一个重要组成部分，是当前资本市场最具活力的风险管理工具之一。

课程思政 1 场内期权服务实体经济

虽然期货和期权都是用来规避价格波动风险的工具，但期权的某些功能是期货不具备的。通常情况下，企业运用期货只是为了规避现货价格在不利变动时面临的风险，而运用期权除了能够控制市场风险波动以外，更主要的是能将风险和回报分离开，从而更好地集中管理风险。在本章，我们通过研究商品期权不同交易策略的应用环境以及相应的案例分析帮助投资者更好地理解和使用商品期权工具。

引导案例

哥伦布航海

迄今 500 多年前，一份重大的股权激励计划的达成，改变了世界历史。1492 年，统一西班牙后的伊莎贝尔女王在最后时刻改变主意，接见了准备离开的哥伦布。经过 3 个月的谈判，双方达成协议：西班牙赞助哥伦布的西航寻找大陆的计划，并任命他为发现地的统帅，可以获得发现地所得全部财富和商品的 1/10，且一律免税；对于以后驶往这一属地的船只，哥伦布可以收取其利润的 1/8。由此，这一年成为西班牙历史上最伟大的年份。哥伦布的探险队经过 70 天航行之后，终于到达北美洲的巴哈马群岛，为这个新成立的国家带来不尽的财源和广阔的拓展空间。伊莎贝尔女王也完全履行了当初的约定。此后一个世纪，西班牙依靠广阔的海外领地和源源不断的黄金输入，确立了世界霸权。

哥伦布航海的故事与当代股票期权的思想并无二致，都是分享未来收益的资产所有权。

知识结构图

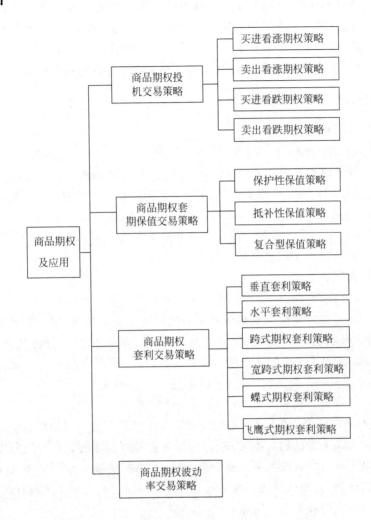

第一节 商品期权投机交易策略

一、商品期权投机概述

投机是指利用市场出现的价差进行买卖从中获得利润的交易行为,商品期权与期货等其他金融交易工具一样具有投机交易。期权提供了很多的交易策略给投机者选择,在不同的行情中适用的策略不同,投机者只有在对的行情中选择对的策略才有可能获得利润最大化。

(一)商品期权投机原理

期权投机原理与其他金融交易工具的投机原理基本相同,都是利用市场出现的价差进行买卖从中获取利润的交易

扩展阅读 3.1 期权定义

行为。最典型的期权投机交易是买入或卖出期权合约,如当投资者认为市场将上涨时,买入看涨期权或者卖出看跌期权,当市场上涨时能获得较大收益,但当市场下跌时可能造成较大损失。另外,投资者也可以通过构造多种策略组合进行投机交易,如投资者如果判断市场将小幅上涨,那么他可以通过买入一个看涨期权同时卖出一个行权价格更高的看涨期权,构造牛市价差组合进行投机,相对于单纯购买看涨期权的成本更低。

(二)商品期权投机交易特点

1. 入市资金门槛较低

目前参与我国期货交易有一定的资金门槛,商品期货如玉米、甲醇等,一手保证金需要 2 000 多元,部分商品期货资金门槛较高,镍期货上市初期时一手保证金需要 10 000 元左右。而我国金融期货参与门槛更高,如股指期货在 3 000 点的位置,按照 15% 的保证金率,买卖 1 手股指期货的最低资金需要 3 000×300×15%=13.5 万元。相比之下,参与商品期权交易的资金门槛非常低。如果交易对象是深度虚值的期权,价格可能每手也就在几十元钱,同时买方也不需要缴纳保证金。

2. 杠杆率更高

杠杆率是期货或期权仓位所代表的实际价值与建立仓位所付出的现金额的比率。杠杆比例越高,市场价格每单位的变动可带来的盈利或亏损就越大,意味着投资风险较高,走势有利时会大有斩获,不利时则很可能血本无归。国内期货交易是交期货合约价值 5% 的保证金,而期权交易买方只交权利金。比如,一手期货合约为 5 万元,若保证金为 5%,则用 2 500 元买一手期货合约,就可以进行 5 万元的交易,杠杆率为 20 倍。若买进的是期权合约,比如每张权利金为 250 元,则同样的 2 500 元可以买 10 张期权合约,价值 30 万元,平值时的杠杆率为 120 倍,是期货交易杠杆率的 6 倍。就期权权利方而言,风险一次性锁定,最大损失是已经付出的权利金,但收益却可以很大;对于期权卖方,收益被一次性锁定,最大收益为收取的买方权利金,然而其承担的损失却可能很大。因此,期权买方比期权卖方有更大的杠杆率。其中,越是深度虚值期权,期权买方杠杆率就越是高得惊人,使得以小博大的效果越发明显。

3. 可选交易策略多

在股票交易中,一般投资者只能选择买入并持有策略。相比之下,期货可以选择做多和做空两种策略。而期权交易中却有四种交易方式,既可以做多或做空看涨期权,也可以做多或做空看跌期权。

投资者可以根据不同的市场行情预期选择相应的期权交易策略,每种策略的风险收益特征各有不同,投资者可以借助到期日的损益曲线加以分析。不同的组合可能有着相同的损益图,寻找相对"便宜"的期权进行建仓可以减少成本,即尽量选择隐含波动率相对较低的期权进行买入,选择隐含波动率相对较高的期权进行卖出。例如,在快速上涨的牛市行情下,买入虚值认购期权(long OTM call)无疑是最好的策略,这发挥的是期权最基本的高杠杆功能。在快速下跌的熊市行情下,买入虚值认沽期权(long OTM put)是最好的策略,这同样发挥的是期权的高杠杆功能。中性市行情中,一般投资者难以明确未来的多空方向,但预期未来一段时间没有大幅影响标的价格变化的事件发生,标的波动率保持不变甚至下降,这时宜采用卖出策略。卖出期权会获得负的 vega 和正的 theta,这样可以从波动率下降和时间消耗中获利。中性市策略需要在收取的权利金足以覆盖标的价格波动的情况下才能取得盈利。

总之,投资者可以根据自身的收益风险偏好,充分发挥想象力,通过改变使用的合约及其数量,构建出更为精妙的策略。投资者只要确定他的目标和风险能力,就可以找到相对应的交易策略。

(三)商品期权投机类型

前面我们知道,期权可以分为看涨期权和看跌期权两种类型,而期权交易者又可有买入期权和卖出期权两种操作,所以期权交易有四种基本策略:买进看涨期权策略、卖出看涨期权策略、买进看跌期权策略、卖出看跌期权策略。

二、买进看涨期权策略的运用

买进看涨期权是指购买者支付权利金,获得以特定价格向期权出售者买入一定数量的某种特定商品的权利。当投资者预期某种特定商品市场价格上涨时,他可以支付一定的权利金买入看涨期权。一旦标的价格上涨,投资者可以选择

扩展阅读 3.2 商鞅与期权的故事

执行看涨期权,以低价获得标的物资产,然后按上涨的价格水平高价卖出标的资产,获得差价利润,在弥补支付的权利金后还有盈余;或者在权利金价格上涨时卖出期权平仓,从而获得权利金收入。买进看涨期权损益图如图 3-1 所示。买进看涨期权综合分析见表 3-1。

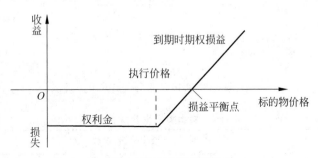

图 3-1 买进看涨期权损益图

表 3-1 买进看涨期权综合分析

项 目	买进看涨期权
使用场合	期货市场受到利多题材刺激,多头气势如虹,预料后续还有一波不小的涨幅
操作方式	买进看涨期权
最大获利	无限制,期货价格涨得越多,获利越大
最大损失	权利金
损益平衡点	执行价格 + 权利金
保证金	不交纳

【例 3-1】 3 月 1 日,国内铁矿期货报价 1 010 元/吨,某投资者认为未来铁矿期货价

格上涨的概率极大,未来铁矿期价看涨,若直接买入期货合约,投资者担心如果判断失误,铁矿期货价格下跌会给其带来严重损失,这时可以采取买入看涨期权的策略。因为买入看涨期权的权利金损失是固定的,而收益是没有上限的。

当天,该投资者在铁矿期货价格为 1 010 元/吨时买入一份执行价格为 1 100 元的铁矿看涨期权,付出权利金 50 元/吨。之后,国内铁矿期货大幅上涨,完全验证了该投资者的想法。3 月 20 日,铁矿期货价格涨至 1 120 元/吨,尚未达到损益平衡点,此时若执行期权,依然有损失,于是该投资者继续持有。后续铁矿期货进行了短暂的回调后,价格持续上涨,5 月 12 日铁矿价格达到 1 350 元/吨,投资者决定执行期权,假设平仓时期权价格为 600 元/吨,则其收益为:(600−50)元/吨×100 吨/手=55 000 元。损益图可参见图 3-1。

三、卖出看涨期权策略的运用

卖出看涨期权是指卖出者获得权利金,若买入看涨期权者执行合约,卖出方必须以特定价格向期权买入方卖出一定数量的某种特定商品。如果标的物价格低于执行价格,则买方不会履约,卖方可获得全部权利金,如果标的物价格在执行价格与损益价格之间,由此获取一部分权利金收入。如果标的物价格大于损益平衡点,则卖方将面临标的物上涨的风险。卖出看涨期权损益图如图 3-2 所示。卖出看涨期权综合分析见表 3-2。

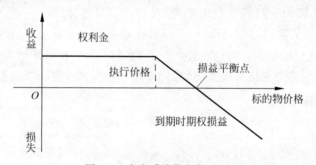

图 3-2　卖出看涨期权损益图

表 3-2　卖出看涨期权综合分析

项　　目	卖出看涨期权
使用场合	期货价格经过一段上涨面临前期高点或技术阻力位,预计后市转空或者进行调整
操作方式	卖出看涨期权
最大获利	权利金
最大损失	无限制,期货价格跌涨得越多,亏损越大
损益平衡点	执行价格＋权利金
保证金	交纳

【例 3-2】　受原油反弹和供需好转双重支撑,某年 1—3 月间 LLDPE 期货持续上涨,2109 合约从年初的 7 700 元/吨反弹到 3 月的近 9 000 元/吨,某投资者通过认真分析,认为聚乙烯装置检修在后期检修规模将明显减小,同时上半年农膜需求即将进入传统淡季,供需面上呈现供增需减的格局。同时上半年国内商品市场异常火爆,监管层已出手为市场降温,投机资金快速离场,商品普遍回调,LLDPE 上涨将难以为继。该投资者判断,

L2109 合约在 9 000 关口将面临重要压力位,预计后市转空或者进行调整,为了对冲手中的塑料多单,该投资者选择卖出看涨期权,在缴纳一定数额的保证金后,他获得了相应的权利金。

该投资者在期货合约价格为 8 900 元/吨时卖出 1 手执行价格为 9 000 元/吨的看涨期权,得到权利金 200 元/吨。

情形 1:10 天后,LLDPE 期货价格维持 8 900 元/吨,看涨期权跌至 100 元/吨。投资者买入平仓,获利 100 元/吨。

情形 2:该投资者保留至到期日,LLDPE 期货价格只要维持在 9 000 元及以下,买方放弃执行的权利,投资者获取 200 元的利润。损益图可参见图 3-2。

四、买进看跌期权策略的运用

买进看跌期权是指购买者支付权利金,获得以特定价格向期权出售者卖出一定数量的某种特定商品的权利。如果价格高于执行价格,买入方就放弃期权,它的最大风险是权利金。如果标的物价格在执行价格和损益平衡点之间,会损失部分权利金。如果标的物价格在损益平衡点以下,则买方仍可以较高的执行价格卖出,只要价格一直下跌,就能获利。因此,通过购买看跌期权,买方就锁定了自己的风险。买进看跌期权损益图如图 3-3 所示。买进看跌期权综合分析见表 3-3。

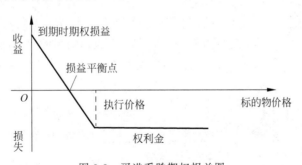

图 3-3　买进看跌期权损益图

表 3-3　买进看跌期权综合分析

项　　目	买进看跌期权
使用场合	期货市场受到利空消息打击或技术性转空,预计后市还有一波不小的跌幅
操作方式	买进看跌期权
最大获利	期货价格跌得越多,获利越大,但不会无限大,最大盈利为执行价格减权利金
最大损失	权利金
损益平衡点	执行价格－权利金
保证金	不交纳

【例 3-3】　某年上半年,国际原油大幅反弹,某 PTA 工厂发生爆炸,PTA 供给突然收紧,PTA 供需格局好转带动 PTA 反弹。年中国内股票市场遭遇连续暴跌,国内国外金融市场出现系统性风险,期货市场也未能幸免,国内商品期货跟随股指期货出现连续跌停。同时国际原油反弹无力,价格重心快速下移,PTA 期货基本面迅速恶化,某投资者经过仔

细分析,认为 PTA 的宏观面、成本端和供需面均有继续恶化趋势,下半年 PTA 仍有下行空间,做空 PTA 有利可图。若直接卖出 PTA 期货合约,投资者担心如果判断失误,PTA 期货价格上涨会给其带来严重损失,这时可以采取买入看跌期权的策略。因为买入看跌期权的权利金损失是固定的,而收益是没有上限的。

6 月 11 日,该投资者在 1 月期货合约价格为 5 400 元/吨时买入 1 手执行价格为 5 300 元/吨的看跌期权,付出权利金 20 元/吨。7 月 6 日到 8 日,PTA 期货连续 3 日跌停,由于 PTA 期货大幅下跌,投资者收益快速增长,7 月 9 日,PTA 大幅低开,一度跌破 4 500 元/吨,随后大幅反弹,反弹幅度超过 5%,投资者担心期价的反弹会吞噬已有的盈利,选择平仓了结头寸。假如 7 月 9 日该投资者期权卖出期权的平仓价为 550 元/吨,则期权收益为(550−20)元/吨×5 吨/手＝2 650 元/手。

五、卖出看跌期权策略的运用

卖出看跌期权是指卖出者获得权利金,若买入看跌期权者执行合约,卖出方必须以特定价格向期权买入方买入一定数量的某种特定商品。如果交易者预计相关商品或资产的价格会出现小幅上涨,并预计不会出现大幅下跌,通过卖出看跌期权可以获得权利金收益,避免现货商品或资产价格上涨的风险,从而起到保值的作用。不过在卖出看跌期权时

扩展阅读 3.3 巴菲特姐弟与看跌期权的故事

需要注意,即使预测正确,期权交易带来的收益也是有限的,最高仅为权利金;但是如果预测错误,商品或资产价格大幅度下跌,期货价格跌至看跌期权的执行价格以下,投资者可能会面临期权买方要求履约的风险,期权交易会带来较大的损失。卖出看跌期权损益图如图 3-4 所示。卖出看跌期权综合分析见表 3-4。

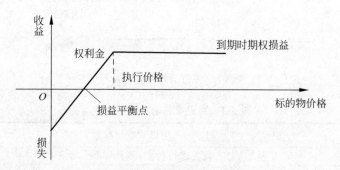

图 3-4　卖出看跌期权损益图

表 3-4　卖出看跌期权综合分析

项　　目	卖出看跌期权
使用场合	市场向多或震荡盘整
操作方式	卖出看跌期权
最大获利	权利金
最大损失	期货价格跌得越多,亏损越大,最大亏损是当期货价格跌为 0 时
损益平衡点	执行价格－权利金
保证金	交纳

【例 3-4】　某年上半年,液化石油气期货价格下跌趋势维持无力,某投资者认为液化石油气期货价格未来上涨有所支撑,该投资者选择卖出液化石油气的看跌期权,获得了一定的权利金。

该投资者在液化石油气期货价格为 3 800 元/吨的时候,卖出 1 手执行价格为 3 600 元/吨的液化石油气看跌期权,获得权利金 200 元/吨。

情形 1：若 10 天后,液化石油气期货价格涨至 3 900 元/吨,期权价格跌至 100 元/吨,投资者进行平仓,获利 100 元/吨。

情形 2：若持有到期,只要期货价格不低于 3 600 元/吨,看跌期权都没有价值,买方不会提出执行,卖方投资者可获得全部权利金。

第二节　商品期权套期保值交易策略

套期保值是指企业为规避现货价格波动风险,在现货市场买入或卖出一定数量的商品时,在期货市场卖出或买进与现货品种相同、数量相等或相当,但方向相反的期货合约,以一个市场的盈利弥补另一个市场的亏损。然而利用期货进行套期保值虽然成本相对较低,但其弊端是企业在将价格风险锁定的同时,也丧失了当价格发生有利变动时可能获得的收益,不利于企业利润水平的提升,而利用期权进行套期保值则可以解决这个问题。

一、期权套期保值概述

(一)期权套期保值原理

期权套期保值原理与期货套期保值原理基本相同,都是以一个市场的盈利弥补另一个市场的亏损,达到规避价格波动风险的目的。但由于期权交易的是权利而不是实物,因此期权套期保值不能简单地像期货买卖那样来操作,而要按买卖期权履约后所能转换成的期货合约的多空方向来决定套保策略。因此期权套保策略要比期货套保策略有更多的选择余地。

为了规避价格上涨的风险,保值者可以买入看涨期权或者卖出看跌期权,它们履约后转换的期货头寸都是多头；为了规避价格下跌的风险,保值者可以买入看跌期权或者卖出看涨期权,它们履约后转换的期货头寸都是空头。若标的资产价格如预期向原有期货或者现货头寸不利的方向变动,则期权部分获取的收益可以抵消现货或者期货部分带来的损失。

(二)期权套期保值交易特点

期货是标准化的远期合约,是买卖双方同意在未来某一时间以约定的价格买入或者卖出一定数量的某种资产的合同。期货是在现货基础上产生的一种衍生性金融工具。而期权是在期货的基础上产生的一种衍生性金融工具,它强调的是权利。期权的持有人有权在未来以一定价格向对方购买或出售一定数量的特定商品,但没有必须购买或出售的义务。期货与期权套期保值有各自特点,而期权作为在期货基础上产生的衍生工具,更具有优越性,我们在这里通过期货与期权套期保值进行对比来看期权套期保值交易的特点。

1. 套保对象范围更广

期货套期保值是把期货市场作为转移现货价格风险的场所,期货的套保对象主要是现货商品,以现货为标的。而期权交易是以期货合约为标的,因此,它既可以对现货商品进行保值,也可以对期货持仓进行保值。对于实体企业来说,期权可以有效规避其持有期货仓位的时间风险,从而有效规避企业在期货市场上的敞口风险,使企业的总体风险减小。可见,期权的套保对象范围更广,具有对期货进行"再保险"的功能。

2. 保值效果更加确定

运用期货进行保值,保值者虽然规避了较大的价格不利变动风险,但常常还会面对现货与期货价格之间的基差风险,也就是由于期货价格变动幅度与现货价格变动幅度不一致造成的套保误差。基差的变动大小对于套期保值的效果十分关键。正是基差风险的存在,影响了期货套期保值的有效性且增加了不确定性。而运用期权进行套期保值,则不存在类似问题。因为一旦期权成交,就已经规定了将来固定的交割价格——执行价格。套保者通过买入看涨期权,可以有效地确定将来最高的买价;通过买入看跌期权,也可以有效地确定将来最低的卖价,从而大大增强套期保值的有效性,避免了运用期货进行套期保值时产生的基差风险。

3. 保值策略更加灵活

在期货保值策略中,为防止价格上涨/下跌的风险,只能买入/卖出期货。而在期权套期保值策略中,保值者可以有更多的选择,如买入看涨期权或卖出看跌期权都可以规避价格上涨的风险,买入看跌期权或卖出看涨期权都可以规避价格下跌的风险。再加上不同执行价格、不同到期月份的选择,可以为不同需求的保值者实现不同成本预算的保值效果。如果套保企业的风险承受度较高,在有了完善的套保策略后,也可以运用卖出期权作为套保手段。这就要求企业有更为复杂的计算模型及交易体系,以及更严格的风险控制措施。因此,企业运用期权进行套期保值会更加灵活,可选择的策略也更多。

4. 既能保值,又能增值

采用期权套保不仅能够保值,有时还能够增值,这是采用期货套保无法实现的,这也是期权套保效果的独特之处。采用期货进行套保时,当现货部位出现亏损,那么期货部位必定会出现大致等额的盈利。在这种情况下,利用期权套保与利用期货套保的效果是一样的,均可以规避价格不利变化时的风险。但采用期货进行套保时,当现货部位出现盈利,则必定期货部位出现大致等额的亏损。现货部位赚得越多,期货部位也会亏得越多,即现货部位获得的利润被期货部位的亏损给抵消了。在这种情况下,利用期权套保与利用期货套保的效果就大不一样了。由于不论价格变化多大,买进期权的亏损仅限于支付的权利金,最大亏损被固定死了,而现货部位的盈利却可以随着价格有利的变化而不断扩大,从而达到既能保值又能增值的双重目的。

5. 占用资金相对较少

企业在运用期货为现货保值过程中,如果期货部位亏损,就要追加交易保证金;如果因为资金紧张或亏损过大而不能及时补足,还会导致被强行平仓,从而使整个保值计划归于失败。

而企业在运用期权进行保值时,对于期权的买方来说,不存在追加保证金的问题。套保企业只要在买入期权时支付权利金,即可获得行权权利。在期权到期日之前,不管市场价格如何波动,都不会被要求追加任何保证金,而且已经将可能产生的最大亏损锁定在权利金的范围之内,从而规避了市场非常规的剧烈波动风险,避免了流动资金的压力以及持仓风险。因此期权更符合套期保值者厌恶风险的需求。

但如果企业采取卖出商品期权的套保策略,则还是需要缴纳保证金的。从企业的风险管理角度来讲,由于期权的行权特性,卖出期权的风险可以无限大。在没有完善的、有经验的套保计划前,套保企业不应贪图期权费而卖出期权。

(三)期权套期保值类型

期权交易有四个基本策略,即买入看涨期权、卖出看涨期权、买入看跌期权和卖出看跌期权。在期货套期保值交易中,买进期货以建立与现货部位相反的部位时,称为买期保值;卖出期货以对冲现货部位风险时,称为卖期保值。而在期权套期保值交易中,不能简单地以期权的买卖方向来操作,还要考虑买卖的是看涨期权还是看跌期权。确定操作是买期保值或卖期保值,可以按所持有期权部位履约后转换的期货部位来决定。如买进看涨期权与卖出看跌期权,履约后的部位是期货多头,所以类似于买期保值;买入看跌期权与卖出看涨期权,履约后的部位是期货空头,所以类似于卖期保值。

而根据买卖的方向及组合的方式,我们将期权的套期保值策略划分为保护性保值策略(protective strategy)、抵补性保值策略(cover strategy)以及复合型保值策略。通过买入期权,为现货或期货部位进行套期保值,可以有效地保护基础部位,最大损失是确定的,称为保护性保值策略;通过卖出期权,为现货或期货部位进行套期保值的,权利金可以抵补基础部位的损失,但风险不能得到完全的转移,称为抵补性保值策略;而将期货工具与期权工具进行组合使用称为复合型保值策略。

二、保护性保值策略的应用

保护性保值策略,是指通过买入数量相等的看涨期权或看跌期权,为现货或期货部位进行套期保值,以便有效规避价格波动风险。

保护性保值策略的优点:风险有限,而获利的空间在理论上是无限的。采取保护性保值策略最大的风险和损失就是已交纳的权利金,而当价格走势对套保者持有的现货或期货部位有利时,收益还能够不断提升。

保护性保值策略的缺点:主要体现在套保成本较高。买入期权时需要向卖方交纳权利金,尤其是对于实值期权,所需支付的权利金更高一些。

保护性保值策略适用情形:担心未来现货价格朝着不利于企业希望的方向发展且涨跌幅度估计较大的情况。保护性保值策略既可用于企业买入套保,也可用于企业卖出套保,只是前者需要买进看涨期权,后者需要买进的是看跌期权。

(一)买进看涨期权的买入保值策略

策略目的:保护现货(无货情况)或期货的空头部位,规避未来一段时期价格上涨的风险,同时保持价格下跌所带来的采购成本降低的益处。

适合对象:适合贸易商和加工企业为了防止采购成本上涨所采取的保值策略,类似于期货买期保值。

策略特点:该策略需要向期权卖方支付权利金,但无须交纳保证金。

【例 3-5】 6 月初,某贸易商计划在 3 个月后采购一批橡胶,当时橡胶现货价格为 13 500 元/吨,为了规避橡胶价格上涨带来的采购成本的提高,该企业决定买入 9 月到期的橡胶看涨期权,执行价格为 13 500 元/吨,支付权利金 400 元/吨。结果分析如下(图 3-5)。

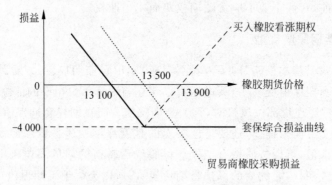

图 3-5　买入橡胶看涨期权保护性保值效果示意图

情形 1:如果到了 9 月份,橡胶期货和现货价格均出现上涨并超过 13 500 元/吨的期权执行价格,此时企业可以将看涨期权卖出平仓,获得权利金的价差,也可以要求行权。看涨期权套期保值的盈利可以弥补现货采购成本上涨的损失,不管未来橡胶价格上涨多少,企业的橡胶实际采购成本都可以控制在 13 500+400=13 900 元/吨的价格水平,从而确保经营不受大的影响。增加的 400 元/吨实际上是买入期权支付的权利金成本。

情形 2:如果到了 9 月份,橡胶现货和期货价格没有上涨反而出现下跌,价格跌至 13 100～13 500 元/吨,企业买入的看涨期权处于虚值状态,将放弃行权,损失权利金 400 元/吨,但企业在现货市场的采购成本将下降,企业的采购成本会控制在 13 500～13 900 元/吨之间,因此企业会有所亏损,但亏损被限制在 400 元/吨以内。

情形 3:如果到了 9 月份,橡胶现货和期货价格没有上涨反而出现下跌,价格跌到 13 100 元/吨以下,企业将放弃行使期权,损失权利金 400 元/吨。但此时现货采购成本大幅降低,此时企业采购成本比套期保值前的采购成本 13 500 元/吨还要低。

企业通过买入看涨期权套期保值,确立了一个最高的买价,有效避免了橡胶价格大幅上涨带来的采购成本上升;而在价格下跌时,又能够享受低价购买的额外收益。但在看对上涨方向时,采用看涨期权套保所需成本比采用期货套保要高一些,这个成本就是期权的权利金。

(二)买进看跌期权的卖出保值策略

策略目的:保护现货(有货情况)或期货的多头部位,规避未来一段时期价格下跌的风险,同时保持价格上涨所带来的存货增值的益处。

适合对象：适合商品生产企业和贸易商为了防止价格下跌所采取的保值策略，类似于期货卖期保值。

策略特点：该策略同样需要向期权卖方支付权利金，但无须交纳保证金。

【例3-6】 某贸易商拥有一批铜库存，当时现货价格为67 000元/吨，企业担心未来一段时间铜价格出现下跌导致库存贬值，决定买入2个月后到期的铜看跌期权，执行价格为67 000元/吨，支付权利金1 000元/吨。结果分析如下（图3-6）。

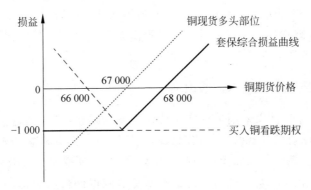

图3-6 买入铜看跌期权保护性保值效果示意图

情形1：如果2个月以后，铜期货和现货价格均出现下跌，且跌破67 000元/吨，此时企业可以将看跌期权卖出平仓以获得权利金的价差，也可以要求行权。看跌期权套期保值的盈利可以弥补现货低价销售的损失，不管未来铜价格下跌多少，企业的铜实际销售都可以控制在67 000－1 000＝66 000元/吨的价格水平，从而确保经营不受大的影响。减少的1 000元/吨的销售利润实际上是买入看跌期权支付的权利金成本。

情形2：如果2个月以后，铜现货和期货价格没有下跌反而出现上涨，但没有超过68 000元/吨，即涨至67 000～68 000元/吨之间，企业买入的看跌期权处于虚值状态，将放弃行权，损失权利金1 000元/吨，而企业在现货市场销售利润增加，减去支付的权利金，企业的销售价格会控制在66 000～67 000元/吨之间，因此企业整体亏损，但亏损被限制在1 000元/吨以内。

情形3：如果2个月以后，铜现货和期货价格没有下跌反而出现上涨，并涨至68 000元/吨以上，企业将放弃行使期权，损失权利金1 000元/吨。但此时现货销售利润大幅增加，此时企业销售价格比套期保值前的销售价格67 000元/吨还要高，因为期权的亏损已经被限制在1 000元/吨以内。

企业通过买入看跌期权套期保值，锁定了一个最低的卖价，有效避免了铜价格大幅下跌带来的库存贬值；而在价格上涨时，期权的权利金损失是有限的，能够持续享受高价销售库存带来的额外收益。但在看对下跌方向时，采用看跌期权套保所需成本比采用期货套保要高，这个成本就是期权的权利金。

三、抵补性保值策略的应用

抵补性保值策略，是指通过卖出数量相等的看涨期权或看跌期权，为现货或期货部位进行套期保值。

抵补性保值策略的优点：与保护性策略相比，抵补性策略可以收取一定金额的权利金。

抵补性保值策略的缺点：获利的空间有限，就是权利金；存在对期货价格方向判断正确，但波动幅度判断错误时套保失效、风险敞口裸露、损失会不断扩大等风险。当现货或期货部位的风险损失大于收取的期权权利金时，裸露的风险不能得到完全的转移和规避。同时卖出期权需要交纳保证金，并要做好追加保证金的后续准备。

抵补性保值策略适用情形：适用于期货价格波动幅度不大的情况，当价格波动幅度不好判断时，保值效果的误差和不确定性都较大。

（一）卖出看跌期权的买入保值策略

策略目的：企业估计未来期货价格保持稳定或跌幅很小时，通过卖出看跌期权并收取权利金，为企业已有的期货空头部位用权利金补偿一点交易成本，在一定范围起到保值的作用。但是，一旦期货价格跌至期权执行价以下，则该期权卖方会失去手头期货空头部位未来大幅盈利的机会；而一旦期货价格涨幅超过收取的权利金范围，则期货空头部位重新裸露并开始亏损，失去期权的保护。

适合对象：适合贸易商和加工企业为了防止期货价格小幅上涨所采取的保值策略，类似于期货买期保值。

策略特点：该策略需要向交易所交纳保证金。

【例 3-7】 3 月初，某化工厂商计划 2 个月后销售一批聚丙烯，为防止聚丙烯价格下跌，该企业决定利用期货进行卖出套保。此时聚丙烯现货价为 8 700 元/吨，期货价格为 8 800 元/吨，于是该企业决定卖出 5 月聚丙烯期货合约保值。但企业又担心自己的判断有误，聚丙烯价格不跌反涨，不过又认为涨幅不会很大。为规避价格上涨造成期货空头持仓亏损，企业同时以 80 元/吨的价格卖出 5 月聚丙烯看跌期权，执行价格为 8 600 元/吨。结果分析如下（图 3-7）。

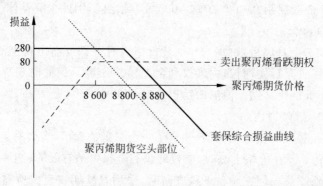

图 3-7　卖出聚丙烯看跌期权对期货合约的抵补性保值效果示意图

情形 1：如果到了 5 月份，聚丙烯期货和现货价格均出现下跌，但期货价格未跌破 8 600 元/吨，企业已有的期货部位是盈利的，但卖出的看跌期权处于虚值状态，买方不会行权，该企业不仅在期货市场上有盈利，还获得了权利金收益。

情形 2：如果到了 5 月份，聚丙烯期货和现货价格均出现下跌，且期货价格跌破 8 600元/吨，企业已有的期货部位是盈利的，而卖出的看跌期权转化为实值状态，如果买方提出行权，企业将获得 8 600 元/吨的期货多头部位，正好与其原有的 8 800 元/吨的期货空头部位对冲，盈利 8 800－8 600＝200 元/吨，同时获得了 80 元/吨的权利金收入，整体盈利 280 元/吨。

情形 3：如果到了 5 月份，聚丙烯期货和现货价格均出现上涨，但不超过 8 880 元/吨，企业原有的期货部位将出现亏损，但企业卖出的看跌期权处于虚值状态，买方不会行权，企业获得的权利金将弥补期货市场的亏损，最大的亏损不会超过权利金 80 元/吨。但如果价格超过 8 880 元/吨，期货部位的亏损将继续扩大，期权部位的盈利却不再增加，因为期权卖方的最大盈利为其收到的权利金。所以，在市场价格上涨超出预期的情况下，投资者的期货空头的风险将无法通过卖出看跌期权而完全得到弥补。

（二）卖出看涨期权的卖出保值策略

策略目的：企业估计未来期货价格保持稳定或涨幅很小时，通过卖出看涨期权并收取权利金，为企业已有的期货多头部位用权利金补偿一点交易成本，在一定程度上起到保值的作用。但是，一旦期货价格跌至期权执行价以下，则该期权卖方会失去手期货多头部位未来大幅盈利的机会；而一旦期货价格跌幅超过收取的权利金范围，则期货多头部位重新裸露并开始亏损，失去期权的保护。

适合对象：适合贸易商和加工企业为了防止期货价格小幅下跌所采取的保值策略，类似于期货卖期保值。

策略特点：该策略需要向交易所交纳保证金。

【例 3-8】 3 月初，某企业计划 3 个月后采购一批动力煤作为生产原料，为防止动力煤价格上涨，该企业决定利用期货进行买入套保。此时动力煤现货价为 860 元/吨，期货价格为 880 元/吨，于是该企业决定买进 6 月动力煤期货合约保值。但企业又担心自己的判断有误，动力煤价格不涨反跌，不过又认为跌幅不会很大。为规避价格下跌造成期货多头持仓亏损，企业同时以 100 元/吨的价格卖出 6 月动力煤看涨期权，执行价格为 950 元/吨。结果分析如下（图 3-8）。

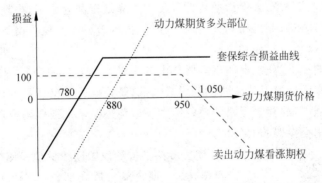

图 3-8　卖出动力煤看涨期权对期货合约的抵补性保值效果示意图

　　情形 1：如果到了 6 月份，动力煤期货和现货价格均出现上涨，但期货价格低于 950 元/吨，企业已有的期货部位是盈利的，但卖出的看涨期权处于虚值状态，买方不会行权，该企业不仅在期货市场上有盈利，还获得了权利金收益。

　　情形 2：如果到了 6 月份，动力煤期货和现货价格均出现上涨，且期货价格超过 950 元/吨，企业已有的期货部位是盈利的，而卖出的看涨期权转化为实值状态，如果买方提出行权，企业将获得 950 元/吨的期货空头部位，正好与其原有的 880 元/吨的期货多头部位对冲，获利 950－880＝70 元/吨，加上其获得的权利金收入，总盈利可达到 170 元/吨。

　　情形 3：如果到了 6 月份，动力煤期货和现货价格均出现下跌，但不低于 780 元/吨，企业原有的期货多头部位将出现亏损，但企业卖出的看涨期权处于虚值状态，买方不会行权，企业获得的权利金将弥补期货市场的亏损，最大的盈利不会超过权利金 100 元/吨。但如果价格跌破 780 元/吨，期货部位的亏损将继续扩大，期权部位的盈利却不再增加，因为期权卖方的最大盈利为其收到的权利金。所以，在市场价格下跌超出预期的情况下，投资者的期货多头的风险将无法通过卖出看涨期权而完全得到弥补。

　　可见，采用抵补性保值策略在一定程度上可有效避免套保中采用的期货持仓因价格不利变动所出现的亏损，但当期价波动幅度超出一定范围，也就是期货部位的损失超出权利金的抵补极限后，期权对期货部位的保护作用就会失效。此外，当价格朝着期货部位有利方向发展时，由于卖出期权的行为，往往会过早地终止期货部位扩大盈利的机会。

四、复合型保值策略的应用

　　在保护性策略与抵补性保值策略中，我们往往会面临风险与权利金成本两相矛盾的烦恼。要么规避了风险，但是需要付出权利金成本；要么没有成本，但风险不能完全规避。但如果把两个策略结合起来，则可以满足保值者更多的需求，获得更好的效果。以下介绍几种常用的复合型保值策略。

（一）双限期权保值策略

　　双限期权保值策略（collar）又叫零成本保值策略、篱笆墙策略（fence）等。投资者在建立一个现货或期货多头（空头）部位后，采取的保值行动包括：支付权利金，买入一个虚值的看跌期权（看涨期权），来保护期货部位。为了降低权利金成本，再抵补卖出一个虚值的看涨期权（看跌期权），获得权利金收入。这样，投资者可以避免价格不利方向变化所带来的风险，并且不需要付出权利金。

　　在进行双限期权保值时，保值者需要找出两个具有相等价格（或大致相等）的看涨期权和看跌期权。双限期权保值策略的套保成本低，既能规避价格不利变化的风险，又能保留一定的获利潜能，但放弃了无限收益的能力。这种策略常常被机构投资者使用，主要是因为可以享受不用交保费的"保险"。

扩展阅读 3.4
吉利收购戴姆勒

1. 期货多头部位的双限期权保值策略

　　策略构成：期货多头持仓部位＋买入虚值看跌期权＋卖出虚值看涨期权。

　　应用情形：当商品期货价格处于高位区间小幅振荡时，

且后市存在暴跌的可能。

适用范围：手中有期货多头持仓。

【例 3-9】　某加工厂预计 2 个月后购进一批 PVC，但又担心 PVC 价格出现上涨，于是在期货市场上以 8 200 元/吨的价格买入 PVC 期货合约进行套保，但此后很长一段时间 PVC 期货价格一直在 8 200 元/吨附近震荡，没有继续上涨，此时企业认为未来 PVC 价格存在暴跌的可能，于是企业决定采取期货多头的双限期权保值策略，即买入同月份执行价格为 8 150 元/吨的看跌期权，支付权利金 50 元，同时卖出同月份执行价格为 8 250 元/吨的看涨期权，收到权利金 50 元。结果分析如下（图 3-9）。

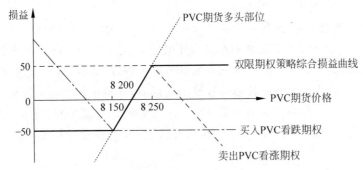

图 3-9　期货多头的双限期权保值策略效果示意图

情形 1：如果未来 PVC 期价继续上涨，但没有超过 8 250 元/吨，即涨至 8 200～8 250 元/吨之间，此时企业的期货多头部位是盈利的，而买入的看跌期权和卖出的看涨期权均处于虚值状态，不存在行权的问题，期货多头的盈利就是整个组合的盈利，但盈利不会超过 50 元/吨。

情形 2：如果未来 PVC 期价持续上涨并向上突破 8 250 元/吨，此时企业的期货多头部位是盈利的，而买入的看跌期权处于虚值状态，企业会放弃行权，但卖出的看涨期权成为实值期权，期权的买方提出行权的话，企业将获得 8 250 元/吨的期货空头部位，正好与其期货多头部位对冲平仓，获利 50 元/吨（8 250－8 200＝50 元/吨），此后无论期货价格涨到多高，都跟企业没关系，企业的最大获利为 50 元/吨。

情形 3：如果未来 PVC 价格出现下跌，但未跌破 8 150 元/吨，此时企业的期货多头部位是亏损的，而买入的看跌期权和卖出的看涨期权均处于虚值状态，不存在行权的问题，期货多头的亏损就是整个组合的亏损，但亏损不会超过 50 元/吨。

情形 4：如果未来 PVC 期价持续下跌并向下突破 8 150 元/吨，此时企业的期货多头部位是亏损的，而卖出的看涨期权处于虚值状态，不存在行权的问题，但买入的看跌期权成为实值期权，企业可以提出行权，获得 8 150 元/吨的期货空头部位，正好与其期货多头部位对冲平仓，亏损 50 元/吨（8 200－8 150＝50 元/吨），此后无论期货价格跌多少，都跟企业没关系，企业的最大亏损为 50 元/吨。虽然企业为现货保值的行为在 8 150 元/吨以下就结束了，但原有的期货多头部位也不会继续亏损，企业在现货市场的采购成本将随着现货价格的下跌而下降。

企业通过买入看跌期权，将风险控制在确定的范围之内，卖出看涨期权，则用来降低买入保护性期权的成本。当期货价格运行在 8 200～8 250 元/吨时,期货部位的损益可以不受期权的影响,而期货价格向上突破 8 250 元/吨的执行价格时,投资者的期货多头收益却停止了,这就是采用该策略保值者需要付出的代价,即放弃预期之外的盈利潜能。当期货价格向下突破 8 150 元/吨时,投资者的亏损将会被有效"切断",这是该策略给企业提供的好处。

2. 期货空头部位的双限期权保值策略

策略构成:期货空头持仓部位＋买入虚值看涨期权＋卖出虚值看跌期权。

应用情形:当商品期货价格处于低位区间小幅振荡时,且后市存在暴涨的可能。

适用范围:手中有期货空头持仓。

【例 3-10】　某棉纺企业有一批棉花库存待销售,但由于库存量较大,一时难以消化且棉花价格在持续下跌,于是该企业在期货市场上以 15 000 元/吨的价格卖出棉花期货合约进行套保,但此后很长一段时间棉花期货价格一直在 15 000 元/吨附近震荡,没有继续下跌,此时企业认为未来棉花价格存在暴涨的可能,于是企业决定采取期货空头的双限期权保值策略,即买入同月份执行价格为 15 200 元/吨的看涨期权,支付权利金 150 元,同时卖出同月份执行价格为 14 800 元/吨的看跌期权,收到权利金 150 元。结果分析如下(图 3-10)。

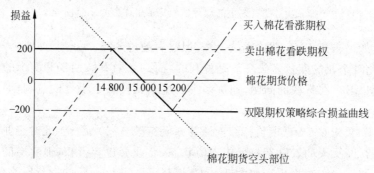

图 3-10　期货空头的双限期权保值策略效果示意图

情形 1:如果未来棉花期价继续下跌,但没有跌破 14 800 元/吨,即跌至 14 800～15 000 元/吨之间,此时企业的期货空头部位是盈利的,而买入的看涨期权和卖出的看跌期权均处于虚值状态,不存在行权的问题,期货空头的盈利就是整个组合的盈利,但盈利不会超过 200 元/吨,这减少了现货库存贬值的损失,起到保值作用。

情形 2:如果未来棉花期价持续下跌并向下突破 14 800 元/吨,此时企业的期货空头部位是盈利的,而买入的看涨期权处于虚值状态,企业会放弃行权,但卖出的看跌期权成为实值期权,期权的买方提出行权的话,企业将获得 14 800 元/吨的期货多头部位,正好与其期货空头部位对冲平仓,获利 200 元/吨(15 000－14 800＝200 元/吨),此后无论期货价格跌到多少,都跟企业没关系,企业为现货库存的保值行为就此结束,企业的最大获利为 200 元/吨,企业原有的期货空头部位在 14 800 元/吨以下无法再起到为现货保值的作用了。

情形 3:如果未来棉花价格出现上涨,但未超过 15 200 元/吨,此时企业的期货空头部位是亏损的,而买入的看涨期权和卖出的看跌期权均处于虚值状态,不存在行权的问题,期货空头的亏损就是整个组合的亏损,但亏损不会超过 200 元/吨。

情形 4:如果未来棉花期价持续上涨并向上突破 15 200 元/吨,此时企业的期货空头部位是亏损的,而卖出的看跌期权处于虚值状态,不存在行权的问题,但买入的看涨期权成为实值期权,企业可以提出行权,获得 15 200 元/吨的期货多头部位,正好与其期货空头部位对冲平仓,亏损 200 元/吨(15 200－15 000＝200 元/吨),此后无论期货价格涨多少,都跟企业没关系,企业的最大亏损为 200 元/吨。虽然企业为现货保值的行为在15 200 元/吨以上就结束了,但原有的期货空头部位也不会继续亏损,库存将随着现货价格的上涨而出现增值。

企业通过买入看涨期权,将风险控制在确定的范围之内,卖出看跌期权,则用来抵补买入看涨期权的权利金成本。当期货价格运行在 14 800～15 000 元/吨时,期货部位的损益可以不受期权的影响,而期货价格向下跌破 14 800 元/吨的执行价格时,投资者的期货空头收益却停止了,这就是采用该策略保值者需要付出的代价,即放弃预期之外的盈利潜能。当期货价格向上突破 15 200 元/吨时,投资者的亏损将会被有效"切断",这是该策略给企业提供的好处。

(二)现货保值＋期货保险策略

企业在运用期货进行套期保值时,在规避现货价格波动风险的同时也失去了潜在的收益机会。实际上在许多情况下,企业需要的套保策略是:当价格向不利于企业持有的现货方向发展时,需要期货工具发挥套保作用,而在价格向有利于企业持有现货方向发展时,可以让利润"无限奔跑"。期货加期权作为一种复合型套保策略可以帮助企业实现这样的效果。

1. 买进期货合约＋买入相关期货看跌期权的组合买期保值策略

对于生产企业来说,为了防止未来购进原材料时价格上涨导致采购成本增加,可通过买入相关期货合约来锁定采购成本。但如果未来价格不但没有上涨反而出现下跌,其持有的期货多头部位就会出现亏损。虽然这一亏损可通过现货市场采购成本的降低来弥补,但失去了低成本采购的收益。为了尽量避免期货持仓亏损,可以在买进期货合约的同时,买入相关期货看跌期权。这样,价格上涨时,放弃或卖出平仓看跌期权,同时高价卖出期货合约平仓,获取期货合约的差价利润,在弥补已支付的权利金后还有盈余,可为现货交易起到一定的保值作用。一旦价格下跌,则履行看跌期权,用得到的期货合约空头头寸与手中的期货合约多头头寸对冲,解除期货对现货的套保,成本只是已支付的权利金。

策略构成:需要套保的现货空头部位＋期货多头持仓部位＋买入虚值或平值看跌期权。

应用情形:企业未来需要采购现货,既想规避价格大幅上涨风险,又想获得价格大幅下跌带来的采购成本降低的好处。

适用范围:手中尚无现货但又有采购需求的企业。

【例 3-11】　某加工企业计划在 8 月份购进一批黄金,此时黄金现货价格为 320 元/克。为了防止未来黄金价格上涨,该企业决定采用期货进行买入套期保值。于是该企业在

5 月初以 330 元/克的价格买入 9 月黄金期货合约。但企业又担心,一旦预判错误,价格不涨反跌,为了留住黄金价格下跌带来的采购成本减少的好处,企业同时买入 9 月到期的黄金看跌期权,执行价格为 310 元/克,支付权利金 10 元/克。结果分析如下。

情形 1:如果黄金价格如企业预判那样上涨,至 9 月下旬期权到期日前,黄金期货价格高于 340 元/克。此时企业手头上的期货多头持仓盈利大于 10 元/克,买进的看跌期权为虚值状态,企业会放弃行权。假如企业在采购现货的当天,将期货合约以高于 340 元/克的即时价格卖出平仓,同时将期权合约也卖出平仓或弃权,结果是:该加工企业在现货市场的实际采购成本=现货采购价-期货盈利+支付的权利金-平仓收取的权利金;由于后面三项总和大于 0,因此,企业实际采购成本小于现货采购价,套保效果显现。由此可见,期货与期权的组合买期保值策略,可以用期货与期权的净盈利弥补现货市场上采购成本的提高。不管黄金价格上涨多少,企业现货采购成本的提高被确保限制在了一个很小的范围内。

情形 2:如果黄金价格不涨反跌,至 9 月下旬期权到期日前,黄金期货价格跌破 310元/克。此时企业手头上的期货多头持仓出现亏损,但买入的看跌期权成实值期权,该企业可以选择行使期权,获得 310 元/克卖价的期货合约空头部位,正好对冲平仓掉原有的期货多头持仓,再加上 10 元/克买期权的权利金,期货市场共亏损:310-330-10=-30 元/克,不管期价跌到什么程度,期货市场最大的亏损为 30 元/克。此时企业在现货市场黄金的实际采购成本也同步下降。如果没有用期权为期货合约上保险,虽然从套保的角度来说期货赔现货赚也正常,但企业却没能获得价格大跌带来的采购成本大幅下降的好处。

情形 3:如果黄金价格在 9 月下旬期权到期日前一直在 310~330 元/克范围内小幅波动,则期权对期货的套保效果不会很明显。此时企业会发现购买期权的 10 元/克权利金成为主要的成本负担。建议企业,如果判断在现货采购前的那段时间内价格不会有大的变动,应该尽早解除期权对期货合约的"保险",即卖出平仓看跌期权,尽可能多地回收部分权利金,只保留期货对现货的套保作用,从而降低交易成本。

2. 卖出期货合约+买入相关期货看涨期权的组合卖期保值策略

对于拥有可出售的现货商品时,为了防止未来价格下跌导致待售商品贬值,企业可通过卖出相关期货合约来为待售商品保值。但如果未来价格不但没有下跌反而出现上涨,其持有的期货空头部位就会出现亏损。

虽然这一亏损可通过现货市场高价销售商品的收入来弥补,但失去了高价销售的利润。为了尽量避免期货持仓亏损,可以在卖出期货合约的同时,买入相关期货看涨期权。这样,价格下跌时,放弃或卖出平仓看涨期权,同时低价买入期货合约平仓,达到保值目的;价格上涨时,执行看涨期权,所得到的期货合约多头持仓与原有的期货空头持仓相对冲,截住期货合约的亏损,使企业能保留在现货市场高价销售的机会。

策略构成:需要套保的现货多头部位+期货空头持仓部位+买入虚值或平值看涨期权。

应用情形:企业未来需要销售所生产的现货,既想规避价格大幅下跌风险,又想获得价格大幅上涨带来的高价销售利润。

适用范围:手中有现货的生产企业或贸易商。

【例 3-12】 某甲醇企业有一批甲醇产品待销售,3月初甲醇现货价格为 2 600 元/吨。为了防止未来甲醇价格下跌,该企业决定采用期货进行卖出套期保值。于是该企业以 2 550 元/吨的价格卖出 6 月甲醇期货合约。但企业又担心,一旦预判错误,价格不跌反涨,为了留住甲醇价格上涨带来的销售利润,企业同时买入 6 月到期的甲醇看涨期权,执行价格为 2 650 元/吨,支付权利金 50 元/吨。结果分析如下。

情形 1:如果随后甲醇价格如企业预判那样出现大幅的下跌,至 6 月下旬期权到期日前,甲醇期货价格跌破 2 500 元/吨,此时企业已有的期货空头部位是盈利的,买进的看涨期权为虚值状态,企业会放弃行权。假如企业在销售甲醇现货的当天,将期货合约买入平仓,结束套保,结果是:如果企业在现货市场是以低于 2 500 元/吨的现货价格销售甲醇,则它的实际销售价格=现货销售价+期货盈利-权利金。由于此时期货盈利-权利金>0,因此,企业的实际销售价格>现货销售价,套保效果明显。由此可见,期货与期权的组合卖期保值策略,可以用期货与期权的净盈利弥补现货市场上销售价格下跌所带来的损失。不管甲醇价格下跌多少,企业现货销售价格下跌的损失被确保限制在一个很小的范围内。

情形 2:如果甲醇价格不跌反涨,至 6 月下旬期权到期日前,甲醇期货价格高于 2 650 元/吨的执行价格,此时企业已有的期货空头部位出现亏损,但买入的看涨期权成为实值期权,该企业可以选择行权,获得 2 650 元/吨的期货合约多头部位,正好对冲平仓掉原有的期货空头持仓,再加上 50 元/吨的权利金,期货市场共亏损:2 550-2 650-50=-150 元/吨,不管期价涨到什么程度,期货市场最大的亏损为 150 元/吨。此时企业在现货市场甲醇的实际销售价格也同步上涨。如果没有用期权为期货合约上保险,虽然从套保的角度来说期货赔现货赚也正常,但企业却没能获得销售价格大幅上涨带来的利润。

情形 3:如果甲醇价在 6 月下旬期权到期日前一直在 2 550～2 650 元/吨范围内小幅波动,则期权对期货的套保效果不会很明显。此时企业会发现购买期权的 50 元/吨权利金成为主要的成本负担。建议企业,如果判断在现货销售前的那段时间内,价格不会有大的变动的话,应该尽早解除期权对期货合约的"保险",即卖出平仓看涨期权,尽可能多地回收部分权利金,只保留期货对现货的套保作用就可以了,从而降低交易成本。

第三节　商品期权套利交易策略

一、商品期权套利概述

套利通常指在某种实物资产或金融资产(在同一市场或不同市场)拥有两个价格的情况下,以较低的价格买进、较高的价格卖出,从而获取无风险收益。期权的多种特性与复合头寸决定了期权的价格一般遵循一定的规律,套利者可以通过复合关系来判定获利潜能,从而拟合出合理的套利交易策略。

(一)商品期权套利原理

商品期权套利是指通过适当的期权组合实现无风险的利润。从某种程度上来讲,期权套利的目标是在期权市场上享受"免费的午餐"。一般来说,在构造期权套利时,应当遵循两条基本原则：一是买低卖高原则，即买进价值被低估的期权，卖出价值被高估的期权；二是风险对冲原则，即利用合成期权对冲买入或卖出实际期权的风险头寸。期权套利主要分为两大类：一类是针对期权价格出现不合理失真进行的纯价格性套利；另一类是以波动率或涨跌幅不同步为基础进行波动率套利。

（二）商品期权投机类型

一般而言，期权套利分为三类：垂直套利、水平套利和对角套利。垂直套利是指期权之间执行价不同但合约到期日相同的任何期权套利策略；水平套利是指买进和卖出敲定价格相同但到期月份不同的看涨期权或看跌期权合约的套利方式；对角套利是指利用相同标的资产、不同协议价格、不同有效期的看涨期权或看跌期权的价格差异赚取无风险利润的行为。

二、垂直套利策略

垂直套利的交易方式为买进一个期权，同时卖出一个相同品种、相同到期日，但是执行价格不同的期权，这两个期权应同属看涨或看跌。垂直套利的特点在于将风险和收益度均限制在一定的范围内。垂直套利是按不同的敲定价同时买进和卖出同一到期月份的看涨期权或看跌期权，共有四种形式。

（一）牛市看涨期权垂直套利

牛市看涨期权套利是垂直套利方式的一种形式。交易方式是买进一个执行价格较低的看涨期权，同时卖出一个到期日相同但执行价格较高的看涨期权，以利用两种期权之间的价差波动寻求获利。其损益图如图 3-11 所示，综合分析见表 3-5。

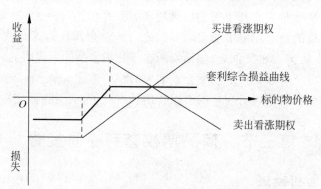

图 3-11　牛市看涨期权垂直套利损益图

表 3-5　牛市看涨期权垂直套利综合分析

项　　　目	牛市看涨期权垂直套利
使用场合	看多后市，但认为不会大幅上涨。特点在于权利金成本低，风险收益均有限
操作方式	买入较低执行价格的看涨期权＋卖出较高执行价格的看涨期权
最大获利	卖出看涨期权的执行价格与买进看涨期权的执行价格之差再减最大风险值
最大损失	买进期权时付出的期权费和卖出期权时收取的期权费之差
损益平衡点	低执行价格＋权利金净支出

（二）牛市看跌期权垂直套利

牛市看跌期权垂直套利的交易方式是指在买进一个执行价格较低的看跌期权的同时，卖出一个到期日相同但是执行价格较高的看跌期权。其损益图如图 3-12 所示，综合分析见表 3-6。

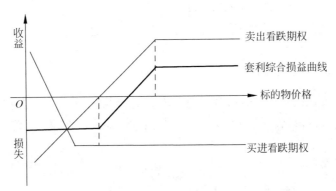

图 3-12　牛市看跌期权垂直套利损益图

表 3-6　牛市看跌期权垂直套利综合分析

项　　目	牛市看跌期权垂直套利
使用场合	看多后市，但涨幅有限。特点是风险有限，风险收益也有限
操作方式	买入较低执行价格的看跌期权＋卖出较高执行价格的看跌期权
最大获利	卖出期权时收取的期权费与买进期权付出的期权费之差
最大损失	卖出看跌期权的执行价格与买进看跌期权的执行价格之差再减最大收益值
损益平衡点	高执行价格－权利金净收入

（三）熊市看涨期权垂直套利

熊市看涨期权套利是出售一个看涨期权，与此同时，买入第二个看涨期权。第二个看涨期权的标的物和到期日同第一个期货相同，但是执行价格要比第一个期权高。其损益图如图 3-13 所示，综合分析见表 3-7。

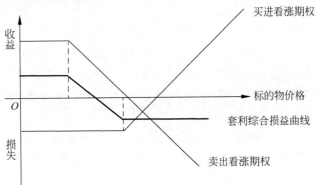

图 3-13　熊市看涨期权垂直套利损益图

表 3-7 熊市看涨期权垂直套利综合分析

项　目	熊市看涨期权垂直套利
使用场合	看空后市。特点是风险有限,风险收益也有限
操作方式	买入较高执行价格的看涨期权+卖出较低执行价格的看涨期权
最大获利	卖出期权时收取的期权费与买进期权时付出的期权费之差
最大损失	买进看涨期权的执行价格与卖出看涨期权的执行价格之差再减最大收益值
损益平衡点	低执行价格+权利金净收入

(四) 熊市看跌期权垂直套利

　　熊市看跌期权套利的交易方式是买进一个执行价格较高的看跌期权,同时卖出一个到期日相同但是执行价格较低的看跌期权。其损益图如图 3-14 所示,综合分析见表 3-8。

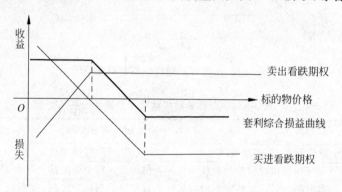

图 3-14　熊市看跌期权垂直套利损益图

表 3-8 熊市看跌期权垂直套利综合分析

项　目	熊市看跌期权垂直套利
使用场合	看空后市,但认为期货价格不会大幅下跌。特点在于权利金成本低,风险收益均有限
操作方式	买入较高执行价格的看跌期权+卖出较低执行价格的看跌期权
最大获利	买进看跌期权的执行价格与卖出看跌期权的执行价格之差再减最大风险值
最大损失	买进期权时付出的期权费与卖出期权时收取的期权费之差
损益平衡点	较高执行价格-净权利金支出

　　【例 3-13】　假如某投资者预测玉米价格未来将上涨,但又担心判断有误,想在风险有限的前提下获得比较稳妥的有限收益,于是他打算进行牛市看涨期权套利交易。考虑到 9 月期权合约到期时间较短,而 11 月期权合约交易又十分清淡,该投资者选取来年1 月合约进行牛市套利。

　　具体操作为:买进执行价格 1 750 元/吨的来年 1 月玉米看涨期权一份,支付权利金45 元/吨,同时卖出执行价格 1 800 元/吨的来年 1 月玉米看涨期权一份,收取权利金25 元/吨(手续费略)。

　　情形 1:假如在 12 月份期权到期时,玉米价格并未预期上涨,而是出现下跌,期货价格跌破 1 750 元/吨执行价格,则该投资者买进的看涨期权亏损,不会行权,但卖出的那份看涨期权,买方更不会行权,该投资者的最大亏损为 25－45＝－20(元/吨)。

情形 2:假如在 12 月份期权到期时,玉米价格如期上涨,期货价格高于 1 800 元/吨执行价格,则该投资者买进的看涨期权盈利,但以 1 800 元/吨卖出的那个期权合约很有可能也被买方要求行权,将出现亏损。所获最大收益为(1 800－1 750)－(45－25)＝30(元/吨)。原因是卖出的那个期权把本该由买进期权获得的未来收益给截断了。

情形 3:假如在 12 月份期权到期时,玉米价格一直小幅徘徊于 1 750～1 800 元/吨之间,则该投资者的这个套利组合是赚是赔就需要计算套利的损益平衡点 1 750＋(45－25)＝1 770(元/吨)。当期货价格超过这个价位,则套利组合盈利;低于这个价位,则该套利亏损。显然在 1 月期货合约收于 1 770 元/吨时,该投资者正好不赚不赔。

从以上分析中可以发现,建立牛市看涨期权垂直套利组合的目的主要有两个考虑:一是由于权利金成本昂贵,买入一份期权的同时,也卖出一份期权收回部分权利金,以降低投资成本;二是对于商品期货价格虽然看涨,但也心有疑虑,看涨意愿不是特别强烈,因而卖出等量期权降低损益平衡点,增大获利的可能性。

此外,若卖出的期权执行价格距离买入的期权执行价格越远,那么卖出期权获得的权利金对于降低投资成本的作用就越小,并且对盈利平衡点的改善作用就越小,但最大收益空间显然增加了。若进行牛市套利,商品期货价格越接近低执行价格,则牛市套利的吸引力越大。

三、水平套利策略

水平套利又称为日期套利、横向套利、跨月份套利或时间套利,是指买进和卖出执行价格相同但到期月份不同的看涨期权或看跌期权合约的套利方式。水平套利的交易方式是买进一份期权,同时卖出一份执行价格相同、同属看涨或者看跌类别但到期日不同的期权。由于远期期权与近期期权有着不同的时间价值的衰减速度,在一般情况下,近期期权的时间价值要比远期期权的时间价值衰减得更快。因此,水平套利的一般做法是买进远期期权、卖出近期期权。水平套利分看涨期权水平套利和看跌期权水平套利两种,预计长期价格将稳中趋涨时,运用前者;而预计长期价格将稳中趋疲时,运用后者。水平套利综合分析见表3-9。

表 3-9　水平套利综合分析

项　　目	水　平　套　利
使用场合	长期价格看涨趋势时运用看涨期权进行水平套利交易,在长期价格将稳中趋跌时运用看跌期权进行水平套利交易
操作方式	买进一份期权,同时卖出一份执行价格相同、同属看涨或者看跌类别但到期日不同的期权
最大获利	收取的权利金－支出的权利金
最大损失	买入期权的盈利－卖出期权的亏损－权利金净支出

【例 3-14】 某投资者预测锌价格未来将小幅上涨,但波动幅度不会太大,他想通过水平套利获得期权因时减值的价差收益。该投资者选取执行价格同为 17 500 元/吨的 9 月和来年 1 月两个期权合约进行水平套利。具体操作为:买入执行价格为 17 500 元/吨的来年 1 月锌看涨期权 1 手,支付权利金 450 元/吨;同时卖出执行价格为 17 500 元/吨的 9 月锌看涨期权 1 手,获得权利金收入 250 元/吨(手续费略)。

情形 1:假如在 8 月中旬期权到期时锌期货价格上涨,超过 17 500 元/吨执行价。因为 9 月期权的时间价值已经没有了,而内涵价值也被固定为:期价－17 500 元/吨。而 1 月期权的内涵价值也是:期价－17 500 元吨,两者对冲抵消了。因此,套利者所能获得的最大收益要看 1 月期权合约当时的剩余时间价值是多少来定。反映在交易价格上,肯定是 1 月看涨期权价格大于 9 月看涨期权价格。该投资者将获得稳定的套利收益。

情形 2:假如在 8 月中旬期权到期时锌期货价格下跌,低于 17 500 元/吨执行价,则此时该套利投资者所买、卖的两个看涨期权都不会行权。其中,因为 9 月期权的时间价值和内涵价值都已经没有了,价格为 0,而最大亏损程度是 1 月期权价格也跌到 0,则该套利者面临的最大风险是 250－450＝－200 元/吨的权利金损失。但实际上,此时 1 月期权合约并没有到期,即便内涵价值没有了,但多少还有一点时间价值,因此通常亏损会小于 200 元/吨。

分析以上案例可以发现,水平套利的盈利点主要在于期权的因时减值因素。随着时间的消逝,因时减值的作用在近期到期的期权上会比到期日较远的期权大得多,即近期期权价值的衰减速度要远胜于到期日较远的期权,便存在远近期权的价值基差变化的套利机会。水平套利的优点在于初始投资相对便宜。由于水平套利的最大风险就是初始构建时所支付的净权利金成本,相应锁定了风险。这个净权利成本费用是有限的,但水平套利的收益在理论上是很大的。

四、跨式期权套利策略

跨式期权套利是指一种基于行情波动性判断的常用组合策略。在一段时间内,投资者如果认为行情会有爆发性的运动,虽然并不确定行情的方向性,但是可以考虑同时买入买权与卖权,如此,投资者都将有利可图。相反,如预期短期内股市将走黏滞盘整的小幅振荡行情,基于这种低波动率的预期,投资者可以考虑同时卖出买权与卖权,从而获取权利金收入。

(一) 买入跨式期权套利

投资者同时买入相同执行价格的买权与卖权,适用于对后市方向判断不明确但认为会有显著波动的情况。如一份可以左右市场的宏观经济统计报告即将公布,或者标的资产正面临强支撑位或阻力位,并预计将在这一价格水平有强烈反弹或向下反转。买入跨式期权套利损益图如图 3-15 所示,综合分析见表 3-10。

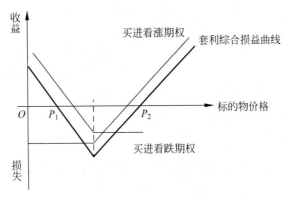

图 3-15 买入跨式期权套利损益图

表 3-10 买入跨式期权套利综合分析

项 目	买入跨式期权套利
使用场合	后市方向不明确,但认为会有显著的价格变动,波动性会增大。波动性越大,对期权部位越有利。只要价格波动超过高平衡点或低于低平衡点,就会有盈利
操作方式	以相同的执行价格同时买入看涨期权和看跌期权(月份、标的物也相同)
潜在获利	价格上涨,收益增加,收益＝期货价格－执行价格－权利金 价格下跌,收益也增加,收益＝执行价格－期货价格－权利金
最大损失	所支付的全部权利金
损益平衡点	高平衡点(P_2)＝执行价格＋总权利金 低平衡点(P_1)＝执行价格－总权利金

（二）卖出跨式期权套利

卖出跨式期权套利是指投资者通过同时卖出执行价相同的买权与卖权,获得初始的两笔权利金收入,并从期货的窄幅波动中稳固期初盈利。卖出跨式期权套利是卖出市场波动时常采用的一种行为,在市场波动率平稳时有利可图。其损益图如图 3-16 所示,综合分析见表 3-11。

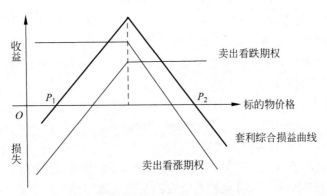

图 3-16 卖出跨式期权套利损益图

表 3-11　卖出跨式期权套利综合分析

项　目	卖出跨式期权套利
使用场合	后市方向不明确,但认为市场处于平静期,价格会维持牛皮盘整
操作方式	以相同的执行价格同时卖出看涨期权和看跌期权(月份、标的物也相同)
潜在风险	价格上涨,风险增加,风险＝执行价格－期货价格＋权利金 价格下跌,风险增加,风险＝期货价格－执行价格＋权利金
最大收益	所收取的全部权利金
损益平衡点	高平衡点(P_2)＝执行价格＋总权利金 低平衡点(P_1)＝执行价格－总权利金

【例 3-15】　7 月 8 日,大商所豆粕期权行情如表 3-12 所示。

表 3-12　大商所豆粕期权行情

看涨期权价格/(元/吨)				行权价格 /(元/吨)	看跌期权价格/(元/吨)			
9 月	10 月	1 月	3 月		9 月	10 月	1 月	3 月
55.0	75.5	90.0	110.5	3 500	36.0	48.5	66.5	86.0
35.5	40.0	62.5	86.5	3 550	45.5	62.0	80.5	101.0
20.5	31.5	45.0	58.0	3 600	56.0	73.0	98.0	121.5

某投资者无法准确预测在 7 月至来年 1 月期间豆粕期价的涨跌方向,但他预计在这期间,尤其是在 10—11 月,豆粕期价将会受到 USDA 大豆和豆粕月度供需报告的影响而出现大幅波动。于是,他想通过买入跨式套利赚取期权价格波动幅度值。该投资者选取执行价格为 3 500 元/吨的看涨期权和看跌期权合约进行买入跨式套利。具体操作为:买入执行价格为 3 500 元/吨的 1 月看涨期权 1 手,支付权利金 90.0 元/吨;同时买入相同执行价格、相同月份的看跌期权 1 手,再支付权利金 66.5 元/吨(手续费略)。

该投资者想知道,在什么情况下可以获利,在什么情况下会有亏损?

我们可以计算出:

最大潜在亏损风险所支付的全部权利金＝90.0＋66.5＝156.5 元/吨

上行损益平衡点(P_1)＝执行价格＋总权利金＝3 500＋156.5＝3 656.5 元/吨

下行损益平衡点(P_2)＝执行价格－总权利金＝3 500－156.5＝3 343.5 元/吨

当价格上涨时收益开始增加,直至价格超过 3 656.5 元/吨后开始有纯盈利。至于能获得多大的盈利就取决于 1 月豆粕期货合约价格能涨多高,期价涨得越高,投资者盈利就越大。此时的潜在收益为

上行潜在收益＝期货标的价格－执行价格－总权利金

＝1 月豆粕期货价格－3 656.5 元/吨

理论上,上行潜在收益可以是无限大的。

当价格下跌时收益也开始增加,直至价格跌破 3 343.5 元/吨后开始有纯盈利。至于能获得多大的盈利就取决于 1 月豆粕期货合约价格能跌多低。期价跌得越低,投资者盈利也越大。此时的潜在收益为

下行潜在收益＝执行价－期货标的价格－总权利金＝3 343.5 元/吨－1 月豆粕期货价格

理论上,当期货价格跌至 0 时,下行最大潜在收益为 3 343.5 元/吨。

从以上计算得知,当 1 月豆粕期货合约价格处于 3 343.5～3 656.5 元/吨之间时,该投资者会出现权利金损失。尤其是当 1 月豆粕期货价格处于 3 500 元/吨时,将出现最大亏损 156.5 元/吨,也就是该投资者所支付的全部权利金。

总结买入跨式套利的特点发现,标的期货价格波动性越大,向 P_1 与 P_2 两端延伸得越远,对跨式套利越有利。因为涨得越猛,套利组合中买入的上涨期权就越能发挥效益,买入的下跌期权作废;跌得越多,套利组合中买入的下跌期权就越能发挥效益,而此时买入的上涨期权作废。

五、宽跨式期权套利策略

宽跨式期权套利也叫异价对敲或勒束式期权组合,它是对跨式期权套利的扩展,是指投资者同时买进或卖出相同标的物、相同到期日,但不同执行价格的看涨期权和看跌期权。根据投资者买卖方向的不同,宽跨式期权套利可分为买入宽跨式期权套利与卖出宽跨式期权套利。

(一)买入宽跨式期权套利

买入宽跨式期权套利的构造方式为以较低的执行价格买入一份看跌期权,同时以较高的执行价格买入一份看涨期权。投资者预测后市标的物的价格将会有较大变动但是无法确定其变动方向时可以使用这个策略,这个策略同样是认为后市的价格波动率将上升。这种策略的成本一般比跨式期权套利低,因为两个执行价格都一般处于比较深的虚值状态,所以构建此策略的成本较低。其损益图如图 3-17 所示,套利综合分析见表 3-13。

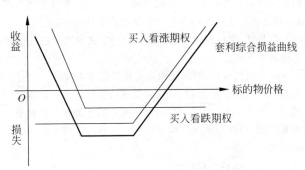

图 3-17　买入宽跨式期权套利损益图

表 3-13　买入宽跨式期权套利综合分析

项　　目	买入宽跨式期权套利
使用场合	预测标的物价格将有大的变动,但无法确定其方向;市场波动率上升。宽跨式套利的成本比跨式套利低,这是因为两个执行价格都处于较深的虚值状态
操作方式	以较低的执行价格买入看跌期权,并以较高的执行价格买入看涨期权
潜在收益	期货价格高于高平衡点,收益＝期货价格－高执行价格－权利金 期货价格低于低平衡点,收益＝低执行价格－期货价格－权利金
最大风险	支付的全部权利金

（二）卖出宽跨式期权套利

卖出宽跨式期权套利的构造方式为卖出一个较高执行价格的看涨期权，同时卖出一个较低执行价格的看跌期权。投资者预测后市价格将不会有较大变动或者市况日趋盘整，由于卖出两份期权，投资者认为后市的价格波动率将下跌，随着时间的流逝，对投资者有利。卖出宽跨式套利获得权利金比卖出跨式套利获得权利金少，因为这两种执行价格的期权一般都处于较深的虚值中，但是能够获利的价格范围比卖出跨市套利的要宽。其损益图如图 3-18 所示，综合分析见表 3-14。

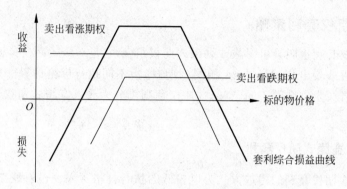

图 3-18　卖出宽跨式期权套利损益图

表 3-14　卖出宽跨式期权套利综合分析

项　　目	卖出宽跨式期权套利
使用场合	（1）预测标的物价格将有变动，但无法确定其方向。空头宽跨式套利的成本比跨式套利低，这是因为两个执行价格都处于较深的虚值状态。 （2）市况日趋盘整，价位波幅收窄，图表上形成"楔形""三角形"或"矩形"形态走势。 （3）市场波动率下跌。 （4）到达损益平衡点较慢，因此较为适合长线的买卖策略
操作方式	以较高执行价格卖出看涨期权，并以较低执行价格卖出看跌期权
潜在风险	期货价格高于高平衡点，风险＝高执行价格－期货价格＋权利金 期货价格低于低平衡点，风险＝期货价格－低执行价格＋权利金
最大收益	所收取的全部权利金
损益平衡点	高平衡点＝高执行价格＋权利金 低平衡点＝低执行价格－权利金

【例 3-16】　7 月 8 日，郑商所菜粕期权行情如表 3-15 所示。

表 3-15　郑商所菜粕期权行情

看涨期权价格/（元/吨）				行权价格 /（元/吨）	看跌期权价格/（元/吨）			
9 月	10 月	1 月	3 月		9 月	10 月	1 月	3 月
55.0	75.5	90.0	110.5	3 500	36.0	48.5	66.5	86.0
35.5	40.0	62.5	86.5	3 550	45.5	62.0	80.5	101.0
20.5	31.5	45.0	58.0	3 600	56.0	73.0	98.0	121.5

　　某投资者无法准确预测在 7 月至来年 1 月期间菜粕期价的涨跌方向,但他预计在这期间,尤其是在第四季度或来年第一季度,菜粕期价将会受 USDA 大豆和菜粕月度供需报告以及国内来年春季需求旺盛的影响而出现大幅波动。该投资者又觉得买入跨式套利需要支付的权利金成本太高,有些不太划算。于是,他买入宽跨式套利,这样既能赚取期权价格波动幅度值,又能降低套利成本。该投资者选取执行价格为 3 500 元/吨和 3 600元/吨的两个不同执行价格的看跌期权和看涨期权合约进行买入宽跨式套利。具体操作为:买入低执行价格 3 500 元/吨的 3 月看跌期权 1 手,支付权利金 86 元/吨;同时买入高执行价格 3 600 元/吨、相同 3 月的看涨期权 1 手,再支付权利金 58 元/吨(手续费略)。

　　该投资者想知道,在什么情况下可以获利,在什么情况下会有亏损?

　　我们可以计算出:

$$最大潜在亏损风险＝所支付的全部权利金＝86＋58＝144 元/吨$$

$$上行损益平衡点(P_1)＝高执行价格＋总权利金＝3 600＋144＝3 744 元/吨$$

$$下行损益平衡点(P_2)＝低执行价格－总权利金＝3 500－144＝3 356 元/吨$$

　　价格上涨到足够大幅度,3 月菜粕期货价格向上突破 3 744 元/吨的上行损益平衡点后,该投资者才能盈利。至于能获得多大的盈利,就取决于 3 月菜粕期货合约价格能涨多高。期价涨得越高,投资者盈利就越大。此时的潜在收益为

$$上行潜在收益＝期货标的价格－高执行价格－总权利金＝3 月菜粕期货价格－3 744 元/吨$$

此时的潜在收益在理论上可以是无限大的。

　　价格下跌到足够大幅度,也就是 3 月菜粕期货价格向下跌破 3 356 元/吨的下行损益平衡点后,该投资者才能盈利。至于能获得多大的盈利就取决于 3 月菜粕期货合约价格能跌多低,期价跌得越低,投资者盈利就越大。此时的潜在收益为

$$下行潜在收益＝低执行价格－期货标的价格－总权利金＝3 356 元/吨－3 月菜粕期货价格$$

　　理论上,当期货价格跌至 0 时,下行最大潜在收益为 3 356 元/吨。

　　从以上计算得知,当 3 月菜粕期货合约价格处于 3 356～3 744 元/吨区间时,该投资者会出现权利金亏损。尤其是当 3 月菜粕期货价格处于 3 500～3 600 元/吨区间时,将出现最大亏损 144 元/吨,也就是该投资者所支付的全部权利金。与跨式套利相比,宽跨式套利的最大亏损值价位范围要宽泛得多,套利所承担的风险也相应大一些。

六、蝶式期权套利策略

　　蝶式套利是一种期权策略,是跨时期套利的一种常用形式。蝶式套利是由 3 份合约合成的一种交易形式,这 3 份合约分别为低执行价合约、平值合约和高执行价合约。在头寸的分布上,交易者买入(或者卖出)1 单位的低执行价合约,同时卖出(或者买入)2 单位的平值合约,并且买入(或者卖出)1 单位的高执行价合约。

(一)买入蝶式期权套利

　　买入蝶式期权套利的操作特点是卖出平值价格的看涨(看跌)期权的同时买入两边低执行价格和高执行价格的看涨(看跌)期权。其损益图如图 3-19 所示,综合分析见表 3-16。

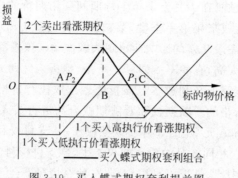

图 3-19 买入蝶式期权套利损益图

表 3-16 买入蝶式期权套利综合分析

项　目	买入蝶式期权套利
使用场合	对认为标的物价格不可能发生较大波动的投资者来说,这是一个非常适当的策略。使用该策略可以保证当期货价格在一定幅度内波动时获得一定的收益,并在价格超过既定波动幅度时面临的亏损也是有限的
操作方式	方式1:买入一个低执行价格(A)的看涨期权,卖出两个平值价格(B)的看涨期权,再买进一个高执行价格(C)的看涨期权。 方式2:买入一个低执行价格(A)的看跌期权,卖出两个平值价格(B)的看跌期权,在买进一个高执行价格(C)的看跌期权
最大收益	平值价格－低执行价格－净权利金
最大风险	净权利金
损益平衡点	高平衡点＝平值价格＋最大收益 低平衡点＝平值价格－最大收益

(二) 卖出蝶式期权套利

　　卖出蝶式期权套利的操作特点是买入平值价格的看涨(看跌)期权的同时卖出两边低执行价格和高执行价格的看涨(看跌)期权。其损益图如图 3-20 所示,综合分析见表 3-17。

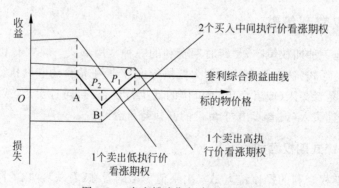

图 3-20 卖出蝶式期权套利损益图

表 3-17　卖出蝶式期权套利综合分析

项　　目	卖出蝶式期权套利
使用场合	适合标的物价格可能发生较大波动的情况。投资者认为市价会出现向上或者向下突破，但是又不愿意支付买入跨式期权那么多的权利金。这种策略可以在价格出现大幅度变化时获取收益，并且即使预测错误，所承担的损失也是有限的
操作方式	方式 1：卖出一个低执行价格的看涨期权（A），买入两个平值价格的看涨期权（B），再卖出一个高执行价格和看涨期权（C）。 方式 2：卖出一个低执行价格的看跌期权（A），买入两个平值价格的看跌期权（B），再卖出一个高执行价格的看跌期权（C）
最大收益	平值价格－低执行价格－净权利金
最大风险	净权利金
损益平衡点	高平衡点＝平值价格＋最大风险值 低平衡点＝平值价格－最大风险值

【例 3-17】　上期所沪铝期货合约 AL2107 盘中价格为 18 286 元/吨。同期，各期权合约行情如表 3-18 所示。

表 3-18　各期权合约行情　　　　　　　　　　　　　　　　元

期货合约代码	成交价格
…	…
AL2107　C18100	285
AL2107　C18200	178
AL2107　C18300	101
AL2107　C18400	82
AL2107　C18500	43
…	…
AL2107　P18100	38
AL2107　P18200	56
AL2107　P18300	110
AL2107　P18400	195
AL2107　P18500	302
…	…

　　某投资者预测沪铝价格将小幅上涨，波动幅度不会太大，又担心自己的预测出现较大失误，不想承担过大的风险。于是，他通过买入蝶式套利赚取期权时间价值及波动幅度值。该投资者选取执行价格为 18 200 元/吨、18 300 元/吨、18 400 元/吨的三个看涨期权合约进行买入蝶式套利。具体操作为：买入执行价格为 18 200 元/吨的看涨期权 1 份，支付权利金 178 元/吨；同时卖出执行价格为 18 300 元/吨的看涨期权 2 份，获得权利金收入 202 元/吨；再买入执行价格为 18 400 元/吨的看涨期权 1 份，支付权利金 82 元/吨（手续费略）。

　　该投资者想知道，在什么情况下可以获利，在什么情况下会有亏损？

　　根据表中的有关公式，可以计算出：

最大潜在风险 ＝权利金净支付＝202－178－82＝－58 元/吨

最大潜在收益 ＝执行价格间距－权利金净支付＝100－58＝42 元/吨

上行损益平衡点（P_1）＝高执行价格－权利金净支付＝18 400－58＝18 342 元/吨

下行损益平衡点（P_2）＝低执行价格＋权利金净支付＝18 200＋58＝18 258 元/吨

计算得知，当沪铝期货合约价格处于 18 258～18 342 元/吨之间时该投资者就能获利。尤其是当期货价格处于 18 300 元/吨时，该投资者将获得 42 元/吨的最大收益。如果期货价格上涨或下跌幅度较大，价格超过 18 342 元/吨或跌破 18 258 元/吨后，则该投资并会出现亏损，不过最大亏损也不会超过 58 元/吨。

七、飞鹰式期权套利策略

飞鹰式期权套利，也叫秃鹰式期权套利。在期权市场中，是指分别卖出（买进）两种不同执行价格的期权，同时分别买进（卖出）较低与较高执行价格的期权。所有的期权都有相同的类型、标的合约与到期日，执行价格的间距相等。

（一）买入飞鹰式期权套利

买入飞鹰式期权套利是指买进一个低执行价格的看涨（看跌）期权，卖出一个中低执行价格的看涨（看跌）期权，卖出一个中高执行价格的看涨（看跌）期权，买入一个高执行价格的看涨（看跌）期权。其损益图如图 3-21 所示，综合分析见表 3-19。

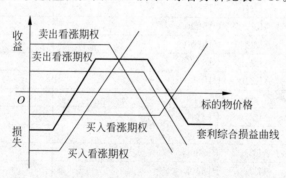

图 3-21　买入飞鹰式期权套利损益图

表 3-19　买入飞鹰式期权套利综合分析表

项　　　目	买入飞鹰式期权套利
使用场合	对后市没有把握，但希望标的物价格到期日能在中低执行价格和中高执行价格之间。当投资者认为时间价格会处于某个幅度内，但希望投资一个比蝶式套利更保守的组合时，会考虑选择此策略
操作方式	买入一个较低执行价格的看涨（看跌）期权，卖出一个中低执行价格的看涨（看跌）期权，卖出一个中高执行价格的看涨（看跌）期权，买入一个高执行价格的看涨（看跌）期权
最大风险	净权利金
最大收益	中低执行价格－低执行价格－净权利金
损　益　平衡点	高平衡点＝中高执行价格＋最大收益 低平衡点＝中低执行价格－最大收益

（二）卖出飞鹰式期权套利

卖出飞鹰式期权套利是指在卖出一份高执行价格和低执行价格期权合约的同时,买入两份中间执行价格(两个执行价格不同)的期权合约,并且执行价格距离相等。其损益图如图 3-22 所示,综合分析见表 3-20。

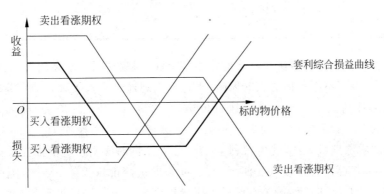

图 3-22 卖出飞鹰式期权套利损益图

表 3-20 卖出飞鹰式期权套利综合分析

项 目	卖出飞鹰式期权套利
使用场合	对后市没把握,但希望标的物价格到期时能低于低执行价格或高于高执行价格。 投资者认为,市场会出现向上或向下突破,但嫌卖出蝶式套利组合所付出的权利金太高,因此愿意将平衡点的距离拉大,减少权利金支出
操作方式	卖出一个较低执行价格的看涨(看跌)期权,买入一个中低执行价格的看涨(看跌)期权,买入一个中高执行价格的看涨(看跌)期权,卖出一个高执行价格的看涨(看跌)期权
最大收益	净权利金
最大风险	中低执行价格－低执行价格－净权利金
损益平衡点	高平衡点＝高执行价格－净权利金 低平衡点＝低执行价格＋净权利金

【例 3-18】 1 月 12 日,郑商所 5 月白糖期货合约 SR405 盘中价格为 4 286 元/吨。同期,各期权行情见表 3-21。

表 3-21 各期权行情 元

期货合约代码	成交价格
…	…
SR405 C4100	285
SR405 C4200	178
SR405 C4300	101
SR405 C4400	82
SR405 C4500	43
…	…

续表

期货合约代码	成交价格
SR405 P4100	38
SR405 P4200	56
SR405 P4300	110
SR405 P4400	195
SR405 P4500	302
...	...

某投资者预测白糖价格在 5 月之前将小幅上涨,但波动幅度不会太大,又担心自己的预测出现较大失误,不想承担过大的风险。于是,他想通过买入飞鹰式套利赚取期权时间价值及波动幅度值。该投资者选取执行价格为 4 200 元/吨、4 300 元/吨、4 400 元/吨、4 500 元/吨的四个看涨期权合约进行买入飞鹰式套利。具体操作为:买入执行价格为 4 200 元/吨的看涨期权 1 份,支付权利金 178 元/吨;同时卖出执行价格为 4 300 元/吨的看涨期权 1 份,获得权利金收入 101 元/吨;再卖出执行价格为 4 400 元/吨的看涨期权 1 份,获得权利金收入 82 元/吨;最后买入执行价格为 4 500 元/吨的看涨期权 1 份,支付权利金 43 元吨(手续费略)。

该投资者想知道,在什么情况下可以获利,在什么情况下会有损获利或亏损程度如何?根据上表中的有关公式,可以计算出:

最大潜在风险=权利金净支付=101+82-178-43=-38 元/吨

最大潜在收益=执行价格间距-权利金净支付=100-38=62 元/吨

上行损益平衡点(P_1)=高执行价格-权利金净支付=4 500-38=4 462 元/吨

下行损益平衡点(P_2)=低执行价格+权利金净支付=4 200+38=4 238 元/吨

计算得知,当 5 月白糖期货合约价格处于 4 238~4 462 元/吨之间时,该投资者就能获利。尤其是当期货价格处于 4 300~4 400 元/吨时,该投资者将获得 62 元/吨的最大收益。如果期货价格上涨或下跌幅度较大,价格超过 4 462 元/吨或跌破 4 238 元/吨后,则该投资者会出现亏损,不过最大亏损也不会超过 38 元/吨。

第四节　商品期权波动率交易策略

一、波动率交易概述

波动率是用来衡量期货标的物价格变化幅度的指标,如果在短期内标的物或期权价格有可能发生大幅度变化,我们就说这个标的物是高波动性的。简单来说,波动率反映价格的波动程度,它随着时间的改变而发生变化,一般遵循均值回归的过程。

商品期货标的物的波动率大小与期权的价格往往成正比,即当波动率增大时,看涨(看跌)期权的价格会出现上涨;当波动率减小时,看涨(看跌)期权的价格会出现下跌。也就是说,对于期权的买方,由于买入期权付出的成本已经确定,标的资产的波动率越大,标的资产价格偏离执行价格的可能性就越大,可能获得的收益就越大,因而买方愿意付出更多的权利金购买期权;对于期权的卖方,由于标的资产的波动率越大,其承担的价格风险就越大,因此需要收取越高的权利金。相反,标的资产波动率越小,期权的买方可能获得的收益就越小,期权的卖方承担的风险越小,因此期权的价格越低。

而波动率交易,是指交易者寻找期权波动率可能出错的情况,从而建立一个有利可图的头寸,其目的是发现波动率是高估或低估,对标的物本身价格走势并不考虑。相对于期货价格走势方向性的预测来说,期货价格的波动性预测往往更容易一些,这也是波动率交易的一大优势。

二、历史波动率与隐含波动率

(一)历史波动率

历史波动率是指商品期货价格在过去一段时间内所表现出的波动率,它由标的物价格过去一段时间的历史数据计算出来。具体计算方法如下。

(1)获取标的物在固定时间间隔上的价格数据。

(2)计算在固定时间间隔上的标的物收益率。

(3)求出收益率的标准差,即为该时间间隔内的波动率,再乘以该固定时间间隔内的时段数量,转化为年波动率,即为历史波动率。

豆粕期货主连历史波动率如图 3-23 所示。

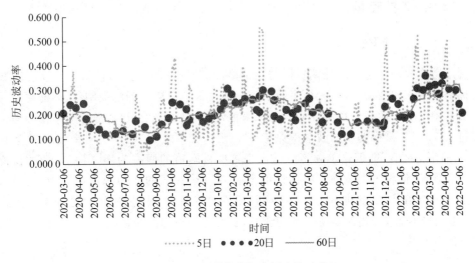

图 3-23　豆粕期货主连历史波动率

(二)隐含波动率

隐含波动率是把期权的价格代入期权定价模型中倒推得到,代表的是市场对标的物未来一段时间内波动幅度的预期。从理论上来看,期权定价模型给出了期权价格与 5 个基本参数(标的物价格、执行价格、利率、到期时间、波动率)之间的定量关系,只要将前 4 个基本参数及期权的实际市场价格代入定价公式,就可以得出隐含波动率。

隐含波动率是期权市场对标的物在期权有效期内即将出现的统计波动率的预测，它是由期权市场价格决定的波动率，是市场价格的真实映射，反映的是市场对未来标的价格波动率的看法。

标的相同的期权合约有很多，执行价格和到期时间不同的期权具有不同的隐含波动率。即使到期时间相同，不同执行价格的期权也具有不同的隐含波动率。

隐含波动率的计算比较复杂，但目前大部分期货软件都有期权的隐含波动率数据，投资者可以随时查阅。

行情软件上的原油期权交易隐含波动率数据如图 3-24 所示。

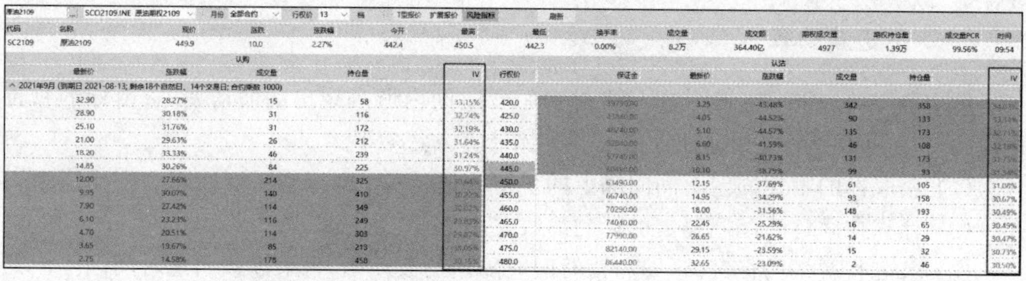

图 3-24　行情软件上的原油期权交易隐含波动率数据

三、波动率交易应用

（一）历史波动率的应用

利用历史波动率可以估计期货标的物价格的波动范围。通常情况下，交易者得知了期货标的物未来的波动率，就大概了解了该标的物未来价格波动的范围，从而能更好地在期权交易中获利。而我们预测标的物的未来波动率，往往要用历史波动率作为参考。如果在过去 5 年里，某标的物的波动率保持在 15%～40% 之间，则预测未来波动率为 10% 或 45% 都是不明智的，但这也并不意味出现这些极端值的概率为零，但基于标的物价格的历史表现，我们将未来波动率的估计值定于 20%～30% 的区间内更为合理。此外，在大多数期货市场，历史波动率还有一个回归均值的特性，也就是说，历史波动率会围绕一个平均值上下波动，即当波动率远离均值时，它就有回归均值的趋向，而且离开得越远，回归的速度就越快。

（二）隐含波动率的应用

波动率交易的核心就是赚取隐含波动率与历史波动率之间的价差。通过对比当前隐含波动率与历史波动率水平，投资者可以比较同一期权、不同历史时段的期权价格水平。如果隐含波动率高于历史波动率，那么投资者可以认为期权价格被高估了，应选择卖出期权的策略；如果隐含波动率低于历史波动率，那么投资者可以认为期权价格被低估了，应选择买入期权的策略。

此外,交易者还可以通过波动率的变化来选择买、卖波动率策略。当波动率太低时,一旦市场回归正常,波动率就会上升,此时期权投资者应以多头策略为主。例如,买入看涨期权、买入看跌期权、多头跨式套利、多头宽跨式套利等;而当隐含波动率与历史波动率相比太高时,则应主要选用空头策略。这样做的目的是波动率一旦回到正常水平,就可以获利。此时常用的策略有卖出看涨期权、卖出看跌期权、空头跨式套利、空头宽跨式套利等,见表 3-22。

表 3-22　不同市场条件下可运用的波动率策略

期货价格	预测波动率增大	预测波动率减少
标的期货价格上涨	买入看涨期权 保护性看跌期权 多头跨式套利 多头宽跨式套利 牛市套利 看涨期权反向比率套利	卖出看跌期权 空头跨式套利 空头宽跨式套利 牛市套利 比率看涨期权套利 比率看涨期权空头策略
标的期货价格下跌	买入看跌期权 多头跨式套利 多头宽跨式套利 熊市套利 看跌期权反向比率套利	卖出看涨期权 空头跨式套利 空头宽跨式套利 熊市套利 比率看跌期权套利 比率看跌期权空头策略

下面以买/卖跨式套利或宽跨式套利组合为例,来描述买/卖波动率是如何获利的。跨式套利买方在低隐含波动率时买进,有两种盈利的可能:一是期货标的物价格波动大到足以超出跨式套利最初成本;二是隐含波动率增长快到足以克服因时减值的消极影响。相反,跨式套利卖方如果遇到隐含波动率急剧增长,则会有潜在的灾难性亏损发生。不过,如果隐含波动率下降,跨式 扩展阅读 3.5　长期资本波动率套利造成巨亏

套利卖方就可以抓住速度比因时减值更快的收益。就隐含波动率而言,宽跨式套利表现与跨式套利基本相同。

【例 3-19】　图 3-25 所示将卖出 1 手跨式套利组合与卖出 1 手宽跨式套利组合在到期日的潜在盈利做了比较。图中显示,如果在到期日之前,期权的隐含波动率大幅上升,超过 P_1 或 P_2 价格点,则跨式套利卖方将出现亏损;如果期权的隐含波动率继续上升,超过 P_1' 或 P_2' 价格点,则不仅跨式套利卖方亏损严重,宽跨式套利的卖方也将出现亏损。当市场的波动率由太高回归正常水平,即波动率水平降低时,两种策略都有盈利的机会。其中,对宽跨式套利组合来说,当市场的波动率回归到 $P_1' \sim P_2'$ 范围内时就能获利,而波动率降低到 $P_1 \sim P_2$ 范围内时,跨式套利组合才能开始获利。如果在到期日时期货标的物价格接近期权的执行价格 A,也就是期权的隐含波动率大幅下降,则跨式套利可以获利更多,不过卖出宽跨式套利组合可以获利的范围更宽一些。

总之,对一个期权交易者来说,知道隐含波动率如何影响其头寸和应采取的相应策略

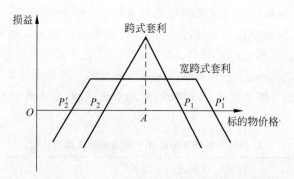

图 3-25 卖出跨式套利与卖出宽跨式套利损益曲线示意图

是十分必要的。大部分有经验的期权交易者在任何时候对波动率的风险都会有所防备。交易者对所持有的期权头寸波动率暴露的一面有了警觉,就能够对是否出现不利的波动率运动进行估量和预防。可见,懂得处理好波动率风险对期权交易获利会产生积极的影响。因此,在期权交易中要避免做对了方向,做错了波动率。否则,期货价格的有利变化将会被波动率的不利变化所抵消。

本章小结

(1) 国内商品期权是指标的物为期货的期权,是当前资本市场最具活力的风险管理工具之一。企业运用期货只是为了规避现货价格在不利变动时面临的风险,而运用期权除了能够控制市场风险波动以外,更主要的是能将风险和回报分离开,从而更好地集中管理风险。

(2) 商品期权交易策略分为投机交易策略、套期保值交易策略、套利交易策略和期权波动率交易策略。

(3) 商品期权投机交易是利用市场出现的价差进行买卖从中获利,是最基本的交易方式,分为买进看涨期权、卖出看涨期权、买进看跌期权、卖出看跌期权。

(4) 期权套期保值原理与期货相同,都是以一个市场的盈利弥补另一个市场的亏损,达到规避价格波动风险的目的。但由于期权交易的是权利而不是实物,因此期权套期保值要按买卖期权履约后所能转换成的期货合约的多空方向来决定套保策略,它比期货套保策略有更多的选择余地,包括保护性保值策略、抵补性保值策略、复合型保值策略。

(5) 期权套利也叫期权的价差交易,是指在买进或卖出某种期权合约的同时,卖出或买进与之相关的另一种期权合约,并在某一时间同时将两者平仓了结的交易方式,包括垂直套利策略、水平套利策略、跨式期权套利策略、宽跨式期权套利策略、蝶式期权套利策略、飞鹰式期权套利策略等。

(6) 波动率交易是指交易者寻找期权波动率可能出错的情况,从而建立一个有利可图的头寸,其目的是发现波动率是高估或是低估,对标的物本身价格走势并不考虑。相对于期货价格走势方向性的预测来说,期货价格的波动性预测往往更容易一些,这也是波动率交易的一大优势。

关键术语

看涨期权　看跌期权　期权投机交易策略　期权套期保值交易策略　期权套利交易策略　复合型保值策略　期权波动率交易策略　历史波动率　隐含波动率

复习思考题

1. 期权投机交易策略分哪几种？分别适用于什么情形？
2. 期权套期保值与期货套期保值相比有哪些优势？
3. 企业希望为库存商品保值可以选用哪些期权交易策略？
4. 企业通过期权套期保值交易来规避现货价格的波动时，既想让价格不利变动时亏损被限定在有限的范围内，又想让利润可以因价格有利变动而无限增加，企业该如何选择保值策略？
5. 期权套利的交易原理是什么？
6. 研究隐含波动率的意义是什么？

即测即练

第 四 章

商品期货与期权在企业经营中的应用

本章导读

自从 2008 年全球金融危机发生后,期货、期权交易和套期保值作为金融和风险管理工具就逐渐走进人们的视野。尽管多数企业对这些工具还比较陌生,但它反映了一种必然的趋势,就是商品期货与期权已经慢慢融入企业的经营管理中。当今世界经济充满机遇和挑战,企业面临越来越多的来自外部世界的各种风险和挑战,特别是国际市场商品和资产价格波动风险。经济的全球化、国际化和世界再生产过程的全球化,导致了经济和价格波动的风险也全球化、同步化。因此,企业要在日益全球化的生产格局中实现稳定发展,就无法回避对全球市场风险和价格风险的防范,而这仅靠传统的经营管理思维和手段已经无法有效解决问题。在经济发达国家,利用金融工具开展套期保值和风险管理,早已成为企业构建核心竞争力的重要手段。

课程思政 2 利用期货防范风险,服务实体经济

中国期货市场经过 20 多年的发展与完善,在我国整个市场经济体系中发挥着越来越重要的作用,运用期货衍生工具进行套期保值,已从企业作为规避风险的被动选择,变为主动运用的一个重要盈利手段。大宗商品不断增强的金融属性,影响大宗商品价格的意外因素频出,导致价格剧烈波动,企业迫切需要借助期货期权工具,开辟风险管理新境界。

引导案例

2020 年是玉米供给侧政策实施的第五年,临储玉米库存所剩不多,此时生猪产能又进入快速恢复态势中,猪料作为玉米消费的主要下游之一,生猪存栏的恢复势必会提振玉米的消费,在上游供应相对有限的情况下,玉米市场供应偏紧预期有所升温,玉米价格进入易涨难跌的时期。

2020 年年初,某饲料企业结合自身需求考虑预计在 5 月份的时候需要补充 2 万吨玉米,在玉米供应偏紧预期的背景下,企业担心玉米价格上涨,使得采购成本大幅提升,于是该企业在 2020 年年初的时候就运用期货进行了买入套期保值,5 月初该企业玉米补库完成,同时平掉了对应的期货头寸。在此过程中,玉米期货价格由年初的 1 900 元/吨上涨至 2 100 元/吨,对应的现货价格从 2 000 元/吨上涨至 2 200 元/吨,期货市场的盈利较好地弥补了现货市场的亏损,该企业通过期货市场较好地控制了企业采购成本上涨的风险。通过这个案例,我们看到期货市场对于企业管理价格风险有着非常重要的作用。

知识结构图

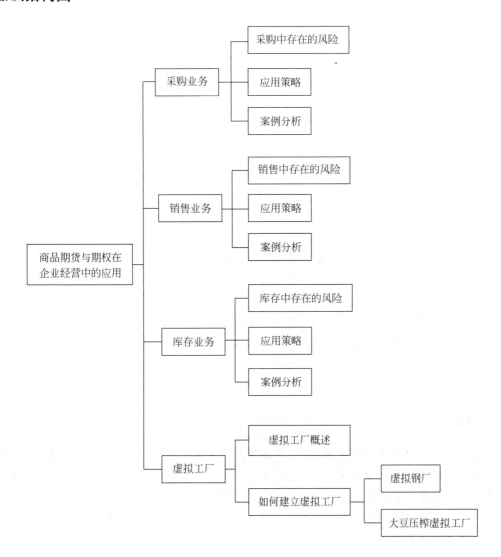

第一节　在企业采购业务中的应用

　　企业采购风险是企业所在供应链最主要的风险。作为传统采购模式的递补和续延，期货市场发挥着有效防范和控制采购风险的作用。由于期货市场自身的风险性，因此在经济运行的不同阶段应审慎决定是否运用期货工具辅助采购，并明确企业需要对哪些原材料运用期货工具来规避价格波动的风险，从而更加科学合理地运用期货市场。

一、企业采购业务中的主要风险

　　采购的潜在风险，轻的可造成经济上的损失，重的可使企业倒闭。如何有效地防范和控制采购风险是企业普遍面临的现实难题和管理瓶颈。采购风险通常被划分为以下几种。

（1）供应风险，是指因供应不及时而导致货物生产的中断和服务质量的降低，并因此造成企业或单位信誉度降低的风险。

（2）质量风险，是指原材料质量有问题，直接影响产品整体质量、制造加工与交货期，降低企业信誉和产品竞争力。因采购的原材料质量不符合要求，以次充好，导致产品未达到质量标准而给企业造成重大损失的案例不胜枚举。

（3）价格风险，是指一种物品的市场价格发生变动导致采购成本无法控制的风险。

（4）技术风险，是指采购交易过程中技术系统发生技术故障，导致资金转账不畅，或在货物计量、结款等方面不能保障采购业务正常进行而造成损失的风险。

（5）信息风险，是指由于信息获取渠道的匮乏导致的信息不准确性、滞后性和其他一些不良后果引发采购误导。

（6）信用风险，是指由于市场交易对手违约而导致损失的可能性。

（7）欺诈风险，是指合同主体虚假、条款模糊不清、发票虚假或作废、产权虚假、签订空头合同、合同陷阱、供应商无故终止合同或违反合同规定而造成资金损失的风险等。

（8）道德风险，是指采购人员在最大限度地增加自身利益的同时做出有损公司利益的行为。如采购人员将核心的竞争信息有偿提供给特定的供应商，为其不正当获取商业订单提供机会，以达到索贿受贿、私吞差价、假公济私的目的，进而最大化追求自身利益而损害公共利益行为等。这种风险客观存在并难以防范。

二、企业采购业务中运用期货与期权策略

如何运用期货市场进行采购管理，即在原材料采购环节期货到底能做些什么，是大家最为关心的焦点问题。概括来讲，期货市场主要能在以下三个方面对企业的采购管理有所帮助：一是将期货价格作为现货采购的定价基准，帮助企业多种形式进行大宗商品定价管理；二是把期货市场当作一个大的原料供应商，扩大企业采购选择范围；三是利用期货市场锁定原料成本，确保企业加工利润的实现。

（一）将期货价格作为现货采购的定价基准

传统的企业原材料采购定价模式非常多，除常见的当场讨价还价模式外，还有以现货月均价作为定价模式的，有以到货后两个月的现货均价作为定价模式的，有以销售周期均价扣除加工费为定价模式的等。随着现代采购模式的发展，尤其是期货市场的诞生和发展，一种新的商业定价模式逐渐应运而生，即企业利用期货市场可以组合出很多新的贸易采购定价模式，变现货单一定价为期现组合的立体定价模式，从而提高企业的定价效率和定价的公平性。

目前较为通用的期现组合立体定价模式应首推"期货价格＋升贴水"的定价模式。这是国内外贸易商将期货市场应

扩展阅读 4.1
"期货价格 升贴水"定价发展历程

用到现货贸易定价体系中形成的一种行之有效的定价方法。事实上,采用"期货价格＋升贴水"定价也是国际大宗商品定价的主流模式。目前国内有色行业中运用该模式定价相对成熟。国际铜贸易、豆类等谷物贸易也往往通过"期货价格＋升贴水"的交易模式进行操作。该定价模式更突出价格形成的市场力量,使买卖双方处于相对平等的地位,有利于现货生产和贸易建立起平等共赢的经营机制。

该定价模式的优点在于既公平又合理。公平是指模式中的期货价格是通过在期货市场上公开、公平、公正、集中竞价产生的,不存在价格垄断或价格欺诈等问题;合理是指将期货市场形成的价格定为现货流通的基准价时,因产地、质量有别等因素,在定价时买卖双方还考虑到了现货对期货价的升贴水问题。

(二) 把期货市场当作一个大的原料供应商看待

期货市场上的买家对应的交易对手严格来说并不是货物的卖方,而是期货交易所。因此可以把期货交易所看成一个大的原材料供应商。而且这个"原材料供应商"实力很强、信誉很好、货物质量很可靠、交货很准时。因此,在对原材料进行采购时,除了瞄准现货市场上的供应商外,还可以把目光转向期货市场,看两个市场的商品价格谁最优,并在质量、信誉、交货等方面进行综合考虑。

(三) 利用期货市场锁定原料成本确保加工利润

生产加工型企业,尤其是订单式加工企业,最为担心的是在签署了产品加工合同后的加工生产期间,原材料采购价格持续上涨,陷入销售产品价格确定,而原材料价格成本却不断攀升的尴尬境地。为解除这种后顾之忧,锁定生产成本,实现预期利润,从而专心致志进行加工生产,企业可以考虑利用期货市场套期保值功能,对需购进的原材料先在期货市场进行买期保值操作。

具体做法是:当加工企业接到订单后,一般距采购原料尚需一段时日,或一时买不了全部所需原材料。为防止在今后的生产加工期间原材料价格出现大幅上涨,企业先在期货市场上买入原材料商品期货合约,等到在现货市场上采购到了原材料,再把期货市场的多头持仓等量平仓(也可以不在现货市场采购,就在期货市场上进行交割获得原材料)。这样当现货市场上原材料价格上涨时,期货市场上的盈利可以用来弥补现货采购成本的增加部分;而当现货市场价格下跌时,现货采购的成本降低部分可用以抵消期货市场上的亏损,从而在整个生产加工期间锁定了原材料的采购成本(表 4-1)。

表 4-1　订单式加工企业锁定原材料采购成本的做法

日　　期	生产加工期	原料采购方式
接到订单日	尚未采购原料	先在期货市场买入等量的期货合约
生产加工期	分批采购现货原料	同时分批对期货平仓/交割

这样做的效果分析见表 4-2。

表 4-2　买入套期保值效果分析

价格波动方向	价格波幅大小	采购成本分析	应用期货效果评估
期货价格上涨 X 元/吨 现货价格上涨 Y 元/吨	期货价格涨幅大于现货价格涨幅 $X>Y$	期货市场盈利不仅弥补现货市场上增加的成本,还可获得额外利润	情况一:期货大盈利,现货采购成本小幅增加。 很好,应该做期货
	期货价格涨幅小于现货价格涨幅 $X<Y$	期货市场盈利不能完全弥补现货市场上增加的成本,企业还要承受部分现货成本增加压力	情况二:期货小盈利,现货采购成本大幅增加。 较好,做期货有帮助
期货价格下跌 M 元/吨 现货价格下跌 N 元/吨	期货价格跌幅小于现货价格跌幅 $M>N$	企业在现货市场上少付出的采购成本可以弥补期货市场损失	情况三:期货小亏损,现货采购成本大幅减低。 不好,不应该做期货
	期货价格跌幅大于现货价格跌幅 $M<N$	企业在现货市场上少付出的采购成本仅部分弥补了期货市场亏损	情况四:期货大亏损,现货采购成本小幅减低。 很不好,真不应该做期货

从表 4-2 的分析结果我们发现,在期货市场和现货市场价格同时上涨的情况下,尽管两者涨幅可能并不一致,但不管是情况一还是情况二,做期货对降低企业采购成本都是有益的。但在期货市场和现货市场价格同时下跌的情况下,尽管两者跌幅可能并不一致,但不管是情况三还是情况四,此时做期货对降低企业采购成本不仅无益,有时甚至还会导致在期货市场上出现较大亏空,吞噬微薄的加工利润,拖累现实生产经营。因此,企业开展买期保值业务也是有风险的,也应对生产加工时期原料价格走势进行预测。如果对价格走势预测有误,有时也会出现套保亏损的结果。故对企业来说,采取买期保值进行采购管理的做法也应根据实际情况审慎使用。

三、企业采购业务中运用期货与期权案例

(一)企业采购业务中运用期货案例

【例 4-1】　国际燃料油贸易

在上海燃料油期货上市前,新加坡是亚洲燃料油市场的定价中心,国外贸易商总是以新加坡燃油价格作为定价标准,经常迫使我国企业接受不合理的高价。2004 年 8 月,上海燃料油期货上市后,市场规模一度是新加坡燃料油市场的 10 倍,影响和牵制了新加坡价格,相关企业在进出口贸易谈判中有了一个可供选择的新定价基准,成为国内贸易企业采购价格谈判的依据,由此开始摆脱过去单纯由国外市场"说了算"对我国企业的制约,改变了我国在亚太燃料油定价体系中的弱势地位,使中国企业获得了相对公平的贸易地位,降低了中国进口燃料油成本。

【例 4-2】　电解铜国际长单贸易

在和期货交易相对应的现货贸易合同中,通常把约定价格定为 3 个月或 3 个月以后的期货价格的称为"长单",而把签订合同时的现货价格定为约定价格的称为"短单"。

电解铜的长单通常是指电解铜供应商和全球各地采购方签订的年度销售合同。目前

电解铜国际长单贸易通常采用的定价基础是：以装船月或者装船月的后一个月伦敦金属交易所电解铜现货月平均价为基准价。而买卖双方年度谈判的主要焦点只是买卖双方确定产地到不同地区的运输、保险费用。定价公式如下：

电解铜国际长单贸易定价＝LME铜3个月期货价格＋现货升贴水＋运保费

例如，假设某天铜现货升贴水报价为升水50美元/吨，当天LME 3个月铜期货即时价格为7 600美元/吨，则铜的即时现货价就是7 650美元/吨。

【例4-3】　焦炭"期货定价"撼动"钢企定价"

2008年年底之前，焦化企业与下游钢厂的定价方式由双方协议。但到了2008年8月下旬，国家将焦炭出口关税上调至40％以及接下来的金融风暴荡涤之后，国内焦炭需求疲软，出口严重受阻，使得焦炭行业产能过剩问题愈加突出。市场环境的突变，导致焦钢博弈的天平最终倒向钢厂，焦化企业的定价权逐渐旁落，议价能力也不断被削弱。对焦炭现货贸易的定价变为以区域大型钢厂为主导、其他中小钢厂跟风的定价模式。大型钢企往往由于企业利润稀薄、负担较重以及宏观调控、货币政策收缩造成的资金成本压力加大等原因，对于焦炭采购定价偏紧，而中小钢厂定价居于从属地位，更不愿意在大型钢厂定价的基础上，主动上浮焦炭采购价格。焦炭这种由大型钢厂主导的定价模式，从那时起一直沿袭至今，并且逐渐为市场所接受。这种定价模式成为市场主流的原因，除了历史因素之外，也反映了现货市场缺乏一个具有公信力的基准价格足以挑战钢厂的相对强势地位。目前焦化企业在焦炭销售中，能够长期自主定价的已属凤毛麟角。

2011年4月，大商所推出焦炭期货。在规范制度下集中交易产生的公开价格，是否更容易被钢铁产业链的各个方面所接受，从而在定价模式中更多地参考期货价格呢？从市场行为学的角度分析，可以预计这种改变将逐渐出现。理由是，如果钢厂的定价较期货价偏低，则焦化企业将会转而在期货市场卖出焦炭，促使钢厂调高采购价格。当然，钢厂也不会无缘无故地以高于期货价格采购焦炭，因此双方最终采取"期货价格＋升贴水"的定价模式进行焦炭贸易显然是最为公平合理的。

下面我们用国内焦炭现货贸易的案例来说明期货定价的普遍运用。

某年4月15日，湖北某钢铁厂向山西某焦化厂采购1万吨焦炭。双方商定5月的第一周通过铁路发货。但在焦炭采购价方面双方报价悬殊，经过多轮谈判沟通，一直未能达成协议。如何确定让买卖双方均能接受的采购价格是交易能否成功的关键。最终由中介方建议以大商所焦炭期货价格作为采购的基准价格，采取"期货价格＋升贴水"的定价模式获得购销双方的一致认可。

那么，这种期货定价模式具体如何操作呢？

第一步：确定以焦炭哪一个期货合约价格为采购基准价。

由于买方要求5月的第一周发货，因此双方约定以大商所焦炭J2105期货合约在5月的第一周周五（5月7日）结算价为采购基准价格。

之所以选择J2105期价为基准价，理由有三点：一是越是临近交割的期货合约价格，就越贴近于现货市场价；二是选取近月合约期价为采购基准价是因为此时该合约的投机成分少，基本上是现货商在从事交易，报价较理性；三是选用结算价而非收盘价等其他价格是为了防止价格受到人为操纵。当然，也可以第一周全周结算价的平均价为采购基准价格,那样可能更科学、合理。

第二步:确定升贴水。

(1)地区价差:-170元/吨(大商所焦炭期货以港口价格作为基准价格,山西地区作为生产地,其地区价格相对于焦炭期货价格存在贴水)。

(2)铁路运输费用:整车货物每吨运价=发到基价+运行基价×运价公里=140元/吨。

(3)品质:按《大商所焦炭质量差异与替代品升贴水》标准执行(表4-3)。

表 4-3   大商所焦炭质量差异与替代品升贴水

指　　标	允许范围/%	升贴水/(元/吨)
灰分 Ad	<12.5	以 12.5%计价
	≥12.5 且<13.0	每降低 0.1%,升价 3
	>13 且≤13.5	每增加 0.1%,扣价 5
硫分 St,d	<0.65%	以 0.65%计价
	≥0.65 且≤0.70	每降低 0.01%,升价 3
	>0.70 且≤0.75	每增加 0.01%,扣价 5
反应后强度 CSR 和反应性 CRI	CSR≥65 且 CRI≤25	升价 50
	58≤CSR<60	出现任一项扣价 40,出现多项不累扣
	30<CRI≤32	
抗碎强度 M40	≥78 且<82	出现任一项扣价 30,出现多项不累扣
耐磨强度 M10	>7.5 且≤8.5	
粒度(25~40 mm)	>32	每增加 1%,扣价 15

现假定焦炭品质抗碎强度 M40=75,按表 4-3 中规定,应贴水 30 元/吨。

(4)货物运到买方之前的其他费用:由卖方负担。

每吨焦炭升贴水总计:-170元/吨+140元/吨-30元/吨=-60元/吨

第三步:确定最终采购价格。

现货采购价=J2105 期货合约 5 月 7 日收盘后结算价-60 元/吨

第四步:双方签署采购合同,规定违约等责任。

最终结果为:5 月 7 日(周五)收盘后,J2105 结算价为 2 515 元/吨,故本次采购最终价格为:2 515 元/吨-60 元/吨=2 455 元/吨。

【例 4-4】 纺织企业利用期货市场采购紧缺棉花

某年 5 月初,出于生产配棉需要,华东地区某纺织企业急需采购部分新疆棉,而当时内地现货市场缺少新疆棉货源,企业需要远赴新疆去采购。经过打听,得知地处湖北的郑商所某期货交割库有部分新疆棉,于是该企业便通过企业所在地的期货公司,在期货市场买入适量的棉花期货合约,并通过期转现业务拿到了自己想要的新疆棉棉花仓单。通过在期货市场的操作,该企业拓宽了棉花采购渠道,满足了生产需要,补足了原料库存,并达到了有效控制生产成本的目的。

【例 4-5】 油脂加工企业的一次成功采购

某年 5 月,某油脂压榨企业在手中并没有菜油的情况下(陈年菜油已经卖完,此时新油菜籽正在收割,尚未上市),以 10 600 元/吨的价格,向某大型油脂商贸企业预售该年产

900吨四级新菜油,规定9月份交货。事实上,10 600元/吨的销售价对企业来说,盈亏心里没底。原因在于,上一年度国家对油菜籽收购价2.35元/斤,折合菜油成本价在10 300元/吨。根据多年现货贸易经验,企业当时预计新油菜籽上市收购价不会高过2.40元/斤,折合菜油成本价在10 500元/吨,本次贸易仍有利可图,而且当时菜油现货市场均价也在10 500元/吨左右保持稳定。但没想到的是,5月底6月初,新菜籽的开秤价竟高达2.5元/斤,折合新菜油加工成本价在11 000元/吨以上,如果按此收购价格再加工成菜籽油出售,本次交易将使企业出现近40万元的亏损。更严重的是,由于油脂压榨企业相互抢购菜籽现象十分严重,该企业每天根本收不到多少菜籽,面临违约风险,而且现货市场菜油价格也已经上涨到了10 800元/吨的高位,怎么办?

正当企业心急火燎之时,企业发现了商机。原来5月31日至6月4日期间,受所谓欧债危机影响,原油等大宗商品价格出现暴跌,导致期货市场上9月交割的菜油价格被动跌到了10 200元/吨的低位(图4-1)。长期关注期现两个市场菜油价格变化动态的企业,发现期货价格与现货价格出现严重倒挂,存在收购菜籽加工菜油还不如直接在期货市场买入菜油划算的现象。于是企业抓住期现菜油300~400元/吨的价差这一难得的机会,在期货市场分两批买入1 000吨9月交割的菜油,并决定参与最终交割(正在寻找期转现的机会,争取提前交割),将价差锁定,从而确保了销售利润。正可谓"现货市场山穷水尽,期货市场柳暗花明"。

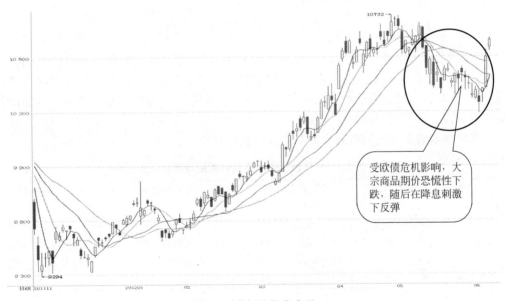

图4-1　菜籽油期货合约

【例4-6】　用锌企业利用期货市场锁定原料成本确保加工利润

某年12月底,某拉链生产企业与外商签订了年产500万条拉链的加工合同,用锌量800吨。此时现货锌价为9 950元/吨左右。该企业核算,如果锌锭成本能控制在12 000元/吨以下,加工成拉链产品就有足够利润,而且可以适当降低产品价格来促销。但如果锌价大幅上涨至13 000元/吨,则加工利润会被吞噬,企业不仅白忙活一场,甚至还有可能出现亏损。可一次性在现货市场采购800吨锌,一是资金占用量太大,企业无力承担;

二是库容有限；三是防盗等安全措施无法保障，于是企业在现货市场采购了 200 吨锌后（可满足 3 个月的生产量），果断转向期货市场，在 3 月、6 月、9 月三个合约上分批买入共600 吨期货锌，锁定未来一年用量（图 4-2）。

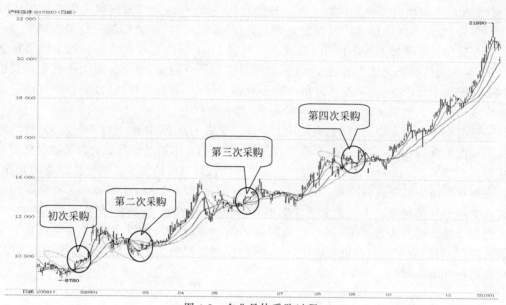

图 4-2　企业具体采购过程

第二年，金融风暴暂告一段落，锌价开始上涨。至 6 月初，现货市场锌价已经飙升至13 000 元/吨，达到该加工生产企业盈利的临界点。到 9 月初，现货市场锌价再次飙升至14 500 元/吨。如果该企业没有在期货市场锁定原料成本，则最终本年生产加工拉链的利润荡然无存。

我们来看看企业在期现两个市场的具体采购过程（表 4-4）。

表 4-4　拉链加工企业原料锌采购计划及进展

时间 地点	初始采购时间 2008.12.24		第二次采购时间 2009.3.1			第三次采购时间 2009.6.1			第四次采购时间 2009.9.1		
采购市场	采购 价格/ (元/吨)	采购 数量 /吨	采购 价格/ (元/吨)	成本 变化/ (元/吨)	采购 数量 /吨	采购 价格/ (元/吨)	成本 变化/ (元/吨)	采购 数量 /吨	采购 价格/ (元/吨)	成本 变化/ (元/吨)	采购 数量 /吨
现货市场	9 950	200	11 800	+1 850	200	13 000	+3 050	200	14 500	+4 550	200
期货市场 3 月合约	10 100	200	−11 900	−1 800	−200 (卖平)						
期货市场 6 月合约	10 180	200	不变		不变	−13 065	−2 885	−200 (卖平)			
期货市场 9 月合约	10 250	200	不变		不变	不变		不变	−14 800	−4 550	−200 (卖平)
统计	均价 10 120	总计 800	剩余 均价 10 143		总计 600	剩余 均价 10 183		总计 400	剩余 均价 10 250		总计 200

第一次采购发生在签订加工合同后的 12 月 24 日。企业在现货市场以 9 950 元/吨的价格采购了 200 吨锌。同时在期货市场上以 10%的保证金率,在 3 月、6 月、9 月三个合约上分别以 10 100 元/吨、10 180 元/吨、10 250 元/吨的价格各买入 200 吨期货锌。期现 800 吨锌的平均价为 10 120 元/吨。

第二次采购发生在生产加工期的第二年 3 月 1 日,当时企业先前在现货市场采购的 200 吨锌将用完。此时企业面临两种选择:一是再到现货市场采购 200 吨锌;二是直接在期货市场交割 200 吨锌后拉回来。此时现货市场锌价已经涨到 11 800 元/吨,期货市场锌价为 11 900 元/吨。企业在权衡期现市场锌价后,决定选择较为便宜的现货市场采购。于是在现货市场采购 200 吨锌的同时,将即将到期交割的 40 手(5 吨/手)3 月合约卖出平仓。此时在期货市场上仍持有 6 月、9 月两个合约上各 200 吨期货锌。

第三次采购发生在生产加工期的第二年 6 月 1 日,当时企业在现货市场采购的第二批 200 吨锌又将用完。此时现货市场锌价已经涨到 13 000 元/吨,期货市场锌价为 13 065 元/吨。企业在权衡期现市场锌价后,决定仍选择较为便宜的现货市场采购。于是在现货市场采购 200 吨锌的同时,将即将到期交割的 40 手 6 月合约卖出平仓。此时在期货市场上只剩下 9 月合约 200 吨期货锌了。

最后一次采购发生在生产加工后期的第二年 9 月 1 日,当时企业在现货市场采购的第三批 200 吨锌又将用完。此时现货市场锌价已经涨到 14 500 元/吨,期货市场锌价为 14 800 元/吨。企业在权衡期现市场锌价后,决定仍选择较为便宜的现货市场采购。于是在现货市场采购最后所需的 200 吨锌的同时,将即将到期交割的 40 手 9 月合约卖出平仓。此时在期货市场的锌持仓全部平仓完毕。

到第二年年底,企业在完成本次拉链的生产加工任务后,在进行年终成本核算时发现,800 吨锌的实际采购成本价为 10 003.75 元/吨,大大低于企业 12 000 元/吨锌锭成本控制线,获利颇丰。如果没有在期货市场上进行买期套保,则锌的实际采购成本价为 12 312.5 元/吨,高于 12 000 元/吨的企业原料锌成本控制线,企业加工利润将大大缩水,几乎无利可图(表 4-5)。

表 4-5　企业原料锌套保与否结果对比分析

是否做买期保值	锌的最终采购成本价
不做买期保值	(9 950+11 800+13 000+14 500)÷4＝12 312.5 元/吨
做买期保值	(9 950+11 800+13 000+14 500−1 800−2 885−4 550)÷4＝10 003.75 元/吨

【例 4-7】　大型建筑工程利用期货锁定采购成本确保工程预算

2009 年,某地下综合性交通枢纽工程总建筑面积约 27 万平方米,由某建投集团承建。共包括五个部分:轨道交通线的地下结构、枢纽控制中心、社会车辆停车场、出租车停车场和公交中心。根据规划,该项工程全部完工需 3～5 年时间,初期工程建设期也在 1 年以上。在此期间工程原材料中的主要原材料——钢材,其价格可能会有大幅波动,这将极大影响施工成本。表 4-6 是 2006—2008 年钢材市场价格统计表。虽然工程即将开工,但整个工程所用钢材的采购成本无法确定,对工程整体预算影响很大。

表 4-6　25mm 螺纹钢 2006—2008 年价格统计

年份	年内最低/(元/吨)	年内最高/(元/吨)	波动幅度/%
2006	2 900	3 430	18.28
2007	3 080	4 570	48.38
2008	3 550	5 680	60.00
平均	3 176.67	4 560	43.55

此外,根据施工进度安排,采购部门将在钢材现货市场进行阶段性采购,每一个工期对钢材实际的采购成本需随行就市,无法提前预订。而且,工程各个阶段需要钢材数量较大,但受到库存容量、雨季来临等因素影响,难以在确定数量后保有充足的库存。因此需解决以下三个问题。

(1) 规避钢材价格的上涨风险,确定钢材采购预算。

(2) 钢材阶段性采购情况下,实际采购成本控制。

(3) 现货库存。

通过对工程的风险与需求分析,施工方决定借助钢材期货市场辅助解决上述三大问题。在制订期货解决方案时,关键是确定工程所需钢材的总数量和采购成本控制范围。

假设一期工程确定将用钢材约 4 万吨,平均成本要求控制在 3 500 元/吨以下。而目前钢材现货采购成本小于 3 500 元/吨,因此确定采取在现货市场随用随买的策略。

如果钢材现货价格上涨到接近 3 500 元/吨,且通过市场分析认为后市钢材价格仍将上涨,则可以考虑在期货市场一次性买入工程所需数量的钢材期货,在期货市场建立虚拟钢材库存,待日后购入钢材现货时将等量钢材期货平仓;或不在现货市场采购而直接在期货市场上以交割方式采购,具体操作见图 4-3、表 4-7。

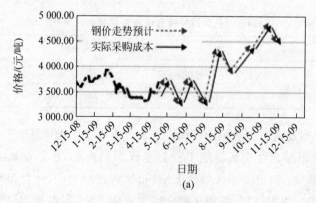

(a)

图 4-3　执行期货辅助方案前后原材料价格预计可达到的效果示意图

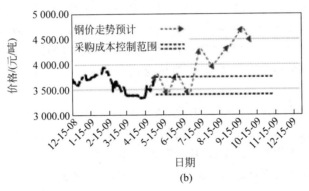

图 4-3　执行期货辅助方案前后原材料价格预计可达到的效果示意图(续)

(a) 执行期货辅助方案前；(b) 执行期货辅助方案后

表 4-7　25 mm 螺纹钢 2006—2008 年价格统计

时间	期货		现货		操 作 说 明
	价格/(元/吨)	数量/吨	价格/(元/吨)	数量/吨	
一期工程预算			3 500	40 000	4 月初,一期工程确定将用钢材 4 万吨,平均成本控制在 3 500 元/吨以下
5 月			3 450	3 000	现货低于 3 500 元/吨,按施工进度买入 3 000 吨。期货市场上不操作
6 月	3 580	30 000	3 480	3 000	钢价有继续上涨趋势,将工期所需剩余数量钢材在期货市场一次全部买进。期货买进价格 3 580 元/吨(锁定成本)。现货按施工进度买入 3 000 吨
7 月	3 650	−5 000	3 550	5 000	按施工进度在现货市场 3 550 元/吨买入 5 000 吨。超出预算 50 元/吨。期货 3 650 元/吨卖出 5 000 吨,盈利 70 元/吨。现货购入的实际成本:3 550−70＝3 480 元/吨,在预算控制内
8 月	3 500	−6 000	3 400	6 000	按施工进度在现货市场 3 400 元/吨买入 6 000 吨。期货 3 500 元/吨卖出 6 000 吨,亏损 80 元/吨。现货购入的实际成本:3 400+80＝3 480 元/吨,在预算控制内
...	...	...	...	...	...
工期结束					保值操作的结果:期货市场和现货市场各有盈亏,但综合盈亏相抵的结果是现货实际采购成本低于 3 500 元/吨,成功实现保值

(二)企业采购业务中运用期权案例

【例 4-8】　某饲料企业认为玉米价格将会上涨,因此提前签订了半年用量玉米的采购合同。过了一段时间,价格果然趋于上涨,但好景不长,价格在 3 月下旬涨至 2 800 元/吨后,就有明显迹象表明价格未来可能会有一个较大幅度的下跌。由于担心其他竞争对手可能会利用玉米价格下跌之机降价促销,扩大市场份额,该饲料企业便立即以 50 元/吨的价格买入 C2107-P-2800 的玉米期货期权合约。未来该饲料企业主要面临以下三种情况。

第一种情况:履行期权。若到 5 月底,玉米期货价格已跌至 2 650 元/吨,于是该饲料企业履行看跌期权合约,以 2 800 元/吨的履约价格卖出玉米期货 07 合约,同时以 2 650 元/吨的价格平掉玉米期货 07 合约,从中每吨获利 150 元(2 800－2 650＝150 元)。这样,该饲料企业通过买入看跌期权,然后在履约的同时,买进相关期货平仓,从中每吨获利 100 元(150－50＝100 元)。因此,它可以利用此看跌期权获利,有效地得到一定的保值,增加其市场竞争力。

第二种情况:对冲平仓。若玉米期货价格下跌,该饲料企业还可以高价出售手中的看跌期权,直接获取权利金的价差利润。

第三种情况:放弃权利。若玉米期货价格上涨,该饲料企业可以任其买进的看跌期权作废或适时地对冲手中的多头看跌期权部位,以获可能出现的时间价值,企业采取此项价格保护措施所付出的最大代价,只是买进看跌期权而付出的权利金。

【例 4-9】 某饮料食品厂 3 月份购进一批白糖,购进价为 5 300 元/吨,它预测 8 月份白糖的市场价格可能会有较大幅度的下跌,于是于 3 月下旬以 5 350 元/吨的期货价格卖出 9 月白糖期货。但是,企业又担心,未来市场价格没有下跌反而上涨造成期货合约交易损失,便在期权交易市场上买入一份行权价格为 5 350 元/吨的白糖期货看涨期权,支付一笔每吨 50 元的权利金。

8 月份,白糖期货价格果真下跌至 5 250 元/吨(现货价格下跌至 5 200 元/吨)。于是,该饮料食品厂便放弃了看涨期权,而以 5 250 元/吨的期货价格买进 9 月白糖期货合约与手中空头期货部位对冲,每吨获利 100 元,期货与期权交易盈余 50 元/吨(100－50＝50 元),价格下跌,白糖现货贬值损失为 100 元/吨(5 300－5 200＝100 元)。所以,该饮料食品厂因价格下跌最终损失为 50 元/吨,期货与期权交易起到了 50 元/吨的保值作用。

假如期货价格没有下跌,反而上涨至 5 500 元/吨(现货价格上涨至 5 450 元/吨),该饮料食品厂将会履行看涨期权,以 5 350 元/吨的行权价格买进白糖 9 月期货合约,与手中的空头期货合约部位对冲,期货与期权交易中只损失 50 元/吨的权利金,而这部分的损失可以由涨价 150 元/吨的盈利来弥补。

第二节　在企业销售业务中的应用

企业在开展销售业务的过程中,存在很多风险,销售环节存在很多问题,若管理不善很有可能导致企业的资金链断开,无法偿还到期的债务,最终导致破产。企业应及时掌握并采取相应的解决对策,保障企业销售业务的顺利开展。

一、企业销售业务中的主要风险

企业销售业务中面临的风险常分为以下几类。

（一）销售计划管理流程风险

缺乏销售计划或销售计划不合理，或未经授权审批，导致产品结构和生产安排不合理，难以实现企业生产经营的良性循环。

（二）客户开发与信用管理流程风险

现有客户管理不足、潜在市场需求开发不够，可能导致客户丢失或市场拓展不利；客户档案不健全，缺乏合理的资信评估，可能导致客户选择不当，销售款项不能收回或遭受欺诈，从而影响企业的资金流转和正常经营。

（三）销售定价流程风险

定价或调价不符合价格政策，未能结合市场供需状况、盈利测算等进行适时调整，造成价格过高或过低，盈利受损；商品销售价格未经适当审批，或存在舞弊，可能损害企业经济利益或者企业形象。

（四）订立销售合同流程风险

合同内容存在重大疏漏和欺诈，未经授权对外订立销售合同，可能导致企业合法权益受到侵害；销售价格、收款期限等违背企业销售政策，可能导致企业经济利益受损。

（五）发货流程风险

未经授权发货或发货不符合合同约定，可能导致货物损失或客户与企业的销售争议、销售款项不能收回。

二、企业销售业务中运用期货与期权策略

（一）企业运用期货销售的好处

1. 期货帮助企业定价

参与期货市场的企业普遍认为，在没有以期货价格定价的现货贸易定价机制下，企业如何为产品定价永远是企业决策中一个争论不休的话题，产品价格的决策效率低下；随着期货市场发现价格功能的不断增强，越来越多的产业客户关注期货价格变化，并作为其确定现货销售价或采购价的主要参考。在经济全球化的背景下，期货市场联结全球的货币体系、贸易体系、商品生产和流动体系，形成了核心的定价机制，节省了各个环节讨价还价的成本，提高了商品流通的效率。

2. 期货帮助企业管理风险

在市场经济中，商品生产经营者经常会面临价格波动风险，从而导致经营利润下降，

甚至出现亏损。期货市场作为市场经济高度发展的产物,能够解决市场价格风险的管理问题,使社会经济活动从关注财富的积累与分配,转而更加关注风险的集聚与分散,促进经济发展的可持续性和稳定性。

3. 上市公司运用期货对销售保值

有很多企业成功运用期货市场进行了销售保值。这里举一个 PVC 上市公司的例子。聚氯乙烯(PVC)广泛用在建筑材料。2011—2015 年,在国家加大房地产调控力度以及原油下跌等因素影响下,PVC 价格一路下行,最大跌幅超过 50%,但这家公司的年利润却保持 70% 的增长。其原因就是企业在期货市场进行了卖出保值操作,期货市场上的盈利有效弥补了现货市场的损失。而且因为有期货的平衡作用,企业并不担心竞争对手恶意降价,在质优价廉的情况下,市场占有率也提高了,很多下游企业更愿意采购这家企业的产品。

当然,国内衍生品市场还不够完善,使得国内很多企业更多地依赖国际市场,在国际市场上进行保值操作。随着期权等其他衍生工具在国内陆续上市,企业运用期货市场的保值手段也更加丰富、合理。

4. 中小企业利用期货市场做大销售规模

如果说规避价格风险是防守,那么利用期货工具进行套利就是反击了。中小企业都想做大规模,但有两大瓶颈,一是缺少资金,二是缺少政策支持。

某钢铁商贸公司就是一个黑色产业链中小企业成功运用期货市场做大做强的典型案例。过去几年,煤焦钢产业链深陷亏损泥潭、经营环境不断恶化。面对困境,该公司在积极探索发展新路径的过程中通过套期保值、基差交易等形式,获得良好效果,甚至让期货业务成为公司持续发展的保障平台,实现了在行业严冬中"春暖花开"。通过灵活运用期货市场的交易工具,该公司获得了高于行业平均水平的利润,而且还实现了公司规模的连续逆市扩张。

5. 期货有利于解决"三角债"问题

销售的最终目的是实现销售收入,获得销售利润,但传统现货交易中,产品销售款项相互拖欠,"三角债"使许多企业正常的生产经营难以为继。期货市场集中、统一、规范、高效的交易模式解决了合同履约和货款支付问题,杜绝了"三角债"问题的产生。

期货市场执行的是交易所担保的当日无负债结算制度,货款回笼速度快,安全有保证。在期货市场,无论每天盈利或亏损,都要进行当期划转,交易所担保履约,所以不会出现坏账的风险。

(二)期货在现货企业中的运用

运用期货工具的具体操作方法,主要包括:申请交割品牌或交割厂库促进销售;利用期货市场辅助定价;运用套期保值管理销售价格风险;利用期货进行套利。

1. 申请交割品牌或交割厂库促进销售

期货是到期交割的现货合约,生产企业可以通过申请成为交易所交割品牌或交割厂库,来扩大品牌的影响力,有的时候,甚至可以直接将产品注册成交易所仓单,锁定利润或亏损,直接销售产品。品牌注册还有利于扶持大型企业,强化产品质量优势,提高行业的集中度。

2. 利用期货市场辅助定价

传统定价方式是"一口价",就是要一价一议,很多时候难以达成一致。

举例来说,某棉花加工厂有 1 000 吨皮棉待售,当时的现货价格是 19 000 元/吨,下游纺织企业明确要货,但要到 5 月份才需要且按当时的价格结算。加工厂觉得这个价格太低了,会导致亏本。双方谈判失败。加工厂只能再找新客户,纺织厂再找新货源。

如果采用期货辅助定价,这个问题就解决了。可以按照 5 月份交货那天期货的公开结算价,加上 200 元/吨的运输费定价。远期价格的决定权交给市场,公平、公正、公开,最终皆大欢喜。

表 4-8 是期货辅助定价与传统定价的比较分析。

表 4-8 期货辅助定价与传统定价的比较分析

定价方式	特 点				
"一口价"	隐蔽、秘密	权威性低	不易成交	静止价格	风险难控
"期货价"	公开、透明	权威性高	容易成交	动态价格	风险可控

期货辅助定价的现货价格公式是:现货价格＝某期货合约价格＋升贴水

在企业商谈过程中主要谈三个方面:第一,以哪个期货合约价格为基准;第二,升贴水是多少;第三,具体定价的时间。按照上述棉花买卖的案例,双方约定以 5 月份的期货价格为基准,升水为 200,定价时间是交货当日。

而所谓升水,就是在基准价格基础上加上一个价格,可以是品级加价,也可以是人工成本、运输费用等。贴水,是适当减价,包括品级的折扣、促销优惠等。

事实上,采用"期货价格＋升贴水"定价是国际大宗商品定价的主流模式,目前国内有色行业中运用期货定价相对成熟。国际铜贸易、豆类等谷物贸易也往往通过"期货价格＋升贴水"的交易模式进行操作。芝加哥期货交易所、伦敦金属交易所、上期所等也因此成为大宗商品的国际和国内定价中心。

3. 运用套期保值管理销售价格风险

管理销售价格风险,首先要判断自身面临的风险类型,以及需要采用的保值策略(表 4-9)。

表 4-9 不同类型企业面临的不同风险

企业类型	特 点	风 险	保值策略
生产型企业 有库存企业	原料价格基本稳定,或者已经确定	产品价格波动大,直接影响企业利润(单边风险)	卖出期货保值
加工、贸易型企业	原料和产品价格同时变动,或者都没有确定	企业利润受到原料和产品双边变动的影响(双边风险)	综合期货保值

(1) 单边风险保值管理。对原料或成本价格基本稳定或已固定的企业来说,其经营效益主要通过销售价格来体现,这些企业主要采取单边风险的保值方法。企业套期保值需求可以由销售部门提出,期货业务部门根据销售部门提出的套期保值需求和年度销售

计划来制订保值计划,计划包括年度保值计划、月度保值计划甚至是每周的保值计划,确定保值品种和保值比例。其中年度保值计划一般都提请高级管理层批准后实施,其他保值计划由相应授权人员审批后操作。

在具体操作环节有三个步骤:分析价格趋势,制定和执行保值策略,保值效果评估。其中,分析价格趋势是进行单边卖出保值的关键和前提。

(2) 双边风险保值管理。对于双边风险企业来说,其核心利润=销项价格-进项价格+加工费+升贴水溢价+贸易价差,其中前两项是变动的,后三项都是基本固定的。所以风险主要在于销项价格和进项价格的相对变化,这个价差如果稳定,就不会影响企业利润,如果变化太大,可能侵蚀正常的利润,甚至从赚钱演变成亏损。

4. 利用期货市场进行套利

如果说,利用期货市场保值主要是规避产品销售中的价格风险,那么利用期货市场进行套利,有利于企业在承担较小风险的情况下,做大企业的规模,提高企业的效益。这些操作是利用现货和期货,期货合约与期货合约,国内市场与国外市场之间的价差进行的。

(1) 期货市场与现货市场之间的套利。在现货市场与期货市场之间的套利,是很多现货企业比较擅长的。企业可以将期货市场理解成一个大客户,这个大客户绝大部分也是理性的,但偶尔也有头脑发热出现异常的时候。如果盘面出现异常的高价,企业就可以在期货市场上卖出,未来可以选择交割,也可以选择平仓了结,获取无风险套利利润。相反,如果盘面出现异常低价,企业就可以在期货市场上买入,未来可以选择交割,也可以选择平仓了结,获取无风险套利利润。

期现套利的关键在于价差是否覆盖套利成本,只要二者价差超过期现套利成本,就意味着存在期现套利机会。期现套利成本一般可分为交割成本和资金成本两部分。交割成本包括仓储费、交割手续费、交易手续费、运输费、出入库费、质检费、税费等。资金成本主要包括持有期间期货保证金的利息和现货占用资金所产生的利息。除此之外,期现套利同样注重操作时点的选择,应尽量选择在临近交割月的时候,此时期现短期内回归的确定性更强,资金成本也更低。

以铁矿石为例,近年来盘面贴水现货是常态,只是最终修复方式不同。2020年之前更多是以现货价格的下跌向期货价格靠拢来实现,而2020年至今,盘面临近交割月多以加速上涨的方式来向现货端价格收敛。故对于铁矿石来说,期现套利的方式更多的是通过卖出手中现货资源或卖出掉期合约,同时在期货端建立多单的方式来实现反向期现套利。

【例 4-10】 以铁矿石 2105 合约为例。在 2021 年 3 月 22 日当天,盘面 2105 合约价格收于 1 004.5 元/吨。现货端当时最合适可交割品为超特粉,当天日照港现货价格报913 元/吨,按品牌和质量升贴水标准换算后折盘面 1 151 元/吨。当天现货价格与期货价格的价差为 146.5 元/吨,远远高于反向期现套利成本 16.166 元/吨(表 4-10),同时 2105合约临近交割仅有不到 2 个月,具备反向期现套利的基础。当时多重因素指向铁矿石现货价格在交割日之前预计易涨难跌,加之 2009 合约和 2101 合约的高基差最终均以盘面上涨的方式来修复,可以推断 2105 合约最终基差的修复方式大概率将以盘面价格的上涨来完成,铁矿石反向期现套利策略比较可行。

表 4-10　铁矿石交割费用

类　型	名　称	费　用	备　注
交割成本	交易手续费	0.12 元/吨	12 元/手
	交割手续费	0.5 元/吨	
	出库费	15 元/吨	2021 年 6 月 15 日起,汽运、火运、船运分别下调至 8 元/吨、8 元/吨、12 元/吨
资金成本	期货保证金占用利息	$1004.5 \times 10\% \times 4.35\% \times 1.5/12 = 0.546$	银行一年前贷款利率采用 4.35% 基准利率; 期货合约持有时间按照 1.5 个月计算
总计		$0.12 + 0.5 + 15 + 0.546 = 16.166$ 元/吨	

注:考虑买方交割后直接提货,本例中未计仓储费。

当时持有现货资源的某贸易商卖出手中现货资源,同时在 2105 合约上建立多头头寸,进行了反向期现套利操作,该贸易商的套利规模为 10 000 吨。到了 5 月 6 日的时候,超特粉现货价格上涨至 1 022 元/吨,铁矿石 2105 合约价格上涨至 1 241 元/吨,该贸易商现货端损失(1 022−913)×10 000=1 090 000 元,期货端盈利(1 241−1 004.5)×10 000=2 365 000 元,理论收获期现价差回归的收益共计 2 365 000−1 090 000=1 275 000 元,扣除掉交割成本 161 662 元,本次反向期现套利共获得 1 113 338 元的纯收益。

(2)期货合约与期货合约之间的套利。根据现货和期货套利的原理,我们可以理解期货合约之间的跨期套利,因为每一个期货合约都对应到期交割的现货。

因此,远月期货合约价格理论价格=近月期货合约价格+仓储费+资金利息+增值税+交易交割手续费+其他成本。

举例来说,某企业买入硅铁 1807 合约,意味着到期该企业可以到交易所提出这笔货物,或者拥有这笔货物的仓单。而 2 个月后的期货 1809 合约,其理论价格等于这批现货持有到 9 月份交割的仓储费用、持有成本、占用资金利息和交易费用。按照当时的期货价格计算,硅铁 1807 合约与 1809 合约间的合理成本在 200 元/吨(表 4-11),如果 9 月合约价格相对于 7 月合约价格过高,超过了合理成本,就可以进行合约间套利操作。

表 4-11　硅铁某时期期现货套利成本

项　目	费　用
仓储费	0.45 元/(吨·天)×120 天=54 元/吨
资金成本	7 100 元/吨×6%×120/360=142 元/吨
交割手续费	1 元/吨
合计	196 元/吨

(3)不同市场之间的套利。期货市场为销售企业提供了广阔的舞台和视野,完全可以在国内以及全球不同的市场之间进行套利操作。举例来说,全世界很多地区都在展开黄金期货和现货的交易,销售黄金的企业就可以在多个市场中跟踪,发现价差机会。

在上期所黄金期货上市的时候,曾经出现过一次非常经典的机会。当时,期货价格为

230.95 元/克,而纽约黄金期货价格是 206.54 元/克,中间有 20 多元的价差。当时就可以买进纽约黄金期货,同时卖出上海黄金期货。

此外,当时上海黄金交易所的现货黄金也比上期所的黄金期货低了 20 多元。企业还可以买入上海黄金现货,卖出黄金期货(表 4-12)。

表 4-12   黄金期货曾出现的跨市套利机会

市　　场	价　　格	套利机会分析
纽约黄金期货	206.54 元/克	上海黄金期货高出纽约 24.41 元/克,高出上海现货 27.95 元/克
上海黄金期货	230.95 元/克	
上海黄金现货	203 元/克	

(三)商品期权套保原理

期权套期保值原理在于利用期权价格与现货、期货价格的相关性原理来进行操作,价格的变化会引起一个部位盈利和另一个部位亏损。在其他因素不变的情况下,标的(现货或期货)价格上涨,则看涨期权价格上涨,看跌期权价格下跌;标的(现货或期货)价格下跌,则看涨期权价格下跌,看跌期权价格上涨。与此相对应,为了规避价格上涨的风险,保值者可以买入看涨期权或者卖出看跌期权;为了规避价格下跌的风险,保值者可以买入看跌期权或者卖出看涨期权。

(四)企业运用期权销售的好处

占用资金少,用较少的资金控制保值标的物;期权没有追究保证金的风险;保值效果明显,如买入看涨期权,等于买了保险,确定了企业的最低买入商品价格。例如,买入郑商所推出的棉花看涨期权头寸,可以按行权价格转换成棉花多头头寸,当现货价格上涨时,对期权持有方企业仍有以较低的执行价格在期货市场交割的权利,确定的就是棉花最低买入价格。

三、企业销售业务中运用期货与期权案例

(一)企业销售业务中运用期货案例

1. 单边风险企业的期货保值

我们以前面提到的单边风险保值管理中涉及的分析价格趋势、制定和执行保值策略、保值效果评估这三个环节为例进行简要分析。

【例 4-11】 以棉花贸易企业销售棉花为例,一个完整的策略,至少包括以下几个方面。

(1)保值方向:卖出,因为该企业有 1 000 吨棉花未销售,主要面对下游价格不确定风险。

(2)保值合约:在 5 月份交货,所以选择对应的 2105 合约保值。

(3)保值数量:1 000 吨(100%保值)。因为经过分析,当时在进行宏观调控,国家全

力控制物价；下年度棉花产量开始大幅增加；技术上价格跌破 60 天均线，企业严重看空后市。

（4）入场方式：在实际操作中，可以一次进场，也可以分几次进场。在这个案例中，选择在签订销售合同时，一次性进场。

（5）入场点：就是合同签订时。

（6）出场点：就是现货交给下家，进行结算的时候。

（7）不利情况应对方案。如果价格下跌，期货部分将盈利，没什么好担心的。但如果价格上涨呢？这个时候期货部分将承受损失，甚至需要追加保证金。这个情况，企业需要计算，准备多少资金以备万一。

如果不做套期保值，签订合同时，1 000 吨现货，现货价格是 20 200 元/吨，到 5 月份，价格下跌到了 15 200 元/吨，现货少赚 5 000 元/吨，总共是 500 万元。如果做了期货套期保值，当时签订合同时，入场价位是 20 000 元/吨，后来同步下跌了 5 000 元/吨，每吨期货盈利 5 000 元，期货总共赚了 500 万元，正好抵消了这段时间现货价格下跌的损失。如表 4-13 所示。

表 4-13　保值效果分析

未 做 保 值	保 值 后
现货价格 20 200 元/吨，1 000 吨	卖出，入场价位 20 000 元/吨，1 000 吨
5 月份，现货销售价格 15 200 元/吨	买入平仓，出场价位 15 000 元/吨
现货盈亏＝（−5 000）×1 000＝−500 万元	期货盈亏＝5 000×1 000＝500 万元
合并盈亏：现货盈亏＋期货盈亏＝−500 万元＋500 万元＝0 元/吨。 期货和现货变化幅度相同，完全规避价格下跌的风险。保值效果很好	

在这个案例中，期货与现货变动幅度完全相同，所以形成了完全对称的关系，保值达到了规避价格风险的目的。实际上，期货与现货价格变动幅度可能是不一致的，那结果将如何呢？

表 4-14 将卖出保值情况下现货与期货价格变动幅度的集中情况列举出来。

表 4-14　期货与现货价格变动后的保值效果

价格波动方向	波幅	期现合并分析	应用期货效果评估
期货下跌 X 元/吨 现货下跌 Y 元/吨	X＝Y	现货市场亏损与期货市场盈利相抵	很好，应该做期货
	X＞Y	现货市场亏损，期货市场盈利完全弥补，还可以获得额外利润	更好，应该做期货
	X＜Y	现货市场亏损，期货市场盈利可以部分弥补，还承受部分现货损失	做期货减少了现货盈利
期货上涨 M 元/吨 现货上涨 N 元/吨	M＝N	现货市场盈利被期货市场亏损完全抵消	期货损失完全抵消现货盈利
	M＞N	现货市场盈利小于期货市场亏损，有额外损失	做期货产生了亏损
	M＜N	现货市场盈利较大，期货市场亏损较小	部分抵消现货盈利

从表 4-14 可以看出,对于卖出期货保值来说,如果市场价格下跌,保值是有意义的,效果是好的,应该做期货;但如果价格是上涨的,卖出保值就可能承担损失,但为了锁定成本利润,做期货有时是必要的。

所以,单边保值策略的关键仍然是价格趋势分析。

举例来说,我国锌精矿、铜精矿的龙头企业之一西部矿业,其自有矿山的生产成本是已知的,自产矿保值就要结合生产成本、全年利润目标和中长期市场价格走势进行分析。2008 年上半年,西部矿业自产矿虽然大多数时间处于盈利状态,但由于宏观经济处于下跌周期中,为了回避价格大幅下跌可能给西部矿业业绩带来的风险,西部矿业决定充分利用价格波动的相对高点提前一个季度对下一个季度的产品销售进行保值,即在第一季度末完成对第二季度产品的保值,在第二季度末完成对第三季度产品的保值,在第三季度末完成对第四季度产品的保值。在价格波动大、行情不容易把握的情况下,可以不进行套期保值。

2. 双边风险企业的期货保值

(1) 零库存的纯贸易型企业保值。这类企业的保值基本原理如图 4-4 所示,左边这个篮子是采购时的价格,按照当时的期货盘面价格＋采购的升贴水确定;右边篮子是销售价格,按照与采购相同的期货基准价加上销售的升贴水确定。我们看到,左边的期货价格(t)和右边的期货价格(t)相减以后为零。企业可以稳定赚取销售升贴水高出采购升贴水部分的利润。

(2) 有库存的贸易企业或加工企业保值。如果贸易企业上游采购原料 4 000 吨,下游只销售出去了 3 000 吨,剩余 1 000 吨还没有找到买家。那么,就需要卖出期货进行保值。对于加工企业来说,由于存在生产周期,因此也就会出现原料价格波动风险。

如图 4-5 所示,从现货这边看,剩余库存 1 000 吨,如果未来价格下跌 X 元,损失 1 000X 元。卖出期货保值以后,盈利部分正好抵消损失部分。企业避免了价格下行造成的风险。

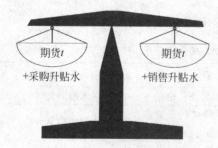

图 4-4　零库存企业保值基本原理

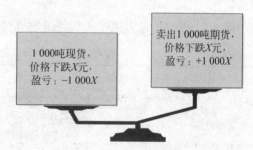

图 4-5　有库存企业保值基本原理

(3) 定价方式不同的企业保值。有些企业上下游的定价方式不同,比如某加工企业,买入原料是按照期货的月均价整体采购,而加工成产品后,下游是分批对应期货盘面点价买走的。所谓点价,就是企业根据当时的期货基准价,加上之前商定好的升贴水。

这种情况,因为定价方式不同,会造成风险。原料采购均价是 32 000 元,但销售点价均价是 30 600 元,亏损 1 400 元;期货怎么做呢? 首先在采购时,不要一次性采购,化整

为零,分在 20 天平均采购,每采购一笔,就在期货上对应卖出一笔,这样平均价格也在
32 000 元左右,当下游销售完成的时候,每完成一笔,期货上平仓一笔,这样平均价格跟现
货点价是接近的,也在 30 600 元左右。期货盈利 1 400 元左右,基本抵消了现货方面的损
失,防范了风险(图 4-6)。企业赚的是正常的加工费和升贴水等。

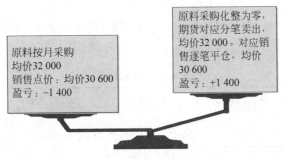

图 4-6   定价方式不同企业保值

2001 年以前,铜杆市场定价仅按当地铜板售价加加工费的方式,定价模式死板、单
一,下游企业又因终端消费企业的需求,迫切希望有点价、均价的定价方式。江铜集团下
属的深圳江铜南方总公司首创了铜杆点价销售机制,恰好满足了客户的需求。

江铜南方总公司的具体保值做法是:将每月采购的原料每天在当月期货合约均量卖
出保值,保证所抛出的价格在当月的结算价附近;在客户点价的同时,在对应的期货市场
进行等量的买入平仓。此方法既有效锁定了加工费这样的核心利润,又合理规避了铜价
的波动风险,并且实现了客户需求的最大化。

进出口贸易企业也是双边风险企业,原料和产品销售的价格同时变动,可能吞噬正常
进口及加工利润。

【例 4-12】   某铜材加工企业,从国外买入伦敦期货铜,在国内加工,然后按照沪铜期
货价格为基准定价销售,其产品加工费为 3 000 元。2 月份敲定合同时,沪铜价格高出伦
敦期货 4 500 元,企业认为有利可图,但到 6 月份结算时,价差缩窄到 2 800 元,如果扣除
掉 3 000 元的加工费,反而亏损了 200 元。

为了规避上海与伦敦之间的价差风险。企业可以在 2 月份签订合同时,买入伦敦期
货卖出上海铜期货,当时价差 4 500 元,到 6 月份现货结算时平仓,平仓价差 2 800 元,则
可以盈利 1 700 元。企业这轮操作,实际盈利为−200+1 700=1 500 元。如图 4-7 所示。

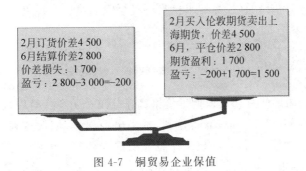

图 4-7   铜贸易企业保值

（二）企业销售业务中运用期权案例

【例 4-13】 某年 5 月，玉米现货价格为 1 850 元/吨，此时玉米期货 09 合约价格为 1 750 元/吨。某贸易企业要在 8 月初向下游交货 10 000 吨玉米，此时企业尚未备货，企业担心天气干扰带动价格大涨，为防止价格上涨风险，在 5 月买入 C09-C-1850 看涨期权，行权价格为 1 850 元/吨，支付权利金 50 元/吨，损益情况见表 4-15、图 4-8。（本例中假定玉米基差不变。）

表 4-15　损益情况　　　　　　　　　　元/吨

现货价格	现货损益	期货价格	期权损益	套保综合损益
1 500	350	1 400	−50	300
1 550	300	1 450	−50	250
1 600	250	1 500	−50	200
1 650	200	1 550	−50	150
1 700	150	1 600	−50	100
1 750	100	1 650	−50	50
1 800	50	1 700	−50	0
1 850	0	1 750	−50	−50
1 900	−50	1 800	0	−50
1 950	−100	1 850	50	−50
2 000	−150	1 900	100	−50
2 050	−200	1 950	150	−50

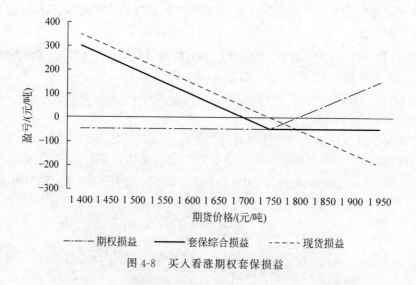

图 4-8　买入看涨期权套保损益

由图 4-8 可知，如果 8 月初玉米期货价格高于 1 800 元/吨，对应现货价格高于 1 900 元/吨，投资者行权并且平仓，期权获得盈利，现货出现损失，期权盈利可以弥补现货的损失。同时，现货价格大幅上行时，期权套保组合的损失（总采购成本上升）是有限的，最大损失为 50 元/吨。如果 8 月初玉米期货价格低于 1 800 元/吨，对应现货价格低于 1 900

元/吨,那么现货逐渐出现盈利,且呈线性增长,同时期权出现亏损。此时,套保者可以放弃行权,最大损失只是权利金 50 元/吨。

【例 4-14】　某年 5 月,某铁矿石贸易商与上游签订了 8 月提货 1 万吨的合同,尚未找到匹配的买家,该贸易商担心 8 月份铁矿石价格下跌可能会造成该笔合同出现亏损。该贸易商既想规避价格大幅下跌的风险,又想保留价格上涨的盈利机会,因此考虑买入看跌期权来对其进行套期保值。当时铁矿石现货价格为 650 元/吨,期货合约价格为 700 元/吨。该贸易商买入行权价格为 700 元/吨的 9 月看跌期权合约 I-1909-P-700,支付权利金 50 元/吨。该贸易商未来损益情况见表 4-16、图 4-9。(本例中假定铁矿石基差不变。)

表 4-16　损益情况　　　　　　　　　　　　　　　　　　元/吨

现货价格	现货损益	期货价格	期权损益	套保综合损益
450	−200	500	150	−50
500	−150	550	100	−50
550	−100	600	50	−50
600	−50	650	0	−50
650	0	700	−50	−50
700	50	750	−50	0
750	100	800	−50	50
800	150	850	−50	100
850	200	900	−50	150
900	250	950	−50	200

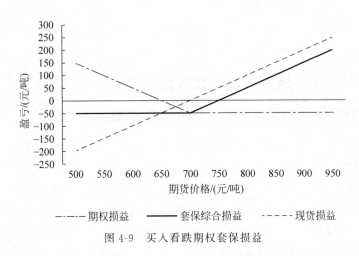

图 4-9　买入看跌期权套保损益

由图 4-9 可知,如果 8 月份铁矿石期货价格高于 700 元/吨,对应现货价格高于 650 元/吨,那么现货开始逐步出现盈利,同时,期权出现了损失,此时放弃期权行权,最大损失为权利金 50 元/吨。如果 8 月份铁矿石期货价格低于 700 元/吨,对应现货价格低于 650 元/吨,投资者行权并且平仓,期权获得盈利,现货出现损失,期权盈利可以弥补现货的损失,同时,现货价格大幅回落时,期权套保组合的损失(总采购成本上升)是有限的,最大损失为 50 元/吨。

第三节　在企业库存业务中的应用

一、企业库存业务中的主要风险

对企业经营而言,库存是不可缺少的环节,同时也是企业最容易忽略的一个成本来源。忽略了库存管理的企业,往往会出现销售增加但利润却停滞不前的情况,其中往往是高额的库存成本侵蚀掉获利。

库存产生的固定成本,主要分为以下三类:一是资金成本,主要是生产库存时需要的贷款所产生的利息成本。二是仓储费,即租用仓库所产生的租赁费用、水电费等。三是耗损费,库存具有一定的保值期,随时间流逝,库存品质会自然耗损,在搬运储存过程中也会有损坏。除了上述固定成本外,市场价格的波动也是库存价值变动最主要因素之一。原材料库存中的风险性实质上是由原材料价格波动的不确定性而造成的。这种不确定性所造成的风险主要体现在三个方面:①无库存情况下价格上涨所带来的生产成本上升的风险;②在有库存情况下价格下跌所带来的库存商品大幅贬值风险;③价格不涨不跌所带来的库存资金占用成本。

库存产生的固定成本虽然可以通过管理制度与流程的改造,压缩到较低的水准,但终究无法借由这样的手段直接转为企业的利润。此外,市场价格的变动,是基本面供需因素、总体经济因素、市场心理因素等综合影响的结果,大多数企业无法控制,但这又会对企业利润产生巨大的影响。

这是否意味着实体企业对于市场价格的变化与库存成本的管理,只能采取被动应对的方式呢?答案当然是否定的,期权可以满足企业对于库存成本与外在市场价格变动的风险管理需求。

二、企业库存业务中运用期货与期权策略

(一) 利用期货市场规避实物库存中的原材料贬值

在供应链中,每个企业都会向其上游订货,订货量的多少往往取决于订货成本的多少以及断货风险的大小。企业为保证生产的持续性与稳定性,一般备料 2~3 个月的存货,资金多的企业库存还会相应提高。面对瞬息万变的市场,加之影响原材料价格的因素众多,如果现货价格出现下跌,存货就会贬值。在此情况下,可以考虑在期货市场上卖出相应的空头头寸,同时积极销售库存,在卖出现货库存的同时就在期货市场上买入同等数量的空头头寸,尽量使期货盈(亏)弥补现货库存销售的亏(盈)。如果现货库存实在难以销售,也可以考虑最终在期货市场交割实物来减少库存压力。

可以通过以下公式计算企业的库存风险水平:

$$风险敞口＝期末库存水平＋(当期采购量－当期销售量)$$

其中:期末库存水平指的是期末实际库存和在途货物。

在实际操作中,企业可根据市场情况,选择是将全部库存风险进行对冲还是只将部分库存风险进行对冲。为此,可将库存套保公式进行修正:

套保头寸＝风险敞口×套保比例＝［期末库存水平＋（当期采购量－当期销售量）］×β

其中：$0.5 \leqslant \beta \leqslant 1$，$\beta$越接近于$1$，库存暴露的风险敞口就越小。

　　因此，一旦企业选择了全额套保，当库存水平发生变化或者当期销售量大于当期采购量时，就必须同时通过在期货市场上增仓或减仓操作来调整套期保值头寸，使期货头寸等于或小于风险敞口。调整公式为

期货仓位调整数量（手）＝［当天采购量（吨）－当天销售量（吨）］/合约交易单位（吨/手）

　　若上述公式右项为非整数，保留整数作为仓位数量。当公式右项为正，表明在期货市场上应增仓；当公式右项为负，表明在期货市场上应减仓。

（二）利用期货市场应对低库存下的原材料价格上涨

　　在实际经营中，企业往往都经历过因原材料价格大跌而心有余悸，即使随后市场价格持续上涨，也不敢过多囤积原材料库存，等企业意识到应该大量购买原材料时已经为时晚矣。在此情况下，可以考虑在期货市场上买入相应的多头头寸，防止原材料价格的继续上涨。同时积极采购现货，什么时候现货库存增加，就在期货市场上卖平同等数量的多头头寸，尽量使期货盈（亏）弥补现货库存增加的亏（盈）。如果现货实在难以购买到，也可以考虑最终在期货市场交割实物来增加库存。

（三）利用期货市场建立虚拟库存减少资金占用成本

　　虚拟库存是虚拟经济的一种形式。它是指企业通过某种方式获得所需要的原材料，而不一定在仓库中实物存储的一种形式。虚拟库存的好处是：①缺货违约风险极低；②节省企业仓容；③减少资金占用；④库存调节灵活。

　　由于期货市场采用的是保证金交易机制，通常只收取交易总额的$10\%\sim15\%$的保证金，因此，合理利用期货市场价格杠杆机制，用较少的资金通过买入套期保值实现虚拟库存，相应减少现货库存，可以大大节省流动资金占用，提高企业资金使用效率。因此企业可以结合生产需要，合理利用期货适度缓解企业在生产经营中短期出现的资金压力。如企业远期有采购计划，但预期资金紧张，可通过期货市场进行买入交易，建立虚拟库存，以较少的保证金提前订货，同时锁定采购成本，为企业筹措资金赢得时间，以缓解企业资金紧张的局面。当企业或因扩大固定资产投资或因还贷期限临近，短期流动资金紧张时，可将其常备库存在现货市场销售，同时在期货市场买入期货合约，将实物库存转为虚拟库存，以释放大部分资金，保障企业正常运转。待资金问题解决后，企业再通过反向运作，将虚拟库存转为实物库存。

（四）利用衍生品市场协助企业管理风险

　　期权是一种衍生品，赋予期权的买方在未来一段期间内以约定价格买进（或卖出）标的资产的权利，因此期权的买方性质上有点类似保险的买方，透过支付权利金的行为，协助企业管理标的资产价格大幅度波动的风险。反过来，期权的卖方性质上有点类似保险公司，通过出售期权赚取权利金的收入，而这笔收入可以协助企业降低采购成本或库存成本。

　　举例来说，种植玉米的农户，从播种到玉米成熟，中间会有好几个月的时间，因此农户

会面临玉米收成时价格变动的不确定——有可能在播种时价格是有利润的,但在收成时价格已大幅度滑落至成本线之下。在此情况下,农户完全可以借由风险管理公司所提供的场外玉米看跌期权,经由支付权利金买入看跌期权的方式,在播种时就可以锁定收获时玉米的价格。即使未来玉米价格大涨,买入的玉米看跌期权虽然没有行权价值,但农户可以用更高的市价卖出手中的玉米。因此通过买入期权的方式,期权买方可以转移价格波动的风险,当价格朝不利方向运动时,可以借由期权的保险作用,锁住价格风险;当价格朝有利方向进行时,期权买方可以用更高的价格销售或以更低的价格采购。

同样,企业也可以通过买入看跌期权的方式,锁住产品库存的风险。例如,某铜冶炼厂生产铜,假设目前铜价为 46 000 元/吨,预期铜价后市会有大幅度滑落,此时便可通过买入对等库存数量或预估的今年出货数量的铜看跌期权,执行价格为 46 000 元/吨,以确保企业未来一段时间都可以将库存或产品售价至少锁定在 46 000 元/吨,借由期权买方的特性免除铜价下跌对企业的负面影响。

传统的库存管理只能随着市场的变化调整库存,在预期市场价格有利的情况下,通过大幅度增加库存,应对市场需求增加;在预期市场价格不利的情况下,被动降低库存量。因此传统库存管理的主要缺点在于,无法有效规避市场价格下跌风险,即使市场价格上涨,企业也需要冻结大笔资金和占用大量仓储空间与费用。而通过期权工具来协助动态管理库存,优点在于无论价格上涨或下跌,都可以通过期权基本的交易策略——买入看跌期权与卖出看涨期权协助库存管理。

三、企业库存业务中运用期货与期权案例

(一)企业库存业务中运用期货案例

近年来,在如何运用期货市场进行原材料库存管理方面,许多企业都做了大胆的尝试,取得了令人满意的结果。下文将通过具体的案例来对上文中提到的相关策略进行分析。

【例 4-15】 在棉花期货出现以前,市场风向的千变万化令很多纺织企业在经营中过着战战兢兢、如履薄冰的日子,很多企业负责人对此印象深刻。棉花期货推出以后,很多纺织企业找到了规避棉花价格变动风险的工具。这些企业在现货价格下跌时,通过开展套期保值业务,在当期卖出期货合约,并于合约到期时买入现货平仓,避免了现货价格下跌造成的存棉贬值,减轻了企业的经营负担,有些企业甚至还出现了额外盈利。

某年 1 月份,棉花现货价格在 13 000 元/吨左右,仓单价格在 13 300 元/吨左右,CF705 合约价格在 14 350 元/吨以上,外棉到港价格在 13 200 元/吨左右。一切迹象显示,棉花价格将会走软。可当时浙江省湖州一家纺织企业囤积了大量的新疆棉。当时纱厂销售不畅,利润整体在下滑。更糟糕的是,该企业是在棉价较高的时候,以 13 300 元/吨(包括银行利息、内地运输成本)采购的。此时库存中大量新疆棉面临着较大的贬值风险。为了避免未来棉价持续下跌给企业带来的不利影响,该企业决定利用期货市场操作来卖出部分库存,争取摊低库存成本。

在期货公司专业人员的指导下,该企业在期货市场上以 14 350 元/吨左右的价格卖

出 700 手 CF705 合约,为 3 500 吨库存的新疆棉进行卖出套期保值。随后棉价如期下跌。企业在 4 月 2 日以 13 450 元/吨左右的价格买入平仓,期货交易获利 900 元/吨左右。摊低库存成本总计 315 万元。

在此次棉花下跌过程中,期货价格下跌幅度超出了现货价格的下跌幅度,企业实现了期货市场的盈利,不仅弥补了现货库存贬值的损失,还获取了一定的利润,为纺织企业规避棉价下跌带来的库存贬值风险提供了好的思路。

【例 4-16】　某年 7 月,原油价格已涨至 147 美元/桶的历史最高位。高盛公司甚至预言年底原油价格将突破 200 美元/桶。在此大背景下,某 PTA 生产企业与市场众多同行企业一样,加大马力提升负荷生产,使 PTA 库存大增。但进入 8 月后,原油价格开始一路下跌,PTA 现货市场销售清淡,基本上是有价无市。企业意识到了库存风险的存在,于是决定趁期货市场 PTA 价格尚在高位,赶快做卖期保值交易。

8 月 21 日,企业在 TA811 合约上总共卖出了 4 000 手(2 万吨),卖出均价在 8 300 元/吨左右。之后即发生了令市场极度恐慌的金融危机,PTA 产业链上下游产品随着大宗商品一路狂跌。企业原计划在交割期临近时进行期货平仓了结头寸,但苦于现货市场无人问津,销售困难,最终企业无奈决定通过在期货市场进行交割来降低库存压力,结果见表 4-17。

表 4-17　PTA 库存卖出保值结果

日　期	现 货 市 场	期 货 市 场
8 月 21 日	销售清淡,有价无市	以 8 300 元/吨均价卖出 4 000 手
11 月 14 日	无人问津	以 4 394 元/吨交割价交货 4 000 手
盈亏情况	库存跌价损失约 7 800 万元	盈利(8 300－4 394)×4 000×5＝7 812 万元
	盈亏冲抵:7 812－7 800＝12 万元	

通过期货市场卖出保值交易,该企业成功释放了库存风险,取得了出乎意料的理想效果。这次成功的套保操作让企业管理层认识到了期货市场对企业经营的帮助,从此,企业积极利用期货市场进行库存风险管理,将现货市场与期货市场有机结合,提高了自身抗风险的能力。

【例 4-17】　某油脂贸易公司从马来西亚进口一批棕榈油后,难以实现立即销售,不仅形成库存,而且要不断地结转库存。库存增加的同时,企业也将面临价格下滑带来的亏损,难以保证预期利润。4 月份,受金融危机影响,植物油现货需求一直处于较为低迷的状态。但棕榈油进口合同是在年前签订的,公司又不得不继续进口,导致库存很大,库存消化速度很慢,公司面临巨大的价格下跌风险。

为防止后期棕榈油价格下跌对公司经营造成不利影响,经过慎重决策,公司制定了对棕榈油库存进行卖出保值的策略。方案如下。

保值目标:锁定进口利润,规避库存敞口风险。

保值方向:在期货市场上进行阶段性卖出套期保值。

选取的期货合约:考虑流动性问题,选择最活跃合约而非近月合约。因为并不打算在期货市场上交割。

建仓方式：为分散风险，采取分批建仓方式，但次数不宜过多。

保值额度：采取全额套保方式，即公司有多少库存，就在期货市场卖出同等数量的合约，而不是进行部分套保，以期完全规避现货价格波动的风险。

参与期货交易成本核算（假设期货保证金率为13%，一年期贷款基准利率5.6%）：

期货交易保证金：6 590 元/吨×2 000 手×10 吨/手×13%＝1 713.4 万元

半个月资金借贷成本：1 713.4 万元×5.6%×1/12×1/2＝4 万元

期货交易手续费：15×(2 000＋1 000＋1 000)＝6 万元

合计费用约10万元。

具体操作如表4-18所示。

表 4-18　棕榈油库存卖出保值结果

日　期	剩余库存	现货市场	期货市场
4月15日	20 000 吨	价格：6 550 元/吨 操作：无(有价无市)	P09 合约价格：均价 6 590 元/吨 操作：卖出 2 000 手
4月23日	10 000 吨	价格：6 450 元/吨 操作：卖出 10 000 吨	P09 合约价格：6 500 元/吨 操作：买入平仓 1 000 手
4月30日	0 吨	价格：6 400 元/吨 操作：卖出 10 000 吨	P09 合约价格：6 450 元/吨 操作：买入平仓 1 000 手
盈亏情况		库存跌价损失： [(6 450－6 550)＋(6 400－6 550)]×10 000＝－250 万元	扣除 10 万元费用后的盈利： [(6 590－6 500)＋(6 590－6 450)]×1 000×10－10 万＝220 万元
		期、现市场盈亏冲抵：220－250＝－30 万元	

本次套保虽然没有达到公司预期的完全套保的目的，但大幅降低了企业库存损失，总的效果还是很不错的。如果公司没有及时对库存进行卖出套期保值，则将有约250万元的经济损失。

【例4-18】　某年2月，在紧缩货币政策连续出台以及房地产行业限购令颁布的双重打击下，钢材市场成交跌到冰点。螺纹钢价格也一路下滑。期货市场螺纹钢 RB1110 合约从最高价5 230 元/吨一路回落到4 800 元/吨左右，下跌幅度近10%。市场看跌气氛极其浓重。某钢材加工企业面对此局面，决定在保持现货市场稳定出货的前提下，分批适当在期货市场建立远期多头头寸，使用一定的虚拟库存防止未来钢材价格反弹。果不其然，短短一个月后，期货价格企稳，同时现货市场成交价格也逐步回升。当其他企业减少放货，以较高价格开始备库时，该加工企业已经在期货市场上获得了很大的盈利，并有着较大数量的"低成本库存"，为未来激烈的市场竞争打下良好的基础。

由于企业在期货市场建立了虚拟库存，在进行实物交割前对买方来说不存在仓储费的问题，这又使得企业减少了几个月的库存费用，大幅降低了企业的物流成本。

【例4-19】　某农用薄膜生产企业月均消耗 LLDPE(线性低密度聚乙烯)约3 000 吨。由于这是一家中小企业，如果增加库存，将导致公司的资金占用成倍增加。例如，将库存水平提高到10天，公司的资金占用量将在原来的基础上增加2倍。此外，较大的库存还有可能增加公司的生产成本，包括仓储费用。因此公司的原材料采购，通常采取即买即用的方式,即库存仅为 2～3 天的用量。

11 月初,国内外厂商大规模减产,中石油和中石化两大巨头将继续实施限产、限量放货策略,导致当时国内 LLDPE 总库存量大幅降低。此外,从往年的经验来看,春节前后的两个月是塑料的消费淡季,价格往往处于低位。由于当时现货价格较期货价格升水 1 300～1 500 元/吨,该公司认为,期货价格不可能长期低于现货价格如此之多,此时正是在期货市场建立虚拟库存的好机会。于是公司制订了如下买期保值计划。

合约选择:根据大商所的有关规定,LLDPE 标准仓单在每年的 3 月份最后一个交易日之前必须进行标准仓单注销,因此为保证万一交割后,接到的仓单能再次用于交割,企业选择 5 月合约。

建仓价位选择:选择在当时的盘整区逐步买入建仓,但一旦行情向上突破,则需快速完成建仓。表 4-19 记录了整个建仓过程。

表 4-19　LLDPE 买入套期保值建仓过程

开仓时间	开仓价格/(元/吨)	开仓手数/手	占用保证金/万元	结算准备金/万元	平仓价格/(元/吨)	盈利/万元
12 月 12 日	6 700	820	412.050	500	8 500	738
12 月 16 日	7 250	3 980	2 164.125	2 200	8 650	2 786
12 月 17 日	7 600	1 200	684.000	700	9 200	960
总　计	—	6 000	3 260.175	3 400		4 262

此后,LLDPE 价格开始上涨,且期货价格由最开始的贴水转变为升水。当期货价格升水达到 200 元/吨时,公司决定对冲平仓操作,即 1 月中旬到 2 月初,在现货市场分批购入现货的同时,在期货市场分批平仓。其间,期货交易 4 262 万元的盈利不仅弥补了现货价格上涨带来的采购成本的上升,还使企业出现盈余。此次建立虚拟库存、锁定采购成本的交易取得圆满成功。

本次交易之所以取得成功,主要原因在于企业认识到了经济危机导致期货价格出现了超跌的事实,并较好地把握住了入场的时机。由于期货合约价格曾一度低于现货市场价格达 1 300～1 500 元/吨,即便现货市场价格维持不变,期货合约价格随着时间的推移也会向现货价格靠拢,因此入市的风险也较小。

【例 4-20】　某年 11 月 1 日,某企业准备建立 10 万吨螺纹钢冬储库存。考虑到资金缺乏问题,企业在现货市场上拟采购 9 万吨螺纹钢,余下的 1 万吨打算通过买入期货合约来获得。当日螺纹钢现货价格 4 120 元/吨,上期所 RB1105 合约期货价格为 4 550 元/吨。银行 6 个月内贷款利率 5.1%,现货仓储费用按 20 元/吨·月计算,期货交易手续费为成交金额的万分之二(含风险准备金),保证金率为 12%。

现货库存费:4 120×5.1%÷6＋20＝55(元/吨·月)

期货持仓成本:4 550×0.000 2×2＋4 550×12%×5.1%÷6＝6.5(元/吨·月)

按 3 个月"冬储"周期计算,1 万吨钢材通过期货市场建立虚拟库存节省费用为:(55－6.5)×10 000×3＝145.5 万元。

【例 4-21】　某电器公司是一家民营中小企业,主要产品是高低压开关柜和变压器,属于铜产业链上的下游消费型企业。每年消费相关铜产品折合近 1 200 吨,流动资金非常紧张。

在运用期货市场以前,该公司每月生产大概保持 100 吨的铜材耗费水平,每月铜材的正常采购量为 80 吨左右,每月正常的铜材库存为 60 吨。正常采购加上库存仅能维持一个半月的生产。但在生产旺季、订单大增的月份里,最高需要耗费铜材约 200 吨,因此往往需要多采购 60 吨才能满足生产需求。按 6.5 万元/吨铜价计算,需要增加采购资金 390 万元,并且在仓储过程中,仓储费用、资金利息累计每年也需要近 20 万元。

在运用期货市场以后,实物库存仍然保持 60 吨/月不变,而在期货市场上每月买入 60 吨铜,建立虚拟库存,这样使总库存增加到了 120 吨/月,加上每月铜材的正常采购量 80 吨左右,基本能满足企业在生产销售旺季的铜需求量。而在期货市场增购 60 吨铜,按保证金率 10% 计算,仅需要资金 39 万元左右,节省流动资金约 351 万元。

此外,尽管期货价格与现货价格同向波动,但由于市场影响因素和流动性的差异,在某些时候期货价格与现货价格可能会出现短期波动幅度差异较大、基差偏离正常区间的情况。如果能灵活利用期货市场,将实物库存与虚拟库存进行有效调配,则可以适当降低库存成本,扩大企业利润。

【例 4-22】　金融危机爆发之际,市场对后期预期悲观,大宗商品价格大幅下滑。电解铜一度出现期货价格低于现货价格 3 000 元/吨的不正常现象。少数拥有电解铜常备库存的涉铜企业抓住机会,将实物库存在现货市场迅速销售,同时买入等量期货合约,将实物库存转为虚拟库存。由于期货价格远低于现货价格,企业在库存量不变的前提下(实际库存变成虚拟库存,通过实物交割,虚拟库存一段时间后可以变为实际库存),通过库存形式的短期变化,有效降低了库存成本。

在生产经营中,企业有时会面临产品价格持续上涨而企业却必须执行之前签订的销售合同的尴尬局面。尽管此时企业并不愿意销售,但却不得不向下游企业销售原材料产品。此时企业可以在现货市场销售库存或产品的同时,在期货市场上等量买入,以虚拟库存形式维持总量不变,从而获取更大收益。这种做法,称之为库存转移。

【例 4-23】　经过金融风暴时的大幅下跌后,铝价开始逐渐恢复性上涨,但上涨初期尚处于成本倒挂状态,且上涨趋势将持续较长一段时间。某铝贸易商此时却面临两难处境:延迟销售肯定有利于其获取更多销售利润,但作为一家大型铝锭贸易企业,该企业与其下游买家存在长期合作关系,很难单方面惜售压货。怎么办?于是企业把目光瞄向期货市场。在卖出现货电解铝的同时,在期货市场建立同等数量的多头头寸,将实物库存通过期货市场转化为虚拟库存。这样既为下游企业提供了源源不断的电解铝原材料,又获得了后期铝价上涨为企业带来的额外利润。可谓一举两得。

(二) 企业库存业务中运用期权案例

期权买方只要支付较少的权利金,就可以锁住库存下跌的风险,协助企业以更低的资金成本来规避风险;期权卖方的优势在于通过收取权利金,提高库存销售利润。

策略一:买入看跌期权。

使用时机:预期市场价格大跌。

说明：可以直接锁住下跌的风险，即使价格大涨，期权到期时没有价值无法行权，库存仍可以较高的市价出售。

【例 4-24】 某年 2 月份，某饲料企业有 5 万吨的豆粕，预期未来 2 个月豆粕价格会有较大幅度的下跌，担心库存贬值。为对冲价格大幅下跌带来的损失，并保留价格上涨的盈利机会，该企业应该如何利用期权进行套期保值？（豆粕现货价格位 3 200 元/吨，豆粕期货合约价格 3 100 元/吨，假定基差不变。）

具体策略：企业可以采取买入看跌期权的保护性套期保值策略，买入豆粕看跌期权 M07-P-3000，行权价格为 3 000 元/吨，支付权利金 50 元/吨。损益情况见表 4-20、图 4-10。

表 4-20 损益情况 元/吨

现货价格	现货损益	期货价格	期权损益	套保综合损益
2 900	−300	2 800	150	−150
2 950	−250	2 850	100	−150
3 000	−200	2 900	50	−150
3 050	−150	2 950	0	−150
3 100	−100	3 000	−50	−150
3 150	−50	3 050	−50	−100
3 200	0	3 100	−50	−50
3 250	50	3 150	−50	0
3 300	100	3 200	−50	50
3 350	150	3 250	−50	100
3 400	200	3 300	−50	150
3 450	250	3 350	−50	200
3 500	300	3 400	−50	250

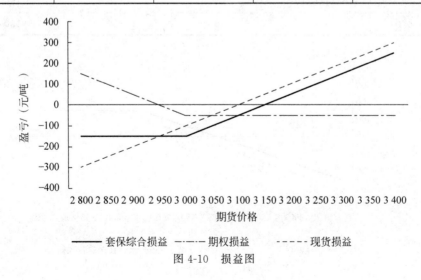

图 4-10 损益图

策略二：卖出看涨期权。

使用时机：预期市场价格不会大涨。

说明：通过期权权利金的收入，降低库存固定成本支出，转化库存成为正向现金流的资产。

【例 4-25】 某年 6 月份，某贸易企业有 2 万吨的豆粕库存，且根据当时的市场背景预计未来 2 个月豆粕价格上下波动幅度不会超过 150 元/吨。当时的豆粕现货价格为 3 600 元/吨，M09 期货合约价格为 3 650 元/吨，为减少豆粕价格下跌的损失，该企业应如何利用期权进行套期保值？（本例中假定豆粕基差不变。）

具体策略：企业可以采用卖出看涨期权的抵补性套期保值策略，卖出看涨期权 M09-C-3750，行权价格为 3 750 元/吨，收取 50 元/吨的权利金。损益情况见表 4-21、图 4-11。

表 4-21　损益情况　　　　　　　　　　　　　　　　元/吨

现货价格	现货损益	期货价格	期权损益	套保综合损益
3 300	−300	3 350	50	−250
3 350	−250	3 400	50	−200
3 400	−200	3 450	50	−150
3 450	−150	3 500	50	−100
3 500	−100	3 550	50	−50
3 550	−50	3 600	50	0
3 600	0	3 650	50	50
3 650	50	3 700	50	100
3 700	100	3 750	50	150
3 750	150	3 800	0	150
3 800	200	3 850	−50	150
3 850	250	3 900	−100	150
3 900	300	3 950	−150	150

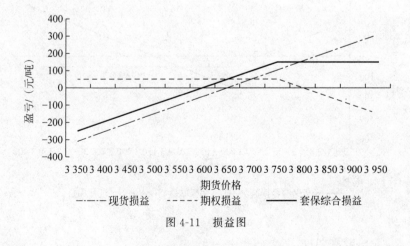

图 4-11　损益图

场内衍生品市场与场外衍生品市场都是多层次风险管理市场中的一环,各自扮演不同的角色,场内衍生品供给基础的风险管理工具,场外衍生品则提供给公司更个性化、更满足公司需求的风险管理工具,当前虽然场内并无对应的期权产品协助公司管理库存商品,但部分风险管理公司已供给类似的场外期权产品,可供公司用来管理库存商品风险。借由期权转移市场风险的功能,公司可以规避市场价格变动的风险。此外,还可通过收取期权权利金的收入,进一步协助公司降低库存商品的成本。尤其是当前我国经济进入新常态下,公司运用场内与场外金融衍生品工具,能够更有效地管理公司所遭遇的风险。

第四节　在企业经营中建立虚拟工厂

虚拟工厂是指生产活动不全在一个工厂内进行,而是使一部分生产活动由作为战略联盟的供应商或伙伴企业完成的一种生产方式。这里的虚拟工厂是正确使用生产功能以外的资源,把原材料和零部件转化成客户所需要的价值,将供应商、营销与销售、工程师甚至是客户的各种资源动员起来,加以提升、利用,从而实现生产任务。通过虚拟工厂模式,不仅能节约大量的生产基建投资、设备购置费用以及人工费用,而且能充分发挥其他厂家更强的生产能力。

耐克公司是全球虚拟工厂模式的先驱。耐克公司将产品的生产加工任务外包给东南亚等地的许多发展中国家,这些地方的劳动力成本极其低廉,从而使耐克公司获得了较大的竞争优势。虚拟工厂模式一般可以分为三种类型:第一种是工序外包制造;第二种是定牌制造,又称 OEM 制造;第三种是定牌设计制造,又称 ODM 制造。

下面分别讲述了钢厂和大豆压榨企业如何运用期货和期权建立虚拟工厂。

一、虚拟钢厂

“虚拟钢厂”的构建正是利用螺纹钢(RB)和其主要原材料——铁矿石(I)和焦炭(J),三种上下游品种之间的价格的不平衡变化而产生的价差收益。

(一)理论基础

(1)螺纹钢和铁矿石、焦炭在钢铁生产中是上下游关系,目前钢铁行业中平均生产 1 吨炼钢生铁需要 1.6 吨铁矿石和 0.5 吨焦炭,铁矿石约占钢材生产成本的 60%,焦炭约占钢材成本的 20%;另外,全世界 98% 的铁矿石和 90% 的焦炭用于炼铁,可以说钢铁行业是铁矿石和焦炭的唯一下游行业,那么铁矿石和焦炭的需求情况几乎完全取决于钢铁行业的状况。可以看出,铁矿石、焦炭与螺纹钢存在密切的上下游产业链关系,三者的价格趋势应保持一致。这从历史价格走势也可以得到印证。选取 2016 年 3 月以来的螺纹钢、铁矿石、焦炭期货的活跃合约的日收盘价做对比,如图 4-12 所示。可以看出,螺纹钢、铁矿以及焦炭期货价格走势具有很强的趋同性。通过数理统计分析,三者之间的相关系数均为高度正相关,螺纹和铁矿的相关系数为 0.97,螺纹和焦炭的相关系数为 0.885,铁矿和焦炭的相关系数为 0.894。这就为虚拟工厂的构建奠定了理论基础。

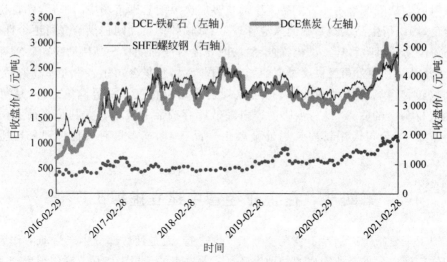

图 4-12　焦炭、铁矿石、螺纹钢期货历史价格走势

（2）期货市场上的黑色金属产业链的品种已经相对比较健全，原材料有大商所的焦煤（JM）、焦炭、铁矿石，产成品有上期所的螺纹钢、热轧卷板（HC）、线材（WR），而且螺纹钢、铁矿石、焦炭期货已经比较成熟，日均成交量较大，这样就形成了盘面上构建虚拟钢厂的实操基础。

（二）具体操作

1. 模型构建

构建模型之前需要分析钢厂的成本，计算螺纹钢成本公式如下：

$$生铁生产成本＝（1.6×铁矿石＋0.5×焦炭）÷0.9$$

$$粗钢生产成本＝（0.96×生铁＋0.15×废钢）÷0.82$$

$$螺纹钢生产成本＝粗钢生产成本＋250$$

$$利润＝螺纹钢期货价格－螺纹钢生产成本$$

虚拟钢厂利用成本公式将螺纹钢和铁矿石、焦炭的价格关系联系在一起，首先根据公式，利用原材料期货价格计算出螺纹钢期货盘面的理论成本值；其次，将之与螺纹钢期货价格相比较，计算出期货盘面上的利润；最后，与历史进行对比，即可考察目前的虚拟钢厂利润是否合理，从而在利润高估时采用"买铁矿、焦炭，卖螺纹"的正向生产过程，而在利润被低估时采用"卖铁矿、焦炭，买螺纹"的反向生产过程，待市场价格恢复正常后，即可获得预期的利润。由于期货市场的保证金机制，此盈利能力会被显著放大，从而使虚拟钢厂获得的利润明显高于实际钢铁企业。

从虚拟钢厂理论利润走势图（图 4-13）来看，钢厂利润整体维持区间内波动，不会持续处于高位或低位。这是因为，当利润达到极高值时，一方面钢厂会加速生产，产量增加施压价格；另一方面原材料价格会上涨，从而压缩利润空间。当利润达到极低值时，一方面钢厂会因持续亏损而减产，产量减少将支撑价格；另一方面上游企业议价能力更弱，原材料价格承压走低，从而使利润逐渐回升。

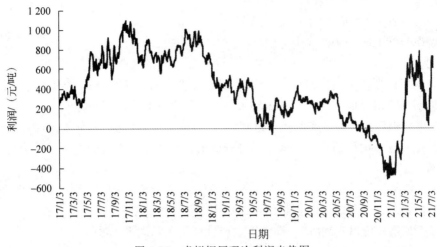

图 4-13 虚拟钢厂理论利润走势图

2. 套利比例

套利比例是指期货交易者在套利时对套利交易中所涉及的期货品种建立不同数量头寸的套利策略。套利比例的确定一般会考虑几方面因素,首先,从产业结构计算产出比,比如螺纹:铁矿:焦炭＝1吨:1.6吨:0.5吨;其次,按照合约规定的实际数量的1:1来确定,比如螺纹:铁矿:焦炭＝1:10:10(螺纹期货合约为10吨/手,铁矿和焦炭期货合约均为100吨/手)。最后,确定套利比例也需要考虑各品种的波动率的不同。综合上述因素,可以确定螺纹、铁矿、焦炭三者的手数配比为20:3:1。

3. 实际应用

某年5月螺纹钢价格飞涨,钢厂利润快速上升,平均在700～800元/吨高位,甚至有的钢厂利润突破每吨1000元,对于钢厂而言,为了防止高利润快速回吐,锁定高利润是必然选择。

套利方向:空螺纹,多铁矿,多焦炭

手数配比:螺纹:铁矿:焦炭＝20:3:1

所需资金:40万元左右(50％仓位,以最小配比焦炭1手作为举例参考)

合约选取:主力合约(RB2110,I2109,J2109)

实际操作过程如表4-22所示。

表 4-22 实际操作过程   元/吨

日　　期	具体操作	盘面利润
5月12日	空20手螺纹钢,建仓价6 200;多3手铁矿,建仓价1 330;多1手焦炭,建仓价2 840	693
6月23日	平仓:螺纹钢平仓价4 930、铁矿石平仓价1 170、焦炭平仓价2 780	−156

保证金＝6 200×20×10×10％＋1 330×3×100×10％＋2 840×1×100×10％

      ＝192 300 元

平仓盈利＝(6 200−4 930)×20×10＋(1 170−1 330)×3×100＋(2 780−2 840)×

      1×100

$$＝200\ 000\ 元$$

收益率＝200 000÷192 300＝104％

4. 小结

虚拟钢厂模型特别适合钢铁企业应用,其直接揭示市场价格下的利润空间大小,借此模型可以明确给出目前钢铁行业的盈利水平。虚拟钢厂具有以下特点。

(1)虚拟钢厂并不涉及实际生产过程,无法获取劳动力价值,不可能像现实钢厂的盈利模式一样。虚拟钢厂的盈利方式主要是赚取由于利润波动引起的相关品种价格不平衡变化差额。

(2)虚拟钢厂的一个重要优势在于双向操作。不仅可以做"买原料、卖钢材"的正向生产,同样可以做"卖原料、买钢材"的反向操作。

(3)虚拟钢厂可以实现"即产即销",生产过程无实际成本。

(4)虚拟钢厂可以随时启动,也可随时停工,能够灵活把握市场机遇。

二、大豆压榨企业构建虚拟工厂

(一)构建虚拟工厂的目的与意义

大豆压榨企业既需要担心原料价格上涨的风险,又要考虑大量买入原料之后下游产品价格下跌的风险。由于大豆加工环节技术含量相对有限,上下游产品定价能力的缺乏使得压榨企业面临无保护的敞口风险。由于我国大豆的进口贸易没有壁垒,国际大豆贸易体系和基于 CBOT 的定价机制比较完善,CBOT 市场和国际市场的套利流动性非常充分。进口大豆压榨产品豆油和豆粕符合我国大连期货市场豆油和豆粕的交割质量表标准。我们可以通过构建虚拟工厂,把现货交易的整个产业链转移到期货市场上,构建一个虚拟的库存、虚拟的生产过程、虚拟的销售。最终在期货盘面上获得利润。这样不但可以规避原材料和产成品的价格风险,同时还可以锁定压榨利润。

(二)理论基础

理论上,只要利润空间为正值,企业就可以进行大豆的进口压榨套利,但是考虑到资金利用率、仓储成本、对冲资金成本等多项因素,企业应根据实际情况来设定一定的利润阈值,当理论压榨利润在阈值之上时,就可以进行进口压榨套利。大豆、豆油、豆粕三者处于同一产业链中,大豆作为豆油、豆粕的原材料,其产量将较大程度上限制豆粕和豆油的产量与供给量。同时,豆粕及豆油需求及价格波动也影响到压榨油厂的利润,进而影响大豆的需求量及价格。

一般情况下,进口大豆出油率为 19％～22％,出粕率为 78％～79％;国产大豆出油率为 16％～17％,出粕率为 79％～80％,大豆压榨的加工成本一般为每吨 100～150 元。实际中,我国国内大豆主要是用来食用的,大部分油厂是采用进口大豆压榨,进口价格的确定一般来自 CBOT 大豆市场的点价。这样,大豆压榨厂可以利用 CBOT 大豆价格与大连豆粕、豆油价格进行内外盘间的压榨套利。

（三）构建模型

扩展阅读 4.2　进口大豆历史演变

进口巴西大豆盘面理论压榨利润从历史走势来看,其多数时间在 $-200\sim400$ 元/吨的范围内波动,均值回归的特征较为明显(图 4-14)。压榨利润大于 400 元/吨时,可以做多美豆(美国 CBOT 大豆期货),做空大商所豆油和豆粕;压榨利润小于 -200 元/吨时,可以做空美豆,做多豆油和豆粕。当压榨利润处于高位时,一方面油厂会加大压榨,豆油和豆粕供给的增加将压制价格;另一方面大豆的价格也会上涨,从而压缩利润空间,即可以考虑"买大豆,卖豆油,卖豆粕"的正向生产过程。而当压榨利润处于低位时,一方面油厂会减少压榨,豆油和豆粕供给减少将支撑价格;另一方面大豆价格也会降低,从而使利润逐渐回升,即可以考虑"卖大豆,买豆粕,买豆油"的反向生产过程,待市场价格恢复正常后,即可获得预期的利润。由于期货市场的保证金机制,此盈利能力会被显著放大,从而使虚拟压榨厂获得明显的高于实际压榨企业的利润。

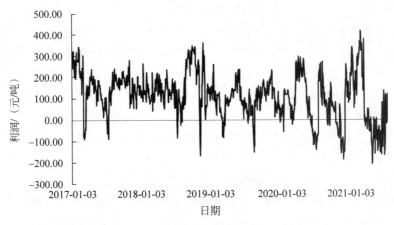

图 4-14　进口巴西豆盘面理论压榨利润

（四）套利比例

套利比例是指期货交易者在套利时对套利交易中所涉及的期货品种建立不同数量头寸的套利策略。套利比例的确定一般会考虑几方面的因素,首先,从产业结构计算产出比,比如:美豆:豆油:豆粕=1:0.19:0.78;其次,按照合约规定的实际数量的1:1来确定,比如:美豆:豆油:豆粕=136:10:10(美豆期货合约为 136 吨/手,豆油和豆粕期货合约均为 10 吨/手)。最后,确定套利比例也需要考虑各品种的波动率的不同。综合上述因素,可以确定美豆、豆油、豆粕三者的手数配比为1:2.6:10.6,取整数即1:3:11。

（五）具体操作

某年 4 月美豆价格的疯涨至近两年以来的一个高位,压榨厂利润快速下降,4 月下旬时我国压榨厂利润普遍达到 -400 元/吨的历史低位,对于压榨厂而言,利润持续低位不可长期维持,低利润回归至正常水平是必然选择。大豆进口成本测算和压榨利润测算方法见表 4-23。

表 4-23　实际操作过程

日　　期	具　体　操　作		
4 月 28 日	卖出开仓美豆 07 合约 1 手,折算进口大豆成本为 4 900 元/吨	买入开仓豆油 09 合约 3 手,价格为 8 900 元/吨 买入开仓豆粕 09 合约 11 手,价格为 3 450 元/吨	盘面压榨利润−426 元
6 月 10 日	买入平仓美豆 07 合约 1 手,折算进口大豆成本为 4 650 元/吨	卖出平仓豆油 09 合约 3 手,价格为 9 430 元/吨 卖出平仓豆粕 09 合约 11 手,价格为 3 520 元/吨	盘面压榨利润−21 元
总盈亏计算	盈利 34 008 元	盈利 23 600 元	实现盈利 57 608 元

进口大豆压榨利润＝豆粕价格×出粕率＋豆油价格×出油率−
大豆进口成本−150 元加工费

大豆进口成本＝[（CBOT 大豆期价＋海湾基差）×单位转换＋海运费用]×
（1＋增值税）×（1＋关税）×汇率＋港杂费

加工成本：加工费在 150 元左右。

相应配比：1 吨进口大豆可生产出 0.19 吨豆油、0.78 吨豆粕,即期大豆/豆油/豆粕＝1/0.19/0.78。

选择合约：卖出美豆 07 合约；同时买入 09 豆油、买入 09 豆粕。（按照三个品种收盘价格计算,美湾大豆运到国内港口船期大概 50 天。）

持仓比例：1：2.6：10.6,取整数即 1：3：11。

套利规模：卖出美豆 07 合约 1 手,同时买入 09 豆油 3 手、买入 09 豆粕 11 手(以最小配比 1 手美豆作为举例参考)。

预计周期：4 月 28 日至 6 月 10 日。

通过虚拟压榨厂模型的建立,最终实现盈利 57 608 元。可以看出虚拟压榨厂模型特别适合压榨企业应用,其直接揭示市场价格下的利润空间大小,借此模型可以明确给出目前压榨行业的盈利水平。

（六）小结

虚拟压榨厂具有以下特点。

（1）虚拟压榨厂并不涉及实际生产过程,无法获取劳动力价值,不可能像现实压榨厂的盈利模式一样。虚拟压榨厂的盈利方式主要是赚取由于利润波动引起的相关品种价格不平衡变化差额。

（2）虚拟压榨厂的一个重要优势在于双向操作。不仅可以做"买原料、卖油粕"的正向生产,同样可以做"卖原料、买油粕"的反向操作。

本章小结

（1）商品期货与期权等金融衍生品工具在现代企业经营中的应用越来越广泛。

（2）企业在原材料采购、产品销售和库存管理等环节运用商品期货与期权工具可以降低经营风险，从而提高企业的效益。

（3）企业采购风险是企业所在供应链最主要的风险。作为传统采购模式的递补和续延，期货市场发挥着有效防范和控制采购风险的作用。运用期货市场进行采购管理时，一是可以将期货价格作为现货采购的定价基准，帮助企业进行大宗商品定价管理；二是把期货市场当作一个大的原料供应商，扩大企业采购选择范围；三是利用期货市场锁定原料成本，确保企业加工利润的实现。

（4）在经济全球化的背景下，期货市场联结全球的货币体系、贸易体系、商品生产和流动体系，形成了核心的定价机制，节省了各个环节讨价还价的成本，提高了商品流通的效率。

（5）企业在开展各项业务的过程中存在很多风险，如果各种销售环节存在很多问题，将导致企业的资金链断开，无法偿还到期的债务，最终导致破产。企业应借助期货及期权工具及时掌握并采取相应的解决对策，保障企业销售业务的顺利开展。

（6）库存是企业经营不可缺少的环节，同时也是企业最容易忽略的一个成本来源。原材料库存中的风险实质上是由原材料价格波动的不确定性造成的。而利用期货市场，企业可规避实物库存中因高库存而在价格下跌时可能导致的原材料贬值风险；或因低库存而在价格上涨时可能导致的原材料采购成本大幅上涨的风险；以及通过在期货市场上建立虚拟库存，减少资金占用成本；甚至还可以利用期货市场的仓单质押业务盘活库存。

（7）虚拟库存是虚拟经济的一种形式。通过某种方式获得所需要的原材料，而不一定存放在实物仓库中保有。虚拟库存的好处包括缺货违约风险极低、节省企业仓容、减少资金占用、库存调节灵活等。

（8）虚拟工厂是在虚拟空间使工厂建模，考虑现实工厂的状况使虚拟工厂运行。通过虚拟工厂模式，不仅能节约大量的生产基建投资、设备购置费用以及人工费用，而且拥有节省空间、扩大生产面积、缩短生产时间、减少库存等优点。

关键术语

商品期货　期货与期权策略　期权套保　采购业务　销售业务　库存业务　虚拟库存　虚拟工厂　虚拟钢厂

复习思考题

1. 商品期货与期权可以在企业经营哪些环节进行应用？
2. 企业在采购业务中存在的主要风险有哪些？
3. 期货市场在企业原材料采购管理中可以发挥哪些作用？
4. 企业销售业务中场面临的风险有哪几类？
5. 在产品销售中运用期货工具有哪些好处？

6. 期权套期保值的原理是什么？

7. 企业库存产生的固定成本包含哪些？

8. 什么是虚拟库存？虚拟库存有哪些优点？

9. 什么是虚拟工厂？建立虚拟工厂的优势是什么？

即测即练

第五章

商品期货与期权在企业进出口业务中的应用

本章导读

国际贸易的特点和复杂性决定了进出口业务的风险要素比较多,既有资信类的风险,也有市场价格风险、汇率结算风险等。本章主要分析和介绍市场价格波动、定价方式等给进出口业务带来的风险,以及运用期货和期权工具进行应对防范的策略。进一步介绍了有利于进出口业务的保税交割制度的业务及应用。通过找出导致风险敞口的风险点,针对风险点选择相应的保值策略。通过期现市场对冲,直接规避现货单边的价格敞口风险;通过期货市场特有的调节作用,又可以将定价方式差异、定价时间差异、点价市场差异以及运输周期等因素形成的双边风险点加以规避。

引导案例

在纽约棉花期货交易所推出棉花期货以前,国际现货市场棉花价格波动很大,供求关系的突然失衡会造成价格的剧烈波动,并严重冲击棉花的生产和贸易。为了克服现货市场固有的风险,1870年纽约棉花交易所应运而生,并于当年推出棉花期货交易。

随着棉花期货市场的不断发展,尤其是20世纪70年代以后,棉花期货价格越来越受到重视,其规避风险和发现价格的功能充分发挥出来。现在纽约棉花期货价格已成为美国政府制定有关棉花政策的主要参考依据。美国棉花价格波动非常剧烈,没有任何一家涉棉企业不参与棉花期货交易,如果不利用期货和期权市场,企业就不能生存到今天。目前,纽约期货交易所的450家棉花会员分别来自五种公司:自营商、经纪商、棉商、棉纺厂和棉花合作社。参与棉花期货交易的涉棉企业很多,套期保值的比例较高,一般在35%～40%。从长期来看,很难有任何一个或几个交易者能够操纵市场。

美国某棉商于2000年5月与意大利某纺织企业签订了500万磅的棉花出口合同,价格为60美分/磅,当年12月交货。为了回避价格风险,该棉商决定通过期货交易来进行套期保值,当时纽约棉花期货交易所(NYCE)棉花12月合约期货价在50美分/磅,该棉商在期货市场上以50美分/磅的价格在12月合约上买进500万磅的期货合约。进入12月份,棉花现货价格涨至65美分/磅,该棉商在交货时棉花每磅亏损65-60=5美分,500万磅总共亏损:5 000 000×5/100=25万美元。同时,因期货价与现货价具有同方向波动的特点,期货价也涨至65美分/磅,棉商通过卖出12月期货合约每磅获利65-50=15美分,500万磅总共获利:5 000 000×15/100=75万美元,期货现货盈亏相抵后,该棉商不仅没有因为现货价大涨受损失,反而盈利:75-25=50万美元,从而成功地回避了因现货价格波动所带来的市场风险,锁定了自己的销售利润。

知识结构图

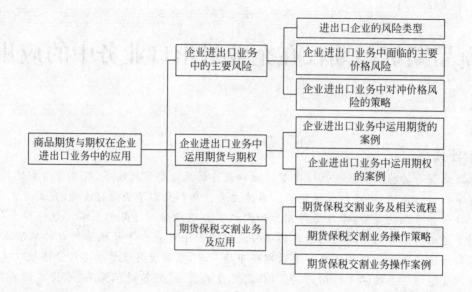

第一节　企业进出口业务中的主要风险

对于国际贸易,有人会担心出口货物发货后收不到货款,也有人担心进口业务中付汇后收不到货,或者所收到的货物质量与合同不符等状况。

一、进出口企业的风险类型

进出口业务的特点和复杂性决定了此项业务的风险要素也较多,主要表现在信用风险、商业风险、汇总风险、运输风险以及政治风险等方面。

(一)信用风险

在国际贸易中,买卖双方分处不同国家,不太容易了解对方的经营和资信状况。另外,整个签约履约周期比国内贸易时间长,在此期间,买卖双方的财务经营可能发生变化,因此双方都存在信用风险。

(二)商业风险

在国际贸易中,因货样不符、交货期晚、单证不符等,进口商往往拒收货物,从而给出口商造成了商业风险。另外,国际市场的价格波动,也会造成其中一方的商业损失。

(三)汇兑风险

在国际贸易中,交易双方至少有一方要以外币计价。从签约到结算时间较长,其间如果外汇汇率出现较大的变化,就会出现汇兑风险。

（四）运输风险

国际贸易货物运输里程一般超过国内贸易,有时需要采用两种以上的运输方式,货物在运输过程中遭受损失的可能性比较大。虽然可以通过保险来规避损失,但根据保险的惯例,很多情况下,货物受损后,货主不能得到全部补偿。

（五）政治风险

一些国家因政治变动,贸易政策法令不断修改,常常使从事贸易的厂商承担很多由政治变动带来的风险。

应该说,目前国内期货市场上市交易的期货商品,其进口流程较其他商品的国际贸易要便捷许多。经过多年来的进出口贸易实践,不同大宗期货商品领域都已经形成一批专业的供应商,其中有全球大宗商品交易巨头,也有国内领先的商品生产商和经营商,形成了"均价模式""期货基准价＋运保费"或"期货基准价＋基差"等进口定价模式。在国内期货商品的进出口业务当中,进口占据了相当大的比重,其中不少商品甚至只存在单边进口。比方说大豆,中国对国际市场的依存度达到了 80％,即 80％ 的需求量需要通过国际市场补充。对铜品种而言,我国铜资源并不充裕,自有资源仅能满足电解铜年需求量的 1/3,需要大量进口铜精矿、电解铜及废铜作为补充。近年来随着人民币汇率波动区间的扩大,我国企业在结汇时的汇率风险不断加大,汇率风险已渐渐成为进出口业务风险的一个焦点。应对汇率风险的措施很多,从企业微观的层面来讲需要企业增强企业汇率风险管理技能,选择合理的避险工具和产品,但企业更应建立中长期汇率风险防御措施。

二、企业进出口业务中面临的主要价格风险

从影响加工费和贸易利润的因素来看,造成价差并影响利润的风险点主要有以下三种。

（一）定价方式的差异

如某贸易商与海外供应商签订的订货合同,采取了长约模式下的点价定价模式,而该贸易商的国内主要客户,有部分习惯均价定价模式,也有采取点价定价模式的。这样上下游不同定价模式,容易给企业带来风险。

对于这样的情况,贸易商可以对定价模式加以区分,对于相同的定价模式部分,贸易商相当于做背对背贸易。接到下游客户点价的同时向上游供应商点价订货,理论上排除了时间差的风险,定价方式相同,从而不需要额外的保值操作。

但对于定价模式不同的部分,可以根据现货定价方式(或一次点价或均价),在期货市场上进行等量反向的对冲操作,在期货合约上同样一次成交,或均价分布的建仓模式建立对冲头寸。然后在未来某个时点处理现货头寸的同时,将相对应的期货头寸做平仓了结。

通过期货市场将不同定价模式调整到一致的对冲操作,需要遵守品种相同、数量相等、方向相反以及时间相同的原则。但在实际操作当中,上述四项原则经常可以适当放宽,以增加操作的灵活性。

（二）定价时间的差异

例如某铝型材生产企业,其与上游供应商达成协议,每周稳定送货,按每月期货市场当月合约的加权平均价来定价结算,而其产成品加工到销售一般需要两个月的时间,所以销售通常稍晚于原材料采购,而其下游海外客户与其达成了当月期货每日结算价的平均值加上商议的加工费来结算的定价模式。这样除了定价模式的不同,该企业还存在定价时间上的差异,加工周期内市场价格的波动可能给企业带来损失。

如图 5-1 所示,针对定价时间差异的期货对冲策略,同样依照上述期货对冲的原则,即"种类相同、方向相反、时间相同"继续操作,通过在原材料采购的同时在期货市场抛出,在产品定价的同时在期货市场买入的方法,进行保值,以实现进项时间与销项时间一致的调频效应。

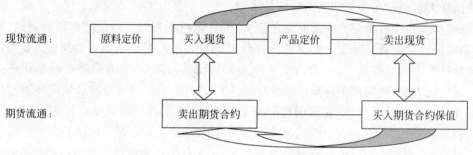

图 5-1　现货流通与期货流通的流程

（三）定价市场的差异

进口企业经常会遇到内外市场不同定价市场的问题。如上期所和伦敦金属交易所都进行基础金属的期货交易,同样的电解铜,不仅在铜价的计价模式上有所差异,现货升贴水形成也有所不同,以两个不同的定价市场分别作为进项和销项的基准,显然容易给进出口企业带来一定的风险。又如对于大豆进口商而言,进口美国大豆时定价以 CBOT 大豆期货价格为基准,而到岸销售需要以国内现货市场和大商所大豆期货的行情作为定价依据。对于油脂加工企业而言,其进口美国大豆作为原材料可能参照了 CBOT 大豆的期货价格进口,但其产成品豆油和豆粕则在中国市场销售,需要参照大商所豆油和豆粕期货价格来定价。显然,不同定价市场的价差,或者不同合约的强弱关系和价差都有可能影响进出口或贸易的利润。

因此保值本身就是对这两个不同市场或者两个不同合约的价差进行锁定,其基本思路为:提前在对应的市场进行价差锁定,也就是说,买入进项对应市场的合约,卖出销项对应市场的合约;在进项现货定价的同时,按照同样的方式在对应的市场卖出平仓,在销项现货定价的同时,按照同样的方式在对应的市场买入平仓。

如图 5-2 所示,在确定买入现货价格之前,担心现货价格上涨,为此需要在期货盘面上买入套保操作。在确定现货买入价格之后,将买入套保的多单平仓。在持有现货并且未销售产品之前,担心价格下跌,为此需要在盘面卖出套保操作,待产品销售出去以后,卖出套保的空单平仓。

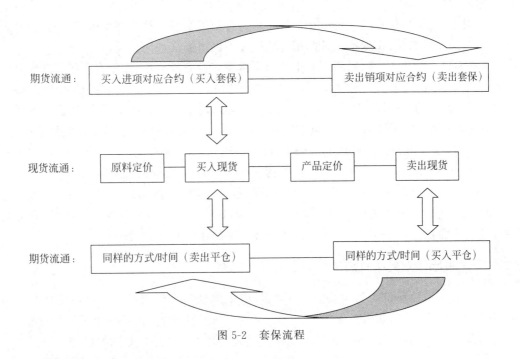

图 5-2　套保流程

三、企业进出口业务中对冲价格风险的策略

（一）针对进口在途货物的避险操作

针对进口在途货物的期货对冲避险操作，在多数从事进出口业务的专业人士看来，这是最传统也是最基础的做法。

无论是贸易商还是下游加工企业，当完成进口点价，货物装运进入运输周期，在到岸入关之前，贸易商拿不到可以直接销售的货物，加工商更无法开展加工。但在这个运输周期当中，市场价格仍是时时波动的，既可能产生有利波动，也可能产生不利波动。我们不能指望，7 000 美元/吨点价进口的铜，一个月后到货时市场价已经上涨到 8 000 美元/吨。一旦市场价格出现不利波动，那么所出现的亏损可能是一年甚至几年的贸易利润都无法弥补的。所以，当完成进口点价，就可以将已经确定的进口货物视同下游单边风险敞口，因为它的销售价格尚未确定，可能随市场价格波动。

单边风险敞口的期货避险策略，是在完成进口点价操作的同时，在国内期货市场选择适当的合约做抛出保值动作，基本的保值思路是遵循期货套期保值的原则——品种相同、数量相等、方向相反、时间相同。待货物到岸销售时平仓了结相应的期货部位，以保护贸易利润或原材料成本。

（二）针对外销产品或库存的保值策略

对于上游生产企业而言，其尚未销售正等待外销的产品或库存，由于不知道下游买家何时点价，甚至定价的模式也不确定，显然这些等待销售的产品可以视为下游单边风险敞口。

扩展阅读 5.1　墨西哥利用衍生品管理油价波动风险：国家经典之作

针对单边敞口风险,企业可以在期货市场进行虚拟销售。待货物实际销售时,再平仓了结相应的期货部位,以保护正常的销售和贸易不因市场波动而受损。

【例 5-1】 某年 12 月,郑州铜管生产企业接到一批海外订单,需要在次年 3 月为某个压缩机生产企业加工一批铜管,并敲定了销售价格。当时现货市场铜价大约为每吨 53 000 元,铜管的生产周期不长,到 2 月底 3 月初采购现货也来得及。但由于企业担心 3 个月之后现货市场铜价上涨,影响加工利润,决定在期货市场进行买入套期保值操作。3 个月之后,现货市场铜价每吨上涨约 6 000 元,达到了 59 000 元/吨。企业在正式采购现货的同时,在期货市场平仓对冲之前的保值头寸。这样期货保值头寸的每吨 6 000 元收益正好可以补偿现货采购价格上涨给企业收益带来的不利影响。试想一下,如果该企业当时没有进行套期保值的操作,那么可想而知,每吨 6 000 元的现货价差,已经远远超越了企业正常的生产加工利润,并将造成企业巨大的经营亏损。

(三)进出口业务中双边风险敞口的应对策略

对于双边风险敞口的下游加工企业而言,由于原材料与产成品均随市场变化而时刻波动,其最为关注的是如何确保加工利润。而对于贸易商而言,需要在上下游的变量中,确保合理的贸易利润。这也是进出口企业需要通过期货市场进行套期保值的目的。

【例 5-2】 某年年初,广州某大型铝加工企业与湖南某铝锭生产企业签订合约,合同约定全年采购 1.2 万吨铝锭(包括铝合金),月采购量基本上在 1 000 吨。其采购价格主要以上期所公布的上一月的当月合约的加权平均价为标准。

广州大型铝加工企业同时与广州汽车零部件制造商签订了销售合同,合同约定广州大型铝加工企业向广州汽车零部件制造商每月供应 800 吨铝成品,成品销售价格以加工费+铝锭价格定价,其中铝锭价格为上期所公布的交货前一个月(前月 16 日至上月 15 日)交易的当月合约的每日结算价的平均值。

该企业可以对整个月份的采购量在上月进行分批的卖出保值。比如说将在 6 月份采购 X 吨,则需在 5 月 16 日—6 月 15 日每天卖出保值 $X/23$ 吨(设每个月交易日平均为 23 天)。而在销售定价后,进行买入平仓操作。考虑到企业的销售定价模式,是加工费+铝锭价格,其中金属价格为上期所公布的交货前一个月(前月 16 日至上月 15 日)交易的当月合约的每日结算价的平均值。那么平仓操作,也可以对整个月份的采购量在上月进行分批的保值。比如,6 月份采购的,在 8 月份销售,则在 6 月 16 日—7 月 15 日每天保值 $(X-留存)/23$ 吨。在这里 $X=1 000$ 吨,留存$=200$ 吨。如表 5-1 所示。

表 5-1 分月分批采购量

日　　期	卖单平仓开仓	买入平仓
5 月 16 日—6 月 15 日	每日抛 $X_1/23$ 吨(1 000/23 吨)	
6 月 16 日—7 月 15 日	每日抛 $X_2/23$ 吨(1 000/23 吨)	每日买 $(X_1-留存)/23$ 吨[(1 000−200)/23]
7 月 16 日—8 月 15 日	每日抛 $X_3/23$ 吨(1 000/23 吨)	每日买 $(X_2-留存)/23$ 吨[(1 000−200)/23]
8 月 16 日—9 月 15 日	每日抛 $X_4/23$ 吨(1 000/23 吨)	每日买 $(X_3-留存)/23$ 吨[(1 000−200)/23]
……	……	……

当套保进行到 1 个月后,每日都有抛出开仓与买入平仓,因而这部分是可以对冲的,并且企业做的保值,也没有对库存进行 100% 保值,二者在数量上的不等,可以理解为保值份额的变化,企业每个月的生产状况较为稳定,这部分差异基本上可以忽略。因而广州大型铝加工企业在套期保值的实际操作中,只需要对铝的留存存货 200 吨进行保值。

(四) 进口长约条件下,把握时机锁定进口点位的灵活性策略

对于与供应商有进口长约的企业而言,需要有按年度或月度点价进口一定数量商品的合约约定义务。如国内某电线电缆生产企业,与外方供应商签订了在 2016 年度进口 24 000 吨电解铜的长约,合同约定了运保费和每月点价 2 000 吨的进口数量,由该企业适时以 LME 3 个月铜加现货升贴水作为定价。这样,企业每个月需要选择一个合适的价格进行点价操作。

由于企业在与外方签订进口长约的时候选择月均价等均价定价模式,所以选择点价定价模式的企业,通常更希望将灵活性掌握在自己手中,并希望能通过点价,将采购价格控制在月度均价以下,尽管通过点价让进口成本控制在均价以下存在相当大的难度。需要企业拥有从事市场研究分析的人才,要对市场价格运行趋势有准确的判断和把握能力。

在长约进口的条件下,企业时常会遇到这样的情况,就是企业对未来市场价格运行趋势有了基本的判断,对当前市场尤其是期货市场相关月份的价格比较认同。此时,企业为了避免错过较好的点价时机,可以选择将未来月份需要点价的铜提前锁定进口成本。

提前锁定进口成本的灵活性操作可以采取两种形式。

一是与上游供货方协商,提前敲定未来每个月的进口价格,即提前点价。通常上游供货方会接受提前点价,但需要进口企业提前支付定金(或信用证)作为履约的保证。以进口电解铜为例,提前点价需要支付的定金一般不会低于 8%,这也相当于上游供货方进行期货操作所需要的保证金数量。这样的做法是提前按当前企业满意的价格锁定了进口成本。

二是企业自行在期货市场上锁定进口成本,即在企业对当前期货市场相关月份合约的市场价格认同的情况下,可以将相应月度需要点价进口的数量,在相应期货合约上进行买入操作。这实际上相当于在期货市场进行虚拟采购。等进入相关月份之后,选择合适时机完成点价时,将之前的期货部位平仓了结。

【例 5-3】 在 7 月下旬,上期所的 10 月、11 月、12 月期货合约跌破了 54 000 元/吨,上面所述电线电缆生产企业根据对四季度市场形势的判断,认为为了刺激经济增长,四季度铜价有望回升,而低于每吨 54 000 元的铜价可能成为阶段性的低点,此时 LME 3 个月铜价为 7 400 美元/吨。

为此,企业决定先在期货市场锁定这个采购价格,在国内期货市场进行保值操作,分别买入 10 月、11 月、12 月上期所期货合约各 2 000 吨。相当于将长约中第四季度需要完成的每月 2 000 吨铜进口量在期货市场提前做了点价。到了 10 月,期货市场 10 月合约价格可能已经如同企业预期,上涨到了 55 000 元/吨,此时 LME 3 个月铜价也已经上涨到 7 500 多元/吨。企业向上游供应商点价的同时,将上期所的当月期货合约平仓了结。这样,点价时进口成本的提高,通过期货保值部位的盈利得到了弥补。

不受进口长约约束的企业,同样可以采取类似的灵活做法。企业根据对市场的判断,

适时建立期货多头部位进行虚拟采购。等确实需要进口现货的时候,也包括当运保费有利、现货升贴水有利的时候,进行点价进口,再将先前的期货保护部位平仓解除。

(五)运用期权防范进出口贸易中的风险

期权是持有人所拥有的一种权利。在缴纳一定的权利金后,期权持有人有权在将来某一时间以特定的价格购买或卖出一定数量的相关商品。期权期货有两种形式:看涨期权和看跌期权。交易方式有欧式期权、美式期权和百慕大期权三种。美式期权较灵活,因此期权交易中美式期权较多。利用商品期货期权交易可防止进出口贸易中的价格风险;外汇期货期权可避免进出口贸易中的汇率风险。

商品期货期权交易保值,即在出口商品时为防止价格下降,以一定的权利金购买该商品的看跌期权卖权;进口货物时为避免价格上涨损失而购买该商品看涨期权。

【例 5-4】 10 月 15 日,西安某出口公司与英国某进口商签订价值 100 万英镑的出口合同,约定 2 个月后收入货款,目前这家出口公司只储备美元,担心未来英镑兑美元贬值,遂购入英镑看跌期权保值,合约执行价格 GBP1＝1.59USD,权利金为 0.04 美元/英镑,期限为 2 个月。看涨期权合约购买后,西安某出口公司(期权买方)需要支付权利金 4 万美元(100 万×0.04)。2 个月后该公司收进货款时,可能出现以下情况。

第一,2 个月后的市场价格[ST(1)]为 1.5,低于执行价格 GBP1＝1.59USD,也低于盈亏平衡点 1.55(1.59－0.04),出口公司选择执行权利,用较高的执行价格 GBP1＝1.59USD 卖出英镑,收益(1.59－1.50－0.04)×100 万＝5 万美元。

第二,2 个月后的市场价格[ST(1)]为 1.57,低于执行价格 GBP1＝1.59USD,但高于盈亏平衡点 1.55(1.59－0.04),出口公司选择执行权利,用执行价格 GBP1＝1.59USD 卖出英镑,收益为(1.59－1.57－0.04)×100 万＝－2 万美元。

第三,2 个月后的市场价格[ST(1)]为 1.65,高于执行价格 GBP1＝1.59USD,出口公司选择放弃权利,用较高的市场价格 GBP1＝1.65USD 卖出英镑,损失为权利金 4 万美元(100 万×0.04)。

(六)进出口贸易中汇率风险的应对策略

自浮动汇率以来,国际金融市场上汇率千变万化,变化幅度也捉摸不定,因此进出口贸易中的汇率风险在所难免。为避免汇率的不利变化,可以选择多种保值方法,但是利用外汇期货来进行保值更为有效。就我国的进出口企业来说,由于人民币还不是自由兑换的货币,在国际贸易结算中有时要选择其他外币,这就牵涉到多种外汇的套价问题。从实际情况看,我们的外汇储备美元居多,进口货物时要将美元换算成其他外币进行结算,出口时收回的大多又是美元外汇,因此人民币对其他外币、人民币对美元以及美元对其他外币的任何一个汇率不利变化,都会影响进出口贸易的经济效益。选择外汇期货交易,即出口货物时避免汇率的下降而卖出外汇期货套期保值,进口货物时采用买入外汇期货套期保值,则可避免风险。

【例 5-5】 某进出口公司从德国进口一套先进的成套设备,该公司拥有一笔美元,合同商定该套设备货款为 200 万美元按当时汇率折换 240 万欧元。但 3 个月后美元贬值,汇率从 1 美元兑 1.2 欧元变为 1 美元兑 1.1 欧元。所以货到付款时该公司比签订合同时多付 18.18 万美元。该公司正确的做法是对汇率进行调查、分析和预测,在订购德国设备时,在期货市场上做空期货合约,交易过程如表 5-2 所示。

表 5-2　套期保值盈亏表

时　　间	现货市场	期货市场
1 月	1 美元=1.2 欧元 需付 240 万欧元 折合 200 万美元	1 美元=1.22 欧元 做空欧元合约 20 张 需付 196.7 万美元
4 月	1 美元=1.1 欧元 实付德方 218.18 万美元	1 美元=1.1 欧元 买进合约收 220 万美元
	亏损 18.18 万美元	盈利 23.3 万美元(未计交易成本)

结果是该公司利用外汇期货交易,不仅避免了汇率下降的损失,而且有 5.12 万美元的盈利,超出了其预期的经济效益。

第二节　企业进出口业务中运用期货与期权

一、企业进出口业务中运用期货的案例

(一)针对进出口企业上下游双边风险敞口的保值策略

某金属贸易公司与智利国营铜业公司签有长期进货合约,合约约定每月进口量为 20 000 吨,且以点价模式为进口货物的价格确定模式,全年进口 PREMIUM 为 70 美元/吨。这家贸易公司在国内有很多客户,不同的客户对价格的确定方式有所差异。

有一家下游企业河北某铜加工企业与这家贸易公司签订的合约也为长期进货合约,合约约定河北铜加工企业向这家金属贸易公司每月采购 500 吨,价格计算模式为美元结算,且 PREMIUM 为 100 美元/吨。针对这个下游客户的采购,由于价格确定模式已知,且从下游获得的 PREMIUM 高于进口所需要付出的 PREMIUM。在这一个模式中,贸易公司只需在下游河北铜加工企业向其点价的同时,向智利国营铜业公司点价即可完成这个贸易过程,对金属贸易公司而言没有贸易风险。

2013 年 7 月 15 日,河北铜材生产企业与金属贸易公司签订了采购合同,合同约定河北铜材生产企业向金属贸易公司采购 1 000 吨精炼铜,点价期为 2015.7.16—2015.8.15。2015 年 7 月 2 日,金属贸易公司向智利国营铜业公司以 7 632 美元/吨确定 7 月份进口铜的价格,随即金属贸易公司便在上期所沪铜 1211 合约以 55 260 元/吨的价格卖出 200 手合约(相当于 1 000 吨)。2015 年 7 月 23 日,河北铜材生产企业向金属贸易公司点价,随即金属贸易公司将期货合约平仓。通过这一过程,金属贸易公司合理地规避了价格下跌带来的风险。

(二)废铜企业内外点价销售策略

北京工贸公司(国内私营企业,简称北京公司)为一废金属贸易商,长期从事废金属进

出口贸易。通过北京公司注册在美国洛杉矶的公司(简称"美国公司")在美国收购废金属,根据北京公司在国内的现货销售情况,调整货运量海运到国内,主要通过北京口岸入关,由北京公司负责将废铜等废金属销售给国内相关企业。主要从事美国2号废铜的进出口贸易,直接供货给电解铜生产企业,少数1号铜进口贸易则供货给无氧铜杆生产企业。

国内废铜市场价格与现货铜价关联度极高,从美国公司在美国采购废铜现货,到北京公司完成现货销售,包括海运通常有一个多月的时间,而这段时间内市场价格波动的风险极大,必须自废铜采购开始就建立相应的期货避险措施。

2015年7月2日,北京公司在美国采购40吨2号废铜,对应的价格为3.30美元/磅,同时在COMEX期铜上以3.47美元/磅的价格卖出保值。通过期货市场规避了价格波动的风险。8月2日,该批废铜已运至国内,北京公司将COMEX空头头寸以3.29美元/磅平仓,在这个过程中,通过COMEX期货市场卖出合理地保护了这批废铜在海上运输期间的价值。8月2日,北京公司在对COMEX空头平仓的同时,在上期所沪铜1512合约上开立空仓,对应的期货价格为54 550元/吨。到了8月15日,北京公司将这批废铜卖给一家冶炼企业,当日,北京公司将期货1212合约平仓了结,平仓价格为54 490元/吨。通过期货市场的卖出保值合理地保护了这批废铜的价值。套期保值盈亏如表5-3所示。

表5-3　套期保值盈亏

日　　期	现货、期货市场的同步操作	不同市场变化(基差持平)	不同市场变化(基差扩大)	不同市场变化(基差缩小)
7月2日	买入废铜现货两个货柜(40吨)	一个月之后,期现市场价格变化不大,基本持平	市场价格上涨	市场价格下跌
8月2日	卖出期铜主力月份合约8手(合约每手5吨,合计40吨)	期货部位平仓	期货部位出现亏损	期货部位出现盈利
套保结果		持平(仅需要支付少量期货交易手续费)	现货盈利可以补偿期货保值部位的亏损	现货亏损可以通过期货保值部位的盈利补偿

值得注意的是,废铜进口企业在进口的过程中,面临着美国市场和中国市场两个市场的差异。在发往中国之前,这些废铜处于风险敞口,因此,在COMEX市场先卖出保值,当这些货物转移至国内时,相应的空头头寸转移至国内期货市场,待废铜销售过程完毕,将期货合约平仓了结。

(三)豆油进口过程中通过期货市场套期保值

某年4月中旬,国内豆油市场出现了持续的高位震荡行情,长期从事进口业务的上海贸易商对后期的价格走势充满了担忧。出于日常的贸易需要,上海贸易商在4月末签订了购买2月船期阿根廷毛豆油的合同,贴水确定为相对CBOT豆油7月合约－300个基点(即一3美分/磅),数量为1条船共计2万吨,最后点价日在6月28日。5月份该贸易商开始在CBOT点价,均价54.33美分/磅。经过核算这批毛豆油的到岸价格为8886元/吨,而当时大连豆油期货价格在9864元/吨,为回避货物到港时的价格波动风险,该贸易商决定在大商所卖出1409合约进行套期保值,共卖出2000手1409合约,成交均价为9864元/吨。该贸易商豆油到岸价格:

$$[(54.33-3)\times22.046\,50]\times6.34\times1.09\times1.13+50=8\,887 元/吨$$

5月开始,由于豆油供给压力很大,CBOT豆油期货价格逐渐走低,国内的1409期货合约豆油价格也同步下跌。6月初,在这批毛豆油到港时,国内1409豆油期货价格为8998元/吨,现货价格在8700元/吨。如果没有参与期货保值,到港毛豆油直接按照现货价格销售将出现(8700-8887)×2万吨=-374万元的亏损。但是经过套期保值,期货市场上出现了(9864-8998)×2万吨=1732万元的盈利。

(四) 针对红枣产品和库存的虚拟销售保值策略

枣树兼具经济价值和环保价值,新疆农牧产品成本收益资料汇编数据显示,2009—2011年红枣收购价格高达32~41元/千克,高额的种植收益和国家的大力扶持使得新疆红枣面积快速增长。但红枣供应持续增长之后,价格不断下滑,2015—2020年红枣收购价格跌至4~6元/千克。新疆枣树目前处于盛果期,红枣产能处于供大于求的局面,尤其是2021年1月8日至2月20日年前年后红枣消费旺季阶段,全国最大的红枣中转市场沧州交易市场受疫情防控政策要求出现关停,使得市场交易受阻,虽周边冷库稍有走货,但整体红枣走货速度明显受到抑制,库存去化速度受到影响,使销售压力后移。红枣作为非必需消费品,一旦错过节日需求,对消费量影响明显。随着天气转暖,4月下旬开始,红枣步入季节性消费淡季,且红枣需存入冷库存储,未入冷库的红枣的季节性抛售将明显施压现货价格。

考虑到这一供过于求的事实,以及红枣很大可能会长期偏弱的格局。2021年4月15日,某红枣出口企业为了规避红枣可能的跌势,根据公司每个月300吨的出口量,欲将未来3个月的出口量提前在期货市场进行虚拟销售,以锁定销售利润。

按照传统的销售模式,需要下游采购商提前敲定采购价格。但是在市场普遍看跌的情况下,下游采购商提前确定采购价格的意愿不强。换句话说,传统销售模式下的企业对可能走低的产品价格无能为力。但是有了期货市场,则可以提前锁定销售价格,即通过期货市场建立虚拟销售。

4月15日,新疆某企业在郑商所红枣2109合约上以10275元/吨的价格卖出900吨红枣,提前将未来3个月的出口量通过期货市场虚拟销售出去。5月14日,新疆红枣企业与欧盟公司签订300吨红枣出口合同,合约约定以当日郑商所2109合约收盘价+20元/吨现货升水作为该批红枣的销售价格。5月14日,红枣2109合约8735元/吨+20元/吨现货升水=8755元/吨,该批货物的销售价格为8755元/吨。

如果没有通过期货市场虚拟销售,5月14日,新疆红枣企业出口这300吨红枣价格仅为8755元/吨,但通过期货的虚拟销售,有效地转移了这批库存红枣4月15日—5月14日期间的价格下跌风险,在与欧盟公司签订合同的同时,新疆红枣企业对期货合约平仓。该企业实际销售价格为：合同价格＋期货市场这一阶段的盈利＝8 755×300＋（10 275－8 735）×300＝3 088 500元，这批红枣实际销售价格远高于合同价格。在后续的销售过程中，与外方签订合约的同时平掉期货市场的虚拟销售头寸。

（五）玉米销售过程中通过期货市场进行套期保值

10月初，国内大连玉米现货价格为1 710元/吨，乌克兰进口玉米到岸价折合人民币1 410元/吨，存在300元/吨的进口利润。某贸易商希望通过一口价的方式在乌克兰采购5 000吨玉米，但担心玉米运抵国内时国内价格出现下跌，损害预期的进口利润，该贸易商决定进行套期保值交易。10月5日，该贸易商卖出500手（每手10吨）第二年1月份交割的玉米期货合约进行套期保值，成交价格为1 680元/吨。到了11月份，随着新玉米的大量上市，以及养殖业对玉米需求疲软，玉米价格开始大幅下滑。11月5日，该贸易商将购买的5 000吨乌克兰玉米进行销售，平均价格为1 450元/吨，与此同时将期货合约买入平仓，平仓价格为1 420元/吨。

套期保值结果如表5-4所示。

表5-4　卖出套期保值结果

日　　期	现货市场	期货市场
10月5日	市场价格1 710元/吨	卖出第二年1月份玉米期货合约，1 680元/吨
11月5日	平均售价1 450元/吨	买入平仓玉米期货合约，1 420元/吨
盈亏	相当于亏损260元/吨	盈利260元/吨

在该案例中，该贸易商通过在期货市场建立一个替代性的头寸，即空头头寸，进行卖出套期保值操作以规避价格下跌风险。由于现货玉米价格下跌，该贸易商在销售玉米时，每吨少赚260元，可视为现货市场亏损260元/吨。期货空头头寸因价格下跌而获利260元/吨，现货市场的亏损被期货市场的盈利对冲掉了，有效地保护了该贸易商的预期进口利润。通过套期保值操作，该贸易商玉米的实际售价相当于是1 450＋260＝1 710元/吨，即与10月初计划进行套期保值操作时的现货价格相等。通过套期保值操作，该贸易商将现货市场价格下跌的风险有效地进行了转移，保护了1 710－1 410＝300元/吨的进口利润，从而保持了经营的稳定性。

二、企业进出口业务中运用期权的案例

（一）看跌期权在进出口业务中的运用

某年10月13日，某进口商买进南美次年5月期低蛋白豆粕至中国香港，价为230美元/吨，当日芝加哥期货交易所5月期货合约价为231美元/吨，为保险起见，同时买进5月期豆粕210元/吨的看跌期权，权利金为4.50美元/吨（即到次年4月17日期权到期日为止的时间内，只要5月期豆粕下跌210美元/吨，就可减少其损失）。至第二年4月13日，芝加哥期货交易所期货价格为184美元/吨，5月期履约价格为210美元/吨的豆粕看跌期权已升值到46.20美元/吨。尽管现货损失46美元/吨（184－230＝－46），但买进

的看跌期权盈利 41.7 美元/吨(46.2－4.5＝41.7),两者对冲,净损失只有 4.3 美元/吨,差别显而易见。

（二）看涨期权在进出口业务中的运用

2021 年 6 月 18 日,国内某加工厂计划未来 1 个月买入 1 000 吨棕榈油,由于市场传言马来西亚棕榈油产量增长不及预期,担心棕榈油价格出现上涨,遂购入棕榈油看涨期权保值。该加工厂于 6 月 18 日买入 P2109-C-6800 期权合约 100 张,期权权利金为 200 元/吨,当日棕榈油 9 月期货价格为 6 800 元/吨。

1 个月后,棕榈油 2109 合约价格上涨至 8 050 元/吨,P2109-C-6800 期权合约价格上涨到 1 250 元/手。加工厂选择在当日行权,以 6 800 元/吨的价格购入 P2109 期货合约的多单,在盘面平仓后盈利为 1 250 元/吨,减去 200 元权利金后净利润为 1 050 元/吨。该加工厂通过买入看涨期权的方 式,规避了棕榈油未来价格上涨带来的风险,使得在 1 月个后棕榈油价格大幅上涨的情况下,可以减少累计 105 万元的采购成本。

（三）期货与期权组合在进出口业务中的运用

某进口商 3 月份购进一批 C 材料,购进价为 150 美元/吨,他预测 6 月份 C 材料的市场价格将会出现下跌趋势,于是他于 3 月下旬以 151 美元/吨的期货价格卖出一份 8 月份的 C 材料的期货合约。但是,他又担心,一旦市场价格不但不下跌反而上涨造成期货合约交易损失,他便在期权交易市场上买入一份履约价格为 151 美元/吨的 C 材料的相关期货的看涨期权,支付一笔每吨 4 美元的权利金。

6 月份,C 材料的市场价格果真下跌至 140 美元/吨。于是,该进口商便放弃了看涨期权,而以 140 美元/吨的期货价格买进 8 月份 C 材料的相关期货合约与手中空头期货部位对冲,每吨获利 11 美元,期货与期权交易盈余 7 美元/吨(11－4＝7),价格下跌,C 材料现货贬值损失为 8 美元/吨(150－142＝8)。所以,该进口商因价格下跌最终损失为 1 美元/吨,期货与期权交易起到了 7 美元/吨的保值作用。

假如市场价格不但没有下跌,反而上涨至 158 美元/吨,该进口商将会履行看涨期权,以履约价格为 158 美元/吨的价格买进 C 材料期货合约,与手中的空头期货合约部位对冲,期货与期权交易中只损失 4 美元/吨的权利金,而这部分的损失可以由涨价 8 美元/吨的盈利来弥补。

（四）买进看涨期权在降低进口采购成本中的运用

2020 年 12 月中旬,某饲料加工企业计划采购 5 000 吨菜粕进行年前备货,由于拉尼娜炒作,市场担心南美大豆产量,美豆在旺盛的出口需求支撑下价格不断走高,从成本端利多国内菜粕价格。且国内疫情防控政策使得部分油厂关停,部分区域物流不便,导致下游集体恐慌性备货,菜粕价格大幅上涨。

目前该饲料企业一方面担心菜粕价格继续上涨,提升采购成本;另一方面又担心后续价格会见顶回落,不想放弃价格下跌时带来的买进费用减少的好处。因此考虑使用看涨期权进行套期保值。该饲料企业买入 500 张行权价是 2 400 元/吨的看涨期权,支付权利金 90 元/吨。买入 RM2105-C-2400,意味着获得了在到期日前以执行价 2 400 元买入菜粕 2015 期货合约的权利。2021 年 1 月 6 日,菜粕期货价格上涨至 2 899 元/吨＞行权价 2 400 元/吨。此时,饲料企业作为买方,选择行权有利可图。即能以 2 400 元/吨的执行价,买入市价 2 899 元/吨的菜粕 2105 期货合约。2 899－2 400＝499 元/吨,也就是说,饲料企业每吨采购成本节省 499 元。而菜粕期货每手 10 吨,(2 899－2 400)元/吨×10 吨/手＝4 990 元/手。所以买入一张 RM2105-C-2400 的盈利是 4 990 元。买入一张期权净利润＝期货盈利－期权的权利金＝4 990－90＝4 900 元。该企业共购买 500 张看涨期权,采购成本价节省共达 245 万元。

(五) 外汇期权在回避汇率风险中的运用

外汇期权交易原理与商品期权大致相同,只不过交易对象是外汇而已。下面是一个买入看涨外汇期权的例子,其他的情况可根据此原理进行保值。

某出口公司 6 月份向日本出售一笔货物,3 个月后应收回货款 10 亿美元。该公司为避免汇率风险,防止日元升值带来的损失,以 1 美元＝125 日元的汇率购买 3 个月的看涨期权,3 个月后,可能会出现下列情况。

(1) 日元对美元的汇率上升,假如 1 美元＝120 日元,该公司执行期权,从而减少了 50 亿日元的外汇损失(未计权利金及其利息)。

(2) 日元对美元汇率上升,但执行期权的盈利小于权利金及其利息,则不执行期权。

(3) 日元对美元的汇率没有上升反而下降,则该公司不执行期权,损失权利金。

第三节　期货保税交割业务及应用

2010 年 12 月 24 日,作为上海国际金融中心建设 93 项重点工作之一的期货保税交割试点正式启动。上期所铜、铝先行成为试点品种,上海洋山保税港区成为试点区域。指定保税交割库自 2011 年 3 月 16 日起接受并办理期货保税标准仓单相关业务申请,制作期货保税标准仓单的货物须为上期所注册品牌。

一、期货保税交割业务及相关流程

(一) 什么是期货保税交割

期货保税交割,是指以海关特殊监管区域或保税监管场所内处于保税监管状态的期货合约所载商品作为交割标的物进行期货交割的过程。引入期货保税交割后,交易和结算流程方面均没有改变,只是在交割中新增保税标准仓单,并进行保税交割。期货保税交割业务试点不仅有利于进一步便利进口贸易,加强国际国内两个市场的联系和互通,扩大商品期货市场的可供交割量,缓解市场逼仓等风险隐患,促进我国期货市场的平稳运行,而且有利于积极稳妥推进期货市场对外开放,进一步拓展期货市场的发展空间,不断扩大我国期货市场的国际影响力。

由于我国商品期货的交易价格一直都是含税价格，以完税状态下的货物作为期货交易和交割的标的物，而国际上主要的商品期货市场的交易价格都是不含税的净价，这一差别对贸易影响很大。国际上类似伦敦金属交易所等具有国际性定价地位的交易所，其在交割环节大多实行保税交割制度，成为市场价格真实性和权威性的重要保证。上海利用综合保税区免税的政策，实行净价交割，形成与国际市场具有可比较性的保税交割结算价，有利于内外市场接轨，扩大国内期货市场的对外开放度。

以铜为例，我国是全球第一消费市场，每年有 70% 的金属铜来自国外，而进口总量的 70% 的业务由中间贸易商完成，进关完税之后销往市场。按照传统的进口模式，贸易商点价下单之后，"提货"往往是从分布在全球的 LME 指定交割仓库运往国内，一般需要数周的船期。其间，如果上海等国内市场现货与期货升贴水出现不利变化，现货升水缩小甚至贴水，贸易商就可能蒙受价差损失，而因为出口限制和含税成本，这批货物很难再回流到海外市场。

通过期货保税交割，商品便可享受"境内关外"的政策。期货交割的标的物不用进海关，国内需要时缴关税进内地市场，"尾货"又可以不含税的"裸价"回流国际市场。企业用铜，缴纳关税后直接提货，境外企业不用缴关税就可直接"转出口"。

据悉，期货保税交割业务开展以来，花旗集团、永鸿物流、江铜国际、西安迈科、中金再生等 10 余家海内外知名企业已在洋山保税港区"安营"。

（二）保税交割环节的相关计算

1. 到期合约的保税交割结算价的计算

$$保税交割结算价＝[（含税交割结算价－相关费用）/$$
$$（1＋进口增值税税率）－消费税]/（1＋进口关税税率）$$

$$保税升贴水＝[升贴水/（1＋进口增值税税率）]/（1＋进口关税税率）$$

$$保税交割货款＝（保税交割结算价＋保税升贴水）×保税交割数量$$

国际主要商品期货市场的交易价格为不含税价格。我国商品期货现行的交易价格为含税价格，期货交易和交割的标的物则是完税状态下的货物。引入保税交割模式后，交易价格仍旧维持含税价格，含税交割结算价为各品种最后交易日后按照现有规则产生的含税的交割结算价。当月到期合约的保税交割结算价为含税交割结算价扣除相关税费。

买方到期交割取得保税标准仓单，以当月该合约的保税交割结算价进行货款结算。

"期货保税交割方式"销售的进口货物以"保税货物交割结算价"（即"交割结算价"扣除关税和进口环节增值税）作为成交价格向海关申报。

保税标准仓单的交割货款根据交割数量和保税交割结算价计算。

公式中升贴水为考虑交割品级、品质和仓库地区分布等因素对交割结算价的调整。公式中升贴水及相关费用参见《上海期货交易所关于开展期货保税交割业务试点的补充通知》（上期办发〔2011〕28 号）。

2. 期转现保税交割结算价的计算

期转现保税交割结算价＝[（期转现申请日前一交易日交割月份合约的结算价－相关费用）/

（1＋进口增值税税率）－消费税]/（1＋进口关税税率）

保税升贴水＝[升贴水/（1＋进口增值税税率）]/（1＋进口关税税率）

期转现保税交割货款＝（期转现保税交割结算价＋保税升贴水）×保税交割数量

在完税状态下，期转现的交割结算价为买卖双方的协议价。

在保税状态下，以期转现申请日前一交易日交割月份的结算价为期转现保税交割结算价的计算依据，而不是以买卖双方协议价为计算依据，更能体现期转现保税交割结算价的权威性和公正性，以实现与海关的有效对接。

上述公式中升贴水为考虑交割品级、品质和仓库地区分布等因素对交割结算价的调整。公式中升贴水及相关费用由交易所另行发文通知。国家税收政策调整的，交易所可以对保税交割结算价的计算公式进行调整，并适时公布。

（三）期货保税交割与完税交割运作模式的异同

保税标准仓单引入后，期货交割操作细节也有所调整，如表 5-5 所示。

表 5-5　期货交割操作细节异同

项　　目	现行期货交割模式	试点期货保税交割业务后
交割库	指定完税交割仓库	指定完税交割仓库和指定保税交割仓库
仓单类别	完税标准仓单	完税标准仓单和保税标准仓单
交割结算价	各合约最后交易日根据规则产生含税交割结算价	保税交割结算价由含税交割结算价扣除相关税费倒推得到

注：完税标准仓单即目前上海期货交易所章程、交易规则和实施细则中所指的标准仓单。

保税标准仓单与完税标准仓单都是由期货交易所统一制定、发放的，但在用途及流向上有所区别，如表 5-6 所示。

表 5-6　保税标准仓单与完税标准仓单的异同

项　　目	保税标准仓单	完税标准仓单
交割	在仓单有效期内卖方用于履行交割义务	在仓单有效期内卖方用于履行交割义务
充抵保证金	通过电子仓单系统办理	通过电子仓单系统办理
进入现货贸易	注销仓单，成为一般保税贸易货物	注销仓单，成为一般贸易货物
用于国内提货使用	需进口，完成报关手续	直接提货，方便
用于国际贸易	需完成出境备案手续，较方便	需完成报关出口手续

（四）期货保税标准仓单的生成与注销

期货保税标准仓单是由保税交割仓库按照交易所规定的程序签发的、在交易所标准仓单管理系统中生成的、用于提取保税商品的凭证。

生成保税仓单设计单证：①产品质量证明书；②产地证明书；③指定质检机构出具

的合格质检证书；④进境备案清单。

期货保税标准仓单生成流程如图 5-3 所示。

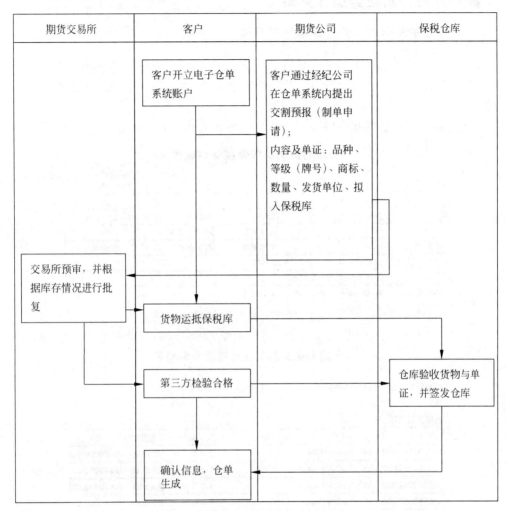

图 5-3　期货保税标准仓单生成流程

保税标准仓单可用于交割、冲抵保证金、提货，以及期货交易所规定的其他用途。保税标准仓单在期货交易所进行交割的流转程序与现有的完税标准仓单相同，最大的区别在于完税标准仓单具有所外转让功能。

保税标准仓单注销是指保税标准仓单合法持有人通过期货交易所标准仓单管理系统向保税仓库申请提货（入关、出境）或转为一般现货提单，并由保税仓库办理保税标准仓单退出流通手续的过程。未经过交割程序取得保税标准仓单者，其在办理出库手续时，须先注销保税标准仓单，转为一般现货提单后按海关有关进出口货物征税规定办理清关手续。经过交割取得保税标准仓单者，可持交割结算单等单证向海关办理清关手续。

保税标准仓单在期转现过程中的交割结算价由期转现申请日前一交易日的交割月份合约的结算价扣除关税、进口环节增值税、消费税和其他相关费用得出，只能采用交易所注册品牌交割,只能在指定保税交割仓库进行交割。

二、期货保税交割业务操作策略

(一)期货保税标准仓单的实物交割流程

保税交割结算单是指由期货交易所出具的,记录有货主名称、交割品种、交割期、仓库名称、仓单张数、货物数量、保税价格、总金额等事项的,用作保税交割报关或相关税务申报的单据。

保税交割结算单的样张如图 5-4 所示,保税标准仓单清单如图 5-5 所示。

上海期货交易所保税交割结算单

出库单号:	8051100001			结算单编号	cu1103000001	
货 主	测试客户11					
客 户 号	00027011	交割方式	到期交割	交 割 期	201102	
品 种	cu	仓库名称	测试仓库805			
仓单张数	10	实际数量	250.000	保税价	12000.00	
总金额（大写）	壹仟肆佰柒拾万零陆仟伍佰元整					
备 注	上述保税价为不含税价。					
打印日期:	2011-03-04 操作人员: HYM.E					

图 5-4 上海期货交易所保税交割结算单

上海期货交易所保税标准仓单清单

交割结算单编号 cu1103000001　　货主名称:　测试客户11
品种:　　cu　　保税仓库:　测试仓库805
仓储费起始日: 20110301

仓单号	品级/规格	商标	货位	重量(吨)	金额(元)
cu8050000001	LME(Cu-CATFKA		1-1-1	25.000	1470650.00
cu8050000002	LME(Cu-CATFKA		1-1-2	25.000	1470650.00
cu8050000003	LME(Cu-CATFKA		1-1-3	25.000	1470650.00
cu8050000004	LME(Cu-CATFKA		1-1-4	25.000	1470650.00
cu8050000010	LME(Cu-CATFKA		1-1-10	25.000	1470650.00
cu8050000006	LME(Cu-CATFKA		1-1-6	25.000	1470650.00
cu8050000007	LME(Cu-CATFKA		1-1-7	25.000	1470650.00
cu8050000008	LME(Cu-CATFKA		1-1-8	25.000	1470650.00
cu8050000009	LME(Cu-CATFKA		1-1-9	25.000	1470650.00
cu8050000005	LME(Cu-CATFKA		1-1-5	25.000	1470650.00

合计仓单数:　10　　总重量(吨): 250.000　　总金额(元): 14706500.00
打印日期:　2011-03-04 操作人员: HYM.E　　页码:　1

图 5-5 上海期货交易所保税标准仓单清单

保税交割流程如图 5-6 所示。

其中,保税标准仓单的交割发票(增值税发票)流程为:卖方客户→卖方会员→期货交易所→买方会员→买方客户。

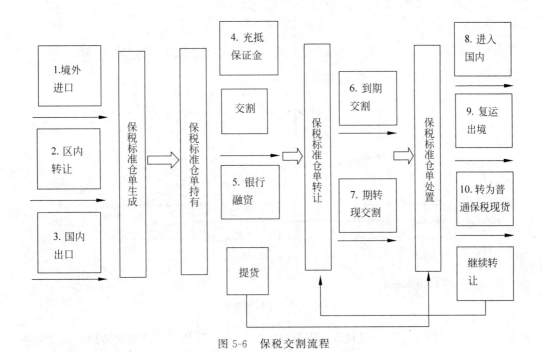

图 5-6　保税交割流程

（二）期货保税交割货物的报关

海关总署关于在海关特殊监管区域开展保税交割业务试点的批复中明确规定：纳税义务人或其代理人向海关申报时应提交期货交易所出具的销售凭证（保税交割结算单和保税标准仓单清单）等报关随附单证。

报关商品和数量应当与所持有的保税交割结算单、保税标准仓单清单保持一致。

第一，纳税义务人或其代理人向海关申报时应提交期货交易所出具的保税交割结算单和保税标准仓单清单等报关随附单证。

第二，报关企业接受进口货物收货人的委托，以委托人的名义办理报关手续的，应当向海关提交由委托人签署的授权委托书，遵守《中华人民共和国海关法》的各项规定。

获得保税标准仓单的企业可以自行办理报关纳税手续，也可以委托海关准予注册登记的报关企业办理报关纳税手续。

没有进出口经营权的企业可以去当地商务部门办理对外贸易经营者备案登记，也可以委托有进出口经营资质的企业代理。

保税交割报关流程如图 5-7 所示。

三、期货保税交割业务操作案例

2011 年 8 月 25 日，上期所期货保税交割业务首次交割完成了全流程操作，在铜期货 CU1108 合约和 CU1109 合约上分别实现了首次到期交割和期转现交割。

CU1108 合约共实现保税到期交割 MV 牌高纯阴极铜 25.021 吨，保税交割结算价 57 460 元/吨，交割金额 1 437 706.66 元，涉及买入会员和卖出会员各 1 家，买卖双方分别

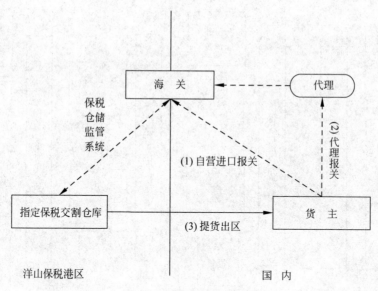

图 5-7 保税交割报关流程

为上海江铜国际物流有限公司和标准银行(中国)商贸有限公司。首笔期转现保税交割则在 CU1109 合约上发生,卖方上海江铜国际物流有限公司和买方上海迈科金属资源有限公司在达成了期转现交割意向后,向上期所提出保税交割"期转现"申请并提交相关资料后获批,共交割 ONSAN I 牌高纯阴极铜 24.741 吨,保税交割结算价 57 290 元/吨,交割金额 1 417 411.89 元。

上海江铜国际物流有限公司利用 CU1108 合约买入获得的 MV 牌高纯阴极铜通过洋山海关办理了离岸出境至韩国釜山港的操作,而上海迈科金属资源有限公司则将通过期转现交割获得的 ONSAN I 牌高纯阴极铜在洋山海关进行了报关进口。这是海关首次以上期所的保税交割结算价作为审价依据办理报关业务,有益于国内期货市场价格影响力的提升。

本章小结

随着中国金融体制改革和外贸体制改革的进一步深入,人民币将最终实现自由兑换,这使我国的进出口贸易也纳入国际经济的大循环之中,竞争更加剧烈,风险更大。避免和控制汇率风险、价格风险则是我国国际贸易活动中的重要事务。在国际上,运用期货市场的特殊功能——套期保值来分散和转移风险,已成为一种常用手段,尤其是运用外汇期权来管理跨国贸易的外汇风险,近年来十分广泛。因此,在我国的国际贸易实践中,应重视期货和期权的作用。从进出口合同的签订到支付货款或收回货款,一般要经历运输、仓储、结算和结汇等许多过程,有时候难免要经历一些意想不到的事情,一般需要数月时间。在这期间,由于外界各种因素的变化,商品价格会随供求关系的变化而上下波动。价格上涨时对出口商而言无疑将遭到损失,而价格下跌对进口商来讲则要付出代价。利用商品期货的套期保值就可以避免或减少因价格的不利变化而引起的损失。所以本章针对风险点选择相应的保值策略的研究具有重要的现实意义。

关键术语

进出口贸易　期货市场　价格风险　期货套期保值　保税交割

复习思考题

1. 最近,一服装公司的经理比较头痛:公司准备向美国出口一批服装。双方将在1月1日签订合同,约定以美元支付总额为500万美元的货款,结算日期为该年的7月1日。目前,汇率为1美元兑6.85元人民币。由于美元一直贬值,公司结汇后的人民币收入可能会明显减少,如何回避美元贬值所导致的外汇风险呢?如果选用避险工具后,美元却升值了,又如何处理呢?

结合该服装公司的情况,现设计两种方案。

(1)用远期外汇交易锁定汇率,即在7月1日以实现约定的价格(1美元兑6.8元人民币)结汇。这样就回避了汇率变动可能带来的风险,到时候该企业可以用6.8的汇率换回3 400万元人民币。

(2)企业买入一笔看跌美元期权。期权的标的是美元兑人民币,执行价为6.85元,期限是6个月,名义本金为500万美元。按照目前报价,看跌期权的期权费是3万美元。期权到期日,美元兑人民币的汇率如果低于6.85就可执行看跌期权,如果高,可视情况放弃执行期权,执行期权,企业用500万美元换回的是3 425万元人民币。放弃或执行所付出的成本:3万美元的期权费,约折合20.55万元人民币。如果美元兑换人民币价格高于6.85,企业将部分或全部回收期权费,并有可能获取美元升值后的额外收益。

要求:试对两种方案作出点评。

2. 中国某企业的业务涉及进出口交易,该企业进口支付的货币除美元外,主要还有欧元和英镑,这就存在非美元货币在实际对外支付时,与签订商务合同或开立远期信用证时的成本汇率相比升值的风险。从实际情况看,该企业签订的一批进口合同大都是在该年年中,那时欧元兑美元汇价在平价下方,英镑兑美元也在1.5美元左右,而在次年合同执行到需要分批对外支付时,欧元、英镑兑美元已大幅上涨,企业为此蒙受了巨大的由于汇率变动引起的汇率风险损失。

此外,该企业每月还有100万美元的外汇收入,但有约合400万美元的非美元(欧元、英镑)对外支付,存在收入外汇的币种、金额与支付外汇的币种、金额不匹配,而且这种不匹配的情况在可预见的未来一段时间内依然存在,主要是支付的外汇金额大于收入的外汇金额,而且收入的货币主要是美元,而支付的货币主要是欧元、英镑等非美元,表明公司有必要采取积极的保值避险措施,对未来可预测的外汇支付(特别是非美元货币的对外支付)锁定汇率风险。

问题:该企业能够采取什么方法防范汇率风险?

3. 中国某服装贸易公司2月份与美国某公司签订了1 000万美元的服装销售合同,定于12月份交货付款,合同签订时市场外汇牌价是USD/CNY=1∶8.2,但是到12月份人民币预期会升值很多,假如到时汇价升值到1∶7.1,那么该中国服装贸易公司将损失多少?怎样利用外汇保证金交易在汇市进行套期保值?(因人民币还未实行浮动汇率,暂由相关性较大的亚洲别国货币代替,隔夜利息及手续费忽略不计。)

假如:2 月份 USD/JPY＝1∶117.81　12 月份 USD/JPY＝1∶101.06

4. 一家航空公司的管理者这样说:"我们没有必要使用石油期货合约。因为未来油价低于期货价格与未来油价高于期货价格的机会是均等的。"你如何看待这个管理者的观点?

5. 在什么情况下使用空头套期保值和多头套期保值?

6. 国内某企业与美国客户在 3 月 11 日签订进口 100 万美元的废旧塑料合约,约定 3 个月后支付货款。签订合同当天,美元兑人民币的即期汇率为 6.140 2。由于美元兑人民币汇率一直处于上升趋势,美元升值使企业承担巨大的汇率风险。

问题:该企业应该采取怎样的方法来进行套期保值?

即测即练

第六章

场外商品期权及应用

本章导读

场外商品期权在发达国家成熟市场得到广泛开发与应用，是企业或金融机构规避风险、套期保值、投资抑或投机不可或缺的重要品种之一。2013 年 8 月，首只券商场外期权在我国诞生，2017 年国内场外期权呈现"井喷式"发展，经过 2018—2019 年低谷后，2020年场外期权再次得到快速稳健的发展。本章先从场外商品期权概念入手，并通过与场内商品期权相比，辨别其不同特征。通过熟知场外商品期权构成要素、监管机构与监管制度、主要功能与作用，加深对场外商品期权内涵与外延的认识。

第二节介绍场外商品期权的业务及应用时，首先重点介绍场外商品期权的套期保值原理，并通过企业实际运用中的案例分析，掌握场外商品期权在原材料采购、销售价格管理、库存、抵押保险、仓单保值等环节套期保值上的运用技巧。其次，介绍在场外商品期权交易中无风险套利策略，其中上下边界套利、垂直价差套利、凸性套利以及平价套利四种类别最为常见。最后介绍了场外商品期权投机的交易方式与策略，以及应该注意的步骤。

第三节介绍期货公司之风险管理公司的场外商品期权业务。主要介绍期货风险管理公司根据企业风险管理要求，进行期权产品设计、定价，业务流程与业务模式。

引导案例

场外期权为有色中小企业保"价"护航

在全球因疫情而提振经济、流动性泛滥及供需错配的背景下，全球大宗商品价格自2020 年 4 月以来持续上涨，多个品种升至近 10 年的最高水平。以铝为例，沪期铝价格从11 225 元/吨的低点触底反弹、持续走高，2021 年 5 月，沪铝价格突破 2 万元/吨关口，创下近 13 年新高。原材料的大幅上涨也给中下游企业带来很大的成本压力，尤其是处于产业链中下游的中小企业举步维艰。

为进一步鼓励期货市场创新服务实体经济，上期所在 2020 年下半年启动了工业品场外期权项目试点，支持企业与期货公司合作，利用场外期权等衍生工具为企业自身提供风险管理方案，重点支持有色金属产业链中的中小型加工企业。在上期所的大力支持下，永安期货股份有限公司与浙江一家中小型铝轮毂企业合作，积极试点了有色金属场外期权项目，将场外期权作为"价格保险"工具对原材料价格进行锁定。从现金流角度来看，期权对于中小企业资金占用相对较小，且场外期权更具有灵活性，可以根据企业的需求制订符合企业及产品特点的个性化期权方案；通过期权结构设计，能够比期货更好地覆盖风险敞口，且在规避风险的同时,还可以保留行情有利时企业获利的能力。

项目于 2020 年下半年获得立项,2020 年 11 月 23 日正式入场,2021 年 4 月 1 日正式结束。项目共分为 5 期完成,除第 3 期未获得赔付外,其余均获得不同金额的赔付。其中,2020 年 11 月 23 日、11 月 25 日,在对铝行情强势的预期下,企业购买场外美式看涨期权,至项目第二期结束时,铝期货价格由入场时的 15 420 元/吨上涨至 16 000 万元/吨左右,企业通过场外期权获得赔付近 300 万元,在一定程度上对冲了现货端采购成本上升的风险。

课程思政 3　场外期权服务实体经济

通过参与此次试点项目,上述铝轮毂企业不仅切身感受到利用场外期权进行风险管理的益处,而且对于宏观风险的认知与应对意识也有所加强。项目结束后,该企业与永安期货达成了新合作协议,利用期货、期权等金融管理工具,为企业继续提供专业的风险管理服务,帮助企业实现对风险和利润的有效管控。

知识结构图

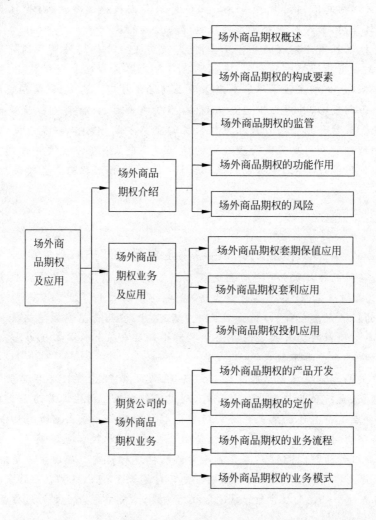

第一节　场外商品期权介绍

一、场外商品期权概述

按照交易场所,期权可以分为场外期权和场内期权。场外期权是指在非集中性的交易场所进行的非标准化的金融期权合约,是根据场外双方的洽谈,或者中间商的撮合,按照双方需求自行制定交易的金融衍生品。与场内期权相比,场外期权在合约条款方面更加灵活,可以根据投资者的个性化需求进行量身定制,包括行权时间、行权条件、执行价格等。由于场外期权是一对一交易,在整个交易过程中只涉及买方、卖方和经纪人,市场透明度很低。

场外商品期权交易的标的一般是大宗商品,如原油、黄金、白银、橡胶、铜、铅、锌、大豆、棉花等。

举例说明,上海某一个房地产企业预计要采购 100 吨螺纹钢,当时现货价格在 5 226 元/吨,企业担忧螺纹钢价格大涨造成采购成本增加,借由买进 5 226 元/吨的场外看涨期权以锁住最高购买成本,后期如果螺纹钢价格超过 5 226 元/吨,企业可以行使买方的权利,不管市场价格多高,每吨螺纹钢都可以用 5 226 元进行采购。万一螺纹钢价格下跌,看涨期权虽然不具有行权的价值,但是螺纹钢价格的下跌代表采购成本降低,这反而增加企业的盈利空间。

场外期权与场内期权的主要区别体现在以下几个方面。

(1)交易场所和交易方式。场外期权交易没有有形的交易场所,透明度低,主要是交易双方通过电话、电传和电子交易系统协商达成交易,成交量明显集中于少数券商或期货商,价格易操控。场内期权交易是在一个有组织的交易场所通过集中竞价进行的,市场参与者众多,价格由市场决定,不易操控,市场透明度高,参与者主要面临市场风险。

(2)清算方式。场外期权交易是双边交易,一般是交易双方实行双边清算,但现在也逐步有清算机构开始为场外期权交易提供集中清算服务。场内期权交易实行集中清算。期权交易得到确认之后,清算机构成为所有合约持有者的对手,即买方的卖方、卖方的买方。

(3)交易对象。场外期权交易的对象一般是非标准化合约,其标的物、金额、到期日等都是双方商定的,即所谓量身定做,流动性差。而场内期权交易的对象是标准化合约,合约的标的物、数量、到期日、期权执行价等都是相对标准化的(尽管有些交易所引进了所谓"FLEX"期权,金额、到期日、执行价等可以在一定范围内浮动),流动性好。

从上述比较中已看出场外期权和场内期权的优势和劣势,如表 6-1 所示。

表 6-1　场外期权和场内期权的比较

项　　目	场　外　期　权	场　内　期　权
产品类型	个性化,条款灵活	标准化
流动性水平	流动性差	流动性好
透明程度	透明度低	透明度高

续表

项　目	场 外 期 权	场 内 期 权
定价方法	协商定价	市场定价
交易机制	非集中交易	集中交易
报价模式	静态报价	动态报价
保证金收支	非交易所负责,非第三方存管	交易所负责,第三方存管
存在的风险	市场风险、信用风险、流动性风险、结算风险	市场风险
做市商成本	高,花费时间长	低,花费时间短

扩展阅读 6.1
全球场外期权
概况

随着期权等衍生品市场竞争的加剧和技术创新及制度创新的发展,场外交易和场内交易在产品、交易方式和清算方式方面表现出越来越强的趋同性。场外交易和场内交易相互补充、相互促进,构成完整市场体系的重要组成部分。

二、场外商品期权的构成要素

期权的构成要素一般指期权合约包含的内容,依期权合约种类的不同而不同,场外期权合约的条款与场内期权合约的条款不尽相同。一般而言,场外商品期权合约条款至少应包括以下主要内容:一是期权的种类,即期权是买权还是卖权,是欧式期权还是美式期权,抑或其他期权等;二是期权合约的主体,即期权合约的买方与卖方;三是期权权利金,即期权的价格,买方为取得期权而向卖方支付的一定数额的现金;四是标的资产,即买方在执行期权时向卖方购买或出售的对象,如原油、黄金、白银、橡胶、铜、铅、锌、大豆、棉花等商品;五是执行价格,即买方将来执行期权而购买或出售标的资产的价格;六是到期日,即期权最后的有效日期,超过此日期后,期权将自动过期作废;七是保证金,即期权合约卖方为其履约担保而存入的一笔财物,如现金、国库券、相应股票等。

为了更好地了解和掌握期权构成要素,本书将结合一个具体例子来详细阐述期权合约的内容。我国北方某饲料厂生产的饲料主要供应下游多个养鸡场。但由于鸡蛋价格波动较大,严重影响了鸡农的养鸡热情,进而影响了该饲料厂的销售利润。基于自身经营状况,饲料厂决定为鸡农提供让利补贴,以大商所鸡蛋期货 1509 合约价格为参考价,每 500千克鸡蛋补贴 50 元(即一斤鸡蛋补贴上限为 5 分钱),期限一个月,滚动操作。饲料厂通过支付权利金购买看跌期权,以向下"保险"的形式附加给鸡农,在鸡蛋价格大幅下跌时为鸡农提供较大补偿。在价格上涨时,鸡农可以以更高价格卖出鸡蛋。考虑到当时鸡蛋期货 1509 合约价格为 4 670 元/500 千克,平值看跌期权价格近 100 元/500 千克,不能满足饲料厂的成本预算,因此推荐使用亚式期权以月均价结算的方式,执行价格选在 4 600元/500 千克,权利金成本初算 47 元/500 千克。2015 年 3 月 4 日,饲料厂与浙江某公司签订场外期权交易合同及场外亚式看跌期权交易确认书,明确了双方协商的执行价格、权利金金额、到期日等重要内容。截至 2015 年 4 月 3 日(场外期权到期日),鸡蛋 1509 合约收盘均价为 4 598.91 元/500 千克,低于约定的执行价格 4 600 元/500 千克,因此该场外亚式看跌期权行权,某公司赔付饲料厂(4 600－4 598.91)×500＝545 元。

（一）场外商品期权买方

场外商品期权买方是指在期权合约中为取得期权而支付期权权利金的一方当事人。买方依据期权合约取得期权，在期权有效期内有权自由决定是否执行期权，即是否向卖方购买或出售标的资产，而无必须购买或出售的义务。比如在前例中，若一个月后，鸡蛋1509合约收盘均价，此时饲料厂自然放弃执行期权。当然，需要说明的是，在期权仍然存在价值的情况下，饲料厂可以选择转让期权，而不必一定要执行期权，其通过转让依然可以获得相应收益。

由上分析可见，即便市场走向完全与期权合约买方的预测相反，但期权合约买方最大损失却是限定的，即其向卖方支付的期权权利金（此处忽略佣金、手续费等）。然而，买方的收益却是不确定的，只要市场走向与其预测方向一致，买方收益就存在无限的可能性。当然，本例中饲料厂把鸡蛋价格向上的收益给了鸡农。

（二）场外商品期权卖方

场外商品期权卖方是指在期权合约中为取得期权权利金而赋予期权的一方当事人。卖方在期权合约既享有权利又负有义务，卖方依据期权合约享有请求买方支付期权权利金的权利，但同时也负有赋予买方期权的义务。如果卖方拒绝赋予买方期权，买方自然不会支付给其期权权利金。在期权合约中，买卖双方当事人的权利义务是对称的，只是在买方支付期权权利金而卖方又赋予期权之后，卖方就必须受其为权利相对人的期权的拘束，容忍并接受买方执行期权所形成的法律效果。

场外商品期权合约本身既不创造风险，也不消灭风险，其只不过是提供一条转移风险的途径而已。因此，场外商品期权合约中一方当事人的收益必然同时意味着另一方当事人相应的损失。与期权合约买方相反，卖方的最大收益是限定的，即为其所收取的期权权利金，但其损失却是不确定的。例如，如果前例中某公司在期权有效期内鸡蛋1509合约收盘均价下跌至4553元/500千克，则作为卖方，它就将产生损失，鸡蛋1509合约收盘均价越低于这个价，它的损失就越大。

（三）场外商品期权权利金

场外商品期权权利金又称期权价格或期权费，是指买方为取得期权而向卖方支付的一定数额的现金。期权权利金是买方为取得期权所支付的对价。如同买卖合约中的买方一样，场外商品期权合约买方原来并不享有期权，即其并不享有在将来特定期间内按特定价格向卖方购买或出售特定商品的权利，而为了取得此权利，其不得不向卖方支付该权利的对价——期权权利金。比如上例看跌期权合约中，如果鸡蛋1509合约收盘均价在期权有效期间一直高于执行价格，卖方就可以独自保留期权权利金；如果鸡蛋1509合约收盘均价在期权有效期内低于执行价格，卖方就要面临标的资产价格下跌而带来的风险。

场外商品期权权利金是场外商品期权合约中的唯一变量，由买卖双方协商而产生。由于市场需求状况与当事人的经济实力总是变动的，所以场外商品期权权利金的大小也是变动的。

（四）场外商品期权执行价格

场外商品期权执行价格又称敲定价格或履约价格，是指期权合约规定的在买方执行期权而向卖方购买或出售标的资产的价格，一般在期权有效期内均是固定不变的。

执行价格的高低直接决定期权是处于实值（ai-the-money）、虚值（out-of-the-money），还是处于平值（in-the-money）状态。比如在前例中，执行价格为每股 4 600 元/500 千克，是基于鸡农鸡蛋的当时收购价格以及当时鸡蛋 1509 期货合约的交易价格 4 670 元/500 千克，可见买权基本处于虚值、接近平值状态。处于虚值状态的期权很难被执行，买方也就白白损失了期权权利金。所以，场外期权合约中的执行价格则由双方当事人协商而定。

（五）场外商品期权到期日

场外商品期权到期日是指期权有效的最后日期，超过此日期，期权将过期失效，而不能再被执行。到期日在期权合约中是一个非常重要的构成要素。到期日直接影响到期权权利金的确定。到期日的远近直接决定期权的时间价值。距期权的到期日越远，标的资产价格的波动时间也就越长，也就存在越多的升值或贬值的可能性，期权自然也就具有越多的时间价值。然而期权权利金又是由内涵价值与时间价值构成，如果内涵价值不变（即执行价格不变），则距期权的到期日越远，期权的权利金也就相应地越高；距期权的到期日越近，期权的权利金也就越低。

期权合约中一般还规定有最后交易日（the last trading day）、通知日（notice day），这两个日期与到期日不同。最后交易日是指到期日之前的最后一个全天交易日。通知日是指期权合约买方欲执行期权而于期权到期日之前预先通知期权清算公司其执行决定的日期。欧式期权合约的通知日为其到期日，美式期权合约的通知日则为到期日之前的任一日。

（六）场外商品期权标的资产

场外商品期权标的资产是指期权合约买方在将来执行期权时所购买或出售的标的商品或商品期货。标的资产并不是期权合约的标的，而是期权合约买方执行期权而成立的标的资产买卖合约的标的。期权合约双方当事人并不是投资于标的资产本身，而是标的资产价格的变动。因此，期权的价值并不体现标的资产本身的价值，而是体现标的资产价格变动所带来的价值，即期权的价值为标的资产所衍生，这也是期权被称为国际金融衍生工具的原因。

（七）场外商品期权保证金

场外商品期权保证金是指场外商品期权合约卖方为保证其履约能力而需向期权清算公司缴存的一定数量的财物。目前场外期权合约中不一定有保证金的明确规定（但并不排除场外期权合约中存在其他担保形式）。保证金并不一定为现金形式，还可以为股票、国库券或期权清算公司认可的其他形式。保证金数目的多少因期权合约的种类的变化而变化。

保证金可分为初始保证金（initial margin）、维持保证金（maintenance margin）及变动保证金（variation margin）。初始保证金是卖方在订立期权合约时就需按场外商品期权合约所规定存入的保证金，而维持保证金则是在每日的交易后卖方所必须维持的最低资金数额的保证金。如果当日结算后账户实际剩余的保证金少于维持保证金，卖方将被要求存入变动保证金，即为使保证金重新达到初始保证金数额而额外存入的保证金。期权合约采取盯市制度（mark-to-market），按现时价格进行每日结算。如果计算结果表明所要求的保证金数额小于保证金账户的现有金额，卖方有权从保证金账户中提取多余资金；如果计算结果表明所要求的保证金数额大于保证金账户的现有金额，卖方将被要求追加变动保证金，以达到维持保证金水平。

三、场外商品期权的监管

（一）监管机构

我国场外衍生品市场监管以政府监管为主，自律监管起补充作用。对场外商品期权的监管机构是中国证券监督管理委员会（以下简称"中国证监会"）。中国证监会的主要职责是：建立统一的证券期货监管体系，按规定对证券期货监管机构实行垂直管理；加强对证券期货业的监管，强化对证券期货交易所、上市公司、证券期货经营机构、证券投资基金管理公司、证券期货投资咨询机构和从事证券期货中介业务的其他机构的监管，提高信息披露质量；加强对证券期货市场金融风险的防范和化解工作；负责组织拟订有关证券市场的法律、法规草案，研究制定有关证券市场的方针、政策和规章；制定证券市场发展规划和年度计划；指导、监督和检查各地区、各有关部门与证券市场有关的事项；对期货市场试点工作进行指导、规划和协调；统一监管证券业。

中国证券业协会、中国期货业协会、中国证券投资基金业协会都是经中国证监会批准分别于 1991 年、2000 年、2012 年成立的证券、期货行业的自律性管理机构，是配合中国证监会实施对证券、期货及其衍生品市场监管的自律组织。中国证券业协会主要是规范证券公司场外期权业务的发展，中国期货业协会主要是规范期货公司风险管理子公司场外期权业务的发展，中国证券投资基金业协会主要是规范基金业主体证券、期货投资咨询活动。［《证券、期货投资咨询管理暂行办法》（经国务院批准，证券委发布，证委发〔1997〕96 号）〕。

（二）监管法律法规

在中国证监会的监管领域内，监管规章多集中在场内市场领域，近年来对场外市场监管规章在逐步完善。

2005 年修订的《中华人民共和国证券法》（以下简称《证券法》）第二条授权国务院对"证券衍生品"制定管理规定。"证券"包括货币类证券、资本类证券、商品类证券等，场外商品衍生品应属于广义的证券衍生品。根据 2019 年 12 月新修订的《证券法》，第二条删除了授权国务院对"证券衍生品"制定管理规定的条款,其可能也是为将来针对衍生品专门立法而准备,提高立法层次。但是《证券法》第一百二十条明确证券公司的八大业务,其中:(一)证券经纪;(二)证券投资咨询;(三)与证券交易、证券投资活动有关的财务顾问;(六)证券做市交易;(七)证券自营;(八)其他证券业务,包含了广义证券衍生品业务内容。

2015 年,中国证券业协会、中国期货业协会、中国证券投资基金业协会联合发布《中国证券期货市场场外衍生品交易商品衍生品定义文件(2015 年版)》声明,旨在向从事场外衍生品交易的参与者提供交易所使用的术语释义,以降低交易成本,提高交易效率,促进和规范场外商品衍生产品市场的发展。这是一个基础性法规。

2020 年 9 月 25 日,中国证券业协会发布的《证券公司场外期权业务管理办法》第十六条规定证券公司可以开展挂钩符合规定条件的个股、股票指数、大宗商品等标的资产的场外期权业务。第六条规定对证券公司参与场外期权交易实施分层管理,根据公司资本实力、分类结果、全面风险管理水平、专业人员及技术系统情况,分为一级交易商和二级交易商。

中国期货业协会发布的《期货公司资产管理业务管理规则(试行)》(2014 年)及中国证监会发布的《期货公司监督管理办法》(2019 年修订),明确期货公司资产管理业务的投资范围包括"期货、期权及其他金融衍生产品"。因此,期货公司作为资产管理计划的管理人,与交易对手方签署主协议、补充协议及交易确认书,进行场外衍生品交易并不存在实质法律障碍。

中国期货业协会 2019 年发布的《期货公司风险管理公司业务试点指引》(2019 年)第三条规定期货公司风险管理公司可以试点以下业务:基差贸易、仓单服务、合作套保、场外衍生品业务、做市业务、其他与风险管理相关的业务。第十一条列示了期货公司备案风险管理公司必备的条件,其中第三款是备案时期货公司分类评级持续不低于 A 类 AA 级,风险管理公司实缴资本不低于人民币 2 亿元的硬指标。

扩展阅读 6.2
2016—2020 年中国证监会加强对场外衍生品的监管思路变化

近年来针对场外期权市场监管延续了十九大以来加强金融监管、防范系统性风险发生的精神,重点着力于主体监管的体系化,初步实现了从行为监管到"行为监管＋主体监管"的升级完善,核心围绕交易双方的主体资质。2018 年 5 月 11 日,中国证监会下发《关于进一步加强证券公司场外期权业务监管的通知》(证监办发〔2018〕40 号)。围绕主体监管的系统化要求开始构筑。2018 年 5 月 28 日,证券业协会发布《关于进一步加强证券公司场外期权业务自律管理的通知》。2018 年 8 月 2 日,期货业协会下发《关于进一步加强风险管理公司场外衍生品业务自律管理的通知》,基于期货风险管理公司开展场外衍生品业务的视角落地类似一二级交易商的制度,对开展个股场外衍生品业务和非个股场外衍生品业务提出了不同层次的要求。并就交易对手方管理、交易标的管理、管理制度建设、禁止行为、过渡期安排等进行了规定。2018 年 12 月 27 日,证券业协会、期货业协会、基金业协会发布关于《中国证券期货市场衍生品交易主协议》的通知,适用于除信用保护合约外的场外衍生品。2019 年 2 月 15 日,期货业协会发布的《期货公司风险管理公司业务试点指引》,该指引具体规定了风险管理公司开展个股场外衍生品业务需要具备的条件。

四、场外商品期权的功能作用

（一）完善市场结构，提高市场活跃度

场外期权的推行丰富了市场的产品结构，满足市场各类投资者的多样化需求，场外期权的交易特点与场内期权类似，但是场内期权会受到标的物、期限的制约而影响其与现有产品的结合。场外期权可以实现与其他产品的结合，从而改善理财产品的收益特征，形成产品之间协同发展的格局。例如在保本型理财产品中，期权的保险作用可以在原有的条件下，减少产品在固定收益资产权重的限制，释放更多的空间给高收益的权益类资产，从而提高产品的收益率，场外期权的一个重要应用就是结构化产品。

（二）优化资产配置，提高标的成交量

期权的非线性损益特征使其可以构造出多种组合，因此场外期权的应用产生了更加丰富的投资策略，从而有助于优化资产配置，降低投资组合的波动性。部分场外期权采用实物交割，因此会加大对标的物的需求，从而对标的价格产生积极的刺激作用，提升交易量。

（三）拓展发行方盈利模式，增加利润来源

场外期权的发行方可以根据客户对风险、收益的偏好程度，设计出"私人定制"的场外期权产品，拓展了期货公司的盈利模式，摆脱传统业务对于市场行情等因素的依赖，提高自身服务水平、定价和做市能力，增加利润来源。

（四）具有杠杆作用，降低购买方投资成本

期权具有高杠杆特性，相比于配资产品和融资融券，场外期权的杠杆更高，5～20倍的杠杆，资金占用比例较低，而且利用期权之间的相互组合能够在实现投资目的的同时通过大规模交易来降低成本。

场外商品期权作为一种投资工具，最明显的一个优势就是可以用较小的资金量来进行投资，而其回报在某些行情走势下却可能相当高，这个尤其适合投机型的客户。一般来说，期货市场有5～10倍杠杆；但是，当标的价格大幅波动时，期权的杠杆性将远大于期货。下面我们以焦炭为例看一下期货和期权两种投资工具的杠杆性对比。

假如某投资者花了15元，买了一份焦炭场外看跌期权，执行价格为680元/吨。

从表6-2中可以看出，利用期权的杠杆功能可以做到以小博大，投资者只要付出少量的期权费用，就能获得标的资产价格变动带来的收益。

表6-2　到期日标的合约在不同价格时的收益率对比（假设期货杠杆为10倍）

项　　目	价格情形一	价格情形二	价格情形三
到期日焦炭期货价格/（元/吨）	660	650	600
标的收益率（配资产品或融资融券）/%	2.94	4.41	11.76
卖出期货收益率/%	29.41	44.12	117.65
买入期权收益率/%	33.33	100.00	433.33

（五）具有保险作用，满足投资方多样化需求

场外商品期权与期货不同，期权的收益曲线是非线性的，这使得期权的买入方可以享有损失有限、收益无限的权利。对于期权的买入方，其所能面临的最大损失就是支付的期权费用，但是获利空间非常大。

如图 6-1(a) 所示，对于买入看涨期权的企业，若标的资产的价格未涨过行权价 K，将面临最大损失期权费 C。然而，一旦价格涨过 K，企业面临的亏损将会减少，且在价格涨过 $(K+C)$ 时，企业开始获得收益，而且这个收益理论上没有上限。

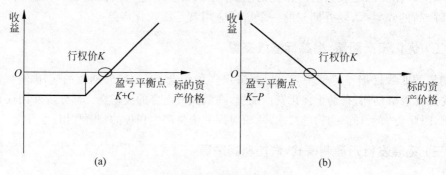

图 6-1　买入看涨期权或者买入看跌期权的盈亏分析
(a) 买入看涨期权；(b) 买入看跌期权

同理，如图 6-1(b) 所示，若标的资产的价格未跌过行权价 K，将面临最大损失期权费 P。然而，一旦价格跌过 K，企业面临的亏损将会减少，且在价格跌过 $(K-P)$ 时，企业开始获得收益，而且可获得的最大收益为 $(K-P)$。

综上所述，买入期权就可以类比买入保险，付出少量的保险费，锁定最大亏损。

利用场外期权的保险作用，同时兼顾场外期权的非标准化特性，所以可以根据投资者的需求而专门设计产品，用于满足投资者套期保值、套利、对冲、投机等需求。

五、场外商品期权的风险

场外商品期权的风险主要体现在定价风险、信用风险和流动性风险上。

（一）定价风险

场外商品期权主要是一对一的交易，透明度低，流动性差，存在信息不对称，所以价格发现能力弱，成交效率低。场外期权的定价比较复杂，需要考虑对冲交易成本和资金占用成本等因素的综合影响。

（二）信用风险

场外商品期权业务交易规模比较大，如果期权的卖方无法履行支付义务，那么期权的买方将因此遭受严重的损失。因此在签约前，双方应对对手方进行适当性评估，判断业务是否可以开展，并确定客户所适合的交易规模，必要时可以要求对方提供一定的保证金、

担保品或者提供额外的回报率。

（三）流动性风险

场外商品期权的发行方在对产品进行对冲时，可能会承受资金周转不开、不能及时追加保证金或者对冲交易失败等原因造成的严重损失。

第二节 场外商品期权业务及应用

一、场外商品期权套期保值应用

随着我国社会主义市场经济的确立与逐步完善，我国各要素市场逐渐建立与成熟，以往靠着大干快上方式获取超额利润空间的机会不会再有。企业必须适应市场竞争、经济环境复杂多变以及风险无时无处不在的新挑战。因此对于大宗商品价格的上下波动，采用更精细、更有效的管理方式，是每个企业必须考虑的议题。由于场外商品期权可满足企业防范风险的需求，利用场外商品期权量身打造专门的风险防范策略，对企业各个价值创造环节进行套期保值，受到国内外企业的一致推崇。以下根据企业各环节出现风险的需求，利用场外商品期权为企业提供套期保值等风险管理服务。

（一）原材料采购的套期保值

一般企业建立基本的原材料库存，以维持企业的正常运作。假如企业对于原材料价格的看法是持续上涨，传统的做法是动用资金去建立大量的库存，但这带来了两个弊端：一是占用企业大量的营运现金，假如销售回款速度无法快速提升，会造成企业现金流吃紧；二是万一预测错误，大量的库存将有巨额的跌价损失，严重的话可能会影响企业正常的现金流。

透过场外商品期权市场买进看涨期权，取代用资金去建立大量库存的做法的优点在于：一是占用资金减少，只需要在期初支付相对于原材料价值某个比例的期权费，而不需要付出全额的原料价值；二是使用场外商品期权，只需要期初支付期权费用，没有后续的保证金追缴麻烦；三是万一预测错误，使用期权最大损失就只限于期初支付的期权费用，若使用现货或期货去建立相同规模的库存，最大损失就会随着行情不利方向的波动而大幅度扩大。

【例6-1】 浙江某铜加工企业每年销量约400吨，预期未来一年原料价格将持续上涨，若按照以往的做法，企业必须按照当时的铜价50 720元/吨购买400吨铜，花费2 028.80万元买进当年度的使用量作为库存，若透过场外衍生品市场买进看涨期权，所需要支付的现金约为原料价值的6%，约为121.7万元，节省了94%的资金使用。此外，企业若是现金流比较充裕，把节省的1 097万元现金购买固定收益产品，产生的利息可以用来支付大部分期权费用，相当于企业拥有了一个低成本的看涨期权。

（二）销售价格管理

企业的运作一般是长期连续的行为，但产品的价格会随着市场波动有较大的变化。若是生产周期较长的企业，很容易在一开始安排生产计划时，是有利可图的，但等到产品生产出来，有可能遇到成品价格跌落，造成企业的亏损；或者是行情大好的时候，产能不可能一夕之间全部生产出来，这两种情境都可以透过买入看跌期权锁定产品的最低销售价格,保障企业利润的套期保值。购买看跌期权相当于对价格下跌买进一个保险,若后市价格跌至行权价之下,看跌期权可以行使权利以约定的行权价卖出指定的商品。

【例6-2】　预期一个月后将采摘的高级苹果目前市价100元/千克,种植成本为70元/千克,为保证最低的获利空间与控制下跌风险,购买一个80元/千克的看跌场外期权,这就意味着若一个月后的市价跌至80元/千克以下,买入看跌期权的买家可以执行买方权利,将此苹果用80元/千克价格卖出;若市价超过80元/千克,直接在市场上卖出苹果更为有利。这就是看跌期权的买方优势,可以在价格走势不利时行权,保证一个最低的售价;价格上涨时,看跌期权虽然失去行权的价值,但苹果可以按照当时更高的市价销售。

(三)库存的套期保值

企业为了维持订单的顺畅运转,通常会维持至少一定周期原材料的库存量。当原材料价格区间震荡时,库存价值变动不大,企业通常不关注库存价值的变动。但万一原材料价格短期有大幅度下跌,库存价值会产生大幅度的减损,导致企业发生亏损。

为防范库存价值下跌的风险,企业可以通过买入与库存量匹配的看跌期权做避险,当原料价格大幅度下跌时,看跌期权的获利可以弥补库存价值的减损;若原料价格大幅度上涨,买入的看跌期权虽然到期没有行权价值,但此时库存价值的上涨可以完全覆盖购买看跌期权的费用,整体价值还是增加的。所以买入看跌期权对于企业来说,既保留了库存价值上涨的机会,又可以避免库存价值下跌的风险。

【例6-3】　某铜加工厂,有铜库存约100吨,当时铜价为50 720元/吨,为规避铜库存下跌的风险,购买一个月执行价格为50 000元/吨的看跌期权,后因受到市场传闻铜融资紧缩的影响,铜价下滑至45 070元/吨,若不采取任何措施,库存跌价损失将高达货物价值11%。若借由购买看跌期权,铜价发生大跌时,看跌期权价值增加为493 000元＝100×(50 000−45 070),库存跌价的损失由看跌期权的价值增加弥补,整体价值锁定在当初买入的看跌期权行权价50 000元/吨。

(四)抵押保险业务的套期保值

一般将股票或仓单质押给银行,出于风险考量,最多只能抵押出少于50%价值的现金。通过买入看跌期权来保护仓单或股票的最低价值,一方面企业可以抵押更多现金出来缓解资金流紧张的困境;另一方面银行也可以贷出更多资金,增加利息收入。

【例6-4】　浙江某铜加工厂有铜库存市值1 000万元,因资金流紧张,想通过质押方式换取资金,但银行担忧抵押品下跌的风险,只核拨500万元的额度。若当时铜价为50 000元/吨,为控制抵押品可能的跌价损失,企业购买行权价为37 500元的看跌期权,当铜价下跌超过28%时,如下跌至36 000元,看跌期权每吨可获利1 500元,使得整体抵押品维持在75%的水准,亦即库存品的最低价值也被锁定在750万元;站在银行角度,借由看跌期权的保险作用控制了抵押品的风险,也更有意愿去贷出更多资金。

(五)仓单保值增值业务

企业的库存放在仓库,除了需要支付仓储费用和利息外,在库存尚未销售出去前,并无其他收入。而仓单增值业务便是针对这样的情境,提供企业客户活化仓单资产的功能,除了可以带来稳定的现金收入外,若成品的价格上涨,还可以按照预设的上限价格卖出。

仓单增值业务的原理,是将未来预期的利润空间转化成目前的现金收入。通常在企业预期价格走势平缓时,可透过这项增值服务减少仓储和利息支出的耗损。

若商品价格上涨超过原先设定的上限,则企业可按照市价抛售仓单库存,再补偿市价与上限价格的差额给买方。此两个步骤相当于企业的库存是按照原先设定的上限价格售出。使用仓单增值业务不管价格是否超过设定的价格,企业都可得到期权费用的收入。

【例 6-5】　某铜冶炼企业有铜库存 100 吨,目前铜价为 50 720 元/吨,企业想利用这批库存额外增加收益,预期铜价超过 52 000 元/吨的概率较低,经询价当时 52 000 元/吨的看涨期权卖出价格为 457 元/吨。在缴交库存市值 14% 的保证金后,指定上限为 52 000 元/吨卖出 100 吨一个月看涨期权。一个月后,铜价如没太大波动,收在 51 050 元/吨。此时企业除了可回收保证金外,另可以得 45 700 元的期权费用收入。

上例若一个月后铜价上涨超过 52 000 元/吨,收在 52 050 元/吨时,企业需:

第一步,按照市价售出 100 吨,得现金 5 205 000 元;

第二步,就上限价格与市价差异补偿给期权买方,支付 $100 \times (52\ 050 - 52\ 000) = 5\ 000$ 元。此两个步骤相当于库存铜以 52 000 元/吨售价卖出;

第三步,获得期权费用收入 45 700 元。

(六) 低价预购业务

一般位于产业链下游的企业,产品售价直接面对市场的激烈竞争,不易涨价转嫁成本的上涨,原料端面对铜锌铝等工业金属的波动不具有主导权,只能被动接受价格的波动。因此在原材料下跌的环境中,会倾向多建立一些原物料的库存以备企业生产所需。

借由场外商品期权市场,企业可以事先设定采购原物料的数量、时间、品种,设定下限价位作为卖出看跌期权的执行价位。一旦原物料的价格跌至设定的下限价格之下,便可以依照期初设定的条件买进原物料作为库存,以供生产之用,赔了设定价格与最低价格的差价给期权购买方。若期末价格仍旧在设定下限价格之上,则可以收取期权费用的现金流入。

【例 6-6】　目前铜价为 50 720 元/吨,广东中山市某家电代工企业想在铜价跌落 49 000 元/吨时建立 100 吨库存以备生产之用,卖出同量的经询价目前设定 49 000 元/吨下限的一个月看跌期权,报价为 227 元/吨。一个月后铜价跌至 48 800 元/吨,在原先设定的下限之下,因此,企业需要:

第一步,该企业以市价买进原料 48 800 元/吨,共花费 $48\ 800 \times 100 = 4\ 880\ 000$ 元;

第二步,低于下限价格,家电代工企业支付给买方 $100 \times (49\ 000 - 48\ 800) = 20\ 000$ 元。家电代工企业依照市价 48 800 元/吨买进所需要的铜 100 吨,加上支付给期权买方的成本,相当于家电代工企业是在 49 000 元/吨买进所需要的原料;

第三步,家电代工企业可得到 22 700 元的期权费用收入。

二、场外商品期权套利应用

从理论上来说,在一个高效的市场中,所有市场信息会第一时间反映在价格上,任何资产价格都不会偏离其应有价值,利用价差进行无风险套利的机会应该是不存在的。但大量研究和实践经验表明,现实中的市场并非完全有效市场,不同资产价格之间有可能在极短时间产生失衡,这就使无风险套利成为可能。尤其是在成熟度还不高的新兴市场,套利机会仍然大量存在。

为何无风险套利策略在场外商品期权交易中备受关注呢？原因归纳起来有如下几点：第一,同一标的商品对应的场外期权合约往往数以十计,甚至数以百计,如此多的合约同时在市场交易,合约价格之间的相对关系使获利机会较多；第二,场外商品期权精确定价难度较高,较容易出现价格错估；第三,无风险套利机会意味着可以获得"万无一失"的利润。

期权的非线性回报以及波动率挂钩特质,使得基于期权的套利策略较为复杂,形式上也灵活多变。根据套利机会所遵循的期权价格属性的不同,我们将场外商品期权无风险套利机会划分为上下边界套利、垂直价差套利、凸性套利以及平价套利四种类型。接下来我们以场外商品欧式期权为例将依次介绍这四种套利策略。

（一）上下边界套利

期权的边界套利是指由于期权的市场价格高于（低于）其理论价格上限（下限）而产生的套利机会。具体而言,边界套利可分为看涨期权边界套利与看跌期权边界套利。

1. 看涨期权边界套利

无红利欧式看涨期权理论价格应满足

$$\max(S-K,0)<C<S$$

其中,C 为获得看涨期权而应支付的理论价格；K 为行权执行价格；S 为标的资产市场价格或其相应的期货价格。

即期权理论价格的下限是期权的内涵价值,上限是标的资产现价。如果期权市价超出了这两者所限定的理论价格区间,那么就产生了无风险套利机会。其具体分为以下两种情形。

（1）看涨期权价格超过理论上限：$C>S$。这意味着期权价格被高估,我们可以卖出看涨期权,买入标的资产,持有这一组合到期,即可获取无风险收益。

无风险套利策略现金流量表如表 6-3 所示。

表 6-3　无风险套利策略现金流量表

时间点	卖出看涨期权	买入资产	存款账户	现金流总和
$t=0$	$+C$	$-S$	$-(C-S)$	0
$t=T$　$S_T>K$	$-S_T+K$	S_T	$(C-S)\times e^{rT}$	$K+(C-S)\times e^{rT}$
$t=T$　$S_T<K$	0	S_T	$(C-S)\times e^{rT}$	$S_T+(C-S)\times e^{rT}$

资料来源：方正中期期货。

注：现金流量表中符号的含义如下：对于期权或标的物,正号代表卖出期权、标的物对应的现金流入；负号代表买入期权、标的物对应的现金流出；对于存款账户,正号代表取出存款,负号代表存入存款；对于贷款账户,正号代表借入贷款,负号代表偿还贷款。下同。

【**例 6-7**】 考虑商品 A 及其场外期权,二者市场价格如下:$S=100,K=80,C=102,$ 易知存在无风险套利机会,策略到期盈亏图如图 6-2 所示。

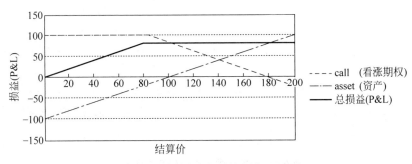

图 6-2 无风险套利策略到期盈亏图

资料来源:方正中期期货。

(2)看涨期权价格低于理论下限:$C<\max(S-K,0)$。这意味着期权价格被低估,我们可以买入看涨期权,做空标的资产,同时投资无风险资产,即相当于合成了看跌期权多头。持有这一组合到期,即可获取无风险收益。无风险套利策略现金流量表如表 6-4 所示。

表 6-4 无风险套利策略现金流量表

时间点	买入看涨期权	卖出资产	存款账户	现金流总和
$t=0$	$-C$	$+S$	$-(S-C)$	0
$t=T \quad S_T>K$	S_T-K	$-S_T$	$(S-C)\times e^{rT}$	$(S-C)\times e^{rT}-K$
$t=T \quad S_T<K$	0	$-S_T$	$(S-C)\times e^{rT}$	$(S-C)\times e^{rT}-S_T$

资料来源:方正中期期货。

【**例 6-8**】 考虑商品 A 及其场外看涨期权,执行价格 $K=80,C=15,S=100$,易知存在无风险套利机会,策略到期盈亏图如图 6-3 所示。

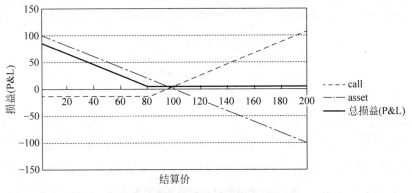

图 6-3 无风险套利策略到期盈亏图

资料来源:方正中期期货。

2. 看跌期权边界套利

无红利欧式看跌期权理论价格应满足

$$\max(S-K,0)<P<K$$

其中，P 为获得看跌期权而应支付的理论价格；K 为行权执行价格；S 为标的资产市场价格或其相应的期货价格。

即期权理论价格的下限是期权内涵价值，上限是期权行权价格。如果期权市价超出了这两者所限定的理论价格区间，那么就产生了无风险套利机会。其具体分为以下两种情形。

（1）看跌期权价格超过理论上限：$P>K$。这意味着期权被高估，我们可以卖出看跌期权，将所得收入投资无风险资产，持有这一组合到期，即可获取无风险收益。无风险套利策略现金流量表如表 6-5 所示。

表 6-5　无风险套利策略现金流量表

时间点	卖出看跌期权	存款账户	现金流总和
$t=0$	$+P$	$-P$	0
$t=T$　$S_T>K$	0	$P\times e^{rT}$	$P\times e^{rT}$
$t=T$　$S_T<K$	S_T-K	$P\times e^{rT}$	$S_T-K+P\times e^{rT}$

资料来源：方正中期期货。

【例 6-9】　考虑商品 A 及其场外看跌期权，执行价格 $K=100$，$P=110$，易知存在无风险套利机会，策略到期盈亏图如图 6-4 所示。

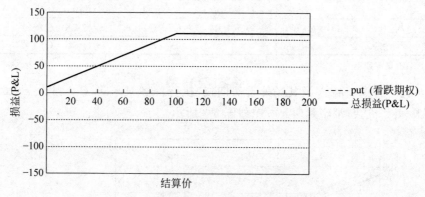

图 6-4　无风险套利策略到期盈亏图
资料来源：方正中期期货。

（2）看跌期权价格低于理论下限：$P<\max(S-K,0)$。当期权价格低于理论下限，意味着期权被低估，我们可以借入所需资金，同时买入看跌期权和标的资产，持有这一组合到期，即可获取无风险收益。无风险套利策略现金流量表如表 6-6 所示。

表 6-6　无风险套利策略现金流量表

时间点	买入看跌期权	买入股票	贷款账户	现金流总和
$t=0$	$-P$	$-S$	$S+P$	0
$t=T$　$S_T>K$	0	S_T	$-(S+P)\times e^{rT}$	$S_T-(S+P)\times e^{rT}$
$t=T$　$S_T<K$	$K-S_T$	S_T	$-(S+P)\times e^{rT}$	$K-(S+P)\times e^{rT}$

资料来源：方正中期期货。

【例 6-10】 考虑商品 A 及其场外看跌期权,执行价格 $K=120, P=10, S=100$,易知存在无风险套利机会,策略到期盈亏如图 6-5 所示。

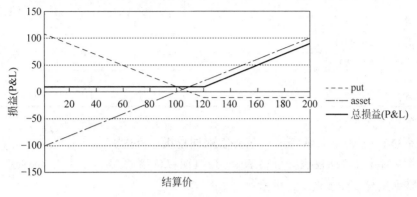

图 6-5　无风险套利策略到期盈亏图

3. 期权边界套利小结

期权上下边界套利总结如表 6-7 所示。

表 6-7　期权上下边界套利总结

套利类型	无套利条件	套利机会(理论上)
看涨期权	$\max(S-Ke^{-rT},0)<C<S$	$C-S>0$
		$\max(S-Ke^{-rT},0)-C>0$
看跌期权	$\max(Ke^{-rT}-S,0)<P<K$	$P-K>0$
		$\max(Ke^{-rT}-S,0)-P>0$

资料来源:方正中期期货。

(二)垂直价差套利

同单个场外商品期权的上下边界套利原理一致,由两个相同到期日、不同行权价的同类型场外商品期权组成的价差期权也有理论价格上下限。

1. 看涨期权垂直价差套利

看涨期权价差组合应满足: $0<C_1-C_2<(K_2-K_1)$

其中,C_1 和 C_2 分别对应行权价格为 K_1 和 $K_2(K_1<K_2)$ 的看涨期权。右边不等式描述的是,价差期权(多方)的理论价格应严格小于其内涵期权的行权价之差。左边不等式也可以理解为低行权价的看涨期权价格要高于高行权价的同期限看涨期权。

(1)看涨期权垂直价差超过上界。如果 $C_1-C_2\geqslant(K_2-K_1)$,即看涨垂直价差组合被高估,那么我们可以做空价差期权,同时投资无风险资产,持有这一组合到期,即可获取无风险收益。无风险套利策略现金流量表如表 6-8 所示。

表 6-8　无风险套利策略现金流量表

时间点	卖出看涨期权 K_1	买入看涨期权 K_2	存款账户	现金流总和
$t=0$	$+C_1$	$-C_2$	$-(C_1-C_2)$	0

续表

时间点	卖出看涨期权 K_1	买入看涨期权 K_2	存款账户	现金流总和
$t=T$ $S_T>K_2$	$-S_T+K_1$	S_T-K_2	$(C_1-C_2)\times e^{rT}$	$K_1-K_2+(C_1-C_2)\times e^{rT}$
$t=T$ $K_1<S_T<K_2$	$-S_T+K_1$	0	$(C_1-C_2)\times e^{rT}$	$K_1-S_T+(C_1-C_2)\times e^{rT}$
$t=T$ $S_T<K_1$	0	0	$(C_1-C_2)\times e^{rT}$	$(C_1-C_2)\times e^{rT}$

资料来源：方正中期期货。

【例 6-11】 考虑商品 A 及其一场外看涨期权执行价格 $K_1=80$，期权价格 $C_1=100$；商品 A 另一场外看涨期权执行价格 $K_2=120$，期权价格 $C_2=50$。易知存在无风险套利机会，策略到期盈亏图如图 6-6 所示。

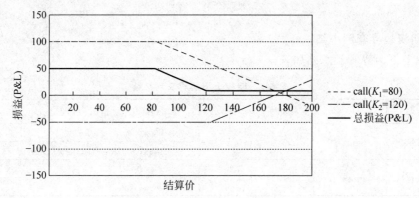

图 6-6　无风险套利策略到期盈亏图

资料来源：方正中期期货。

（2）看涨期权垂直价差低于下界。如果 $C_1-C_2<0$，即低行权价的看涨期权价格低于高行权价的同期限看涨期权，这意味着低行权价的看涨期权被低估，我们可以通过做多低行权价的看涨期权，做空高行权价的看涨期权，持有这一组合到期，即可获取无风险收益。无风险套利策略现金流量表如表 6-9 所示。

表 6-9　无风险套利策略现金流量表

时间点	买入看涨期权 K_1	卖出看涨期权 K_2	存款账户	现金流总和
$t=0$	$-C_1$	$+C_2$	$-(C_2-C_1)$	0
$t=T$ $S_T>K_2$	S_T-K_1	$-S_T+K_2$	$(C_2-C_1)\times e^{rT}$	$K_2-K_1+(C_2-C_1)\times e^{rT}$
$t=T$ $K_1<S_T<K_2$	S_T-K_1	0	$(C_2-C_1)\times e^{rT}$	$S_T-K_1+(C_2-C_1)\times e^{rT}$
$t=T$ $S_T<K_1$	0	0	$(C_2-C_1)\times e^{rT}$	$(C_2-C_1)\times e^{rT}$

资料来源：方正中期期货。

【例 6-12】 考虑商品 A 及其一场外看涨期权执行价格 $K_1=80$,期权价格 $C_1=100$;商品 A 另一场外看涨期权执行价格 $K_2=120$,期权价格 $C_2=110$。易知存在无风险套利机会,策略到期盈亏图如图 6-7 所示。

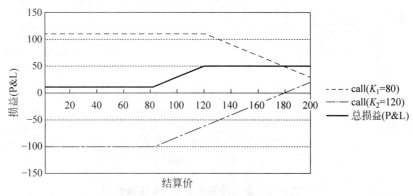

图 6-7 无风险套利策略到期盈亏图

资料来源:方正中期期货。

2. 看跌期权垂直价差套利

由看跌期权构成的价差组合应满足

$$0 < P_1 - P_2 < (K_2 - K_1)$$

(1)看跌期权垂直价差超过上界。如果 $P_2 - P_1 \geqslant (K_2 - K_1)$,即看跌垂直价差组合被高估,那么我们可以做空价差期权,同时投资无风险资产,持有这一组合到期,即可获取无风险收益。无风险套利策略现金流量表如表 6-10 所示。

表 6-10　无风险套利策略现金流量表

时间点	买入看跌期权 K_1	卖出看跌期权 K_2	存款账户	现金流总和
$t=0$	$-P_1$	$+P_2$	$-(P_2-P_1)$	0
$t=T$ $S_T>K_2$	0	0	$(P_2-P_1)\times e^{rT}$	$(P_2-P_1)\times e^{rT}$
$t=T$ $K_1<S_T<K_2$	0	S_T-K_2	$(P_2-P_1)\times e^{rT}$	$S_T-K_2+(P_2-P_1)\times e^{rT}$
$t=T$ $S_T<K_1$	$-S_T+K_1$	S_T-K_2	$(P_2-P_1)\times e^{rT}$	$K_1-K_2+(P_2-P_1)\times e^{rT}$

资料来源:方正中期期货。

【例 6-13】 考虑商品 A 及其一场外看跌期权执行价格 $K_1=80$,期权价格 $P_1=20$;商品 A 另一场外看跌期权执行价格 $K_2=120$,期权价格 $P_2=70$。易知存在无风险套利机会,策略到期盈亏图如图 6-8 所示。

(2)看跌期权垂直价差低于下界。如果 $P_2-P_1<0$,即低行权价的看跌期权价格要高于高行权价的同期限看跌期权,这意味着低行权价期权被高估,我们可以通过做空低行权价期权、做多高行权价期权,持有这一组合到期,即可获取无风险收益。无风险套利策略现金流量表如表 6-11 所示。

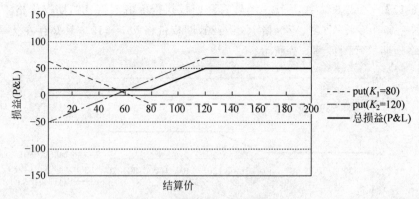

图 6-8   无风险套利策略到期盈亏图

资料来源：方正中期期货。

表 6-11   无风险套利策略现金流量表

时间点	卖出看跌期权 K_1	买入看跌期权 K_2	存款账户	现金流总和
$t=0$	$+P_1$	$-P_2$	$-(P_1-P_2)$	0
$t=T$ $S_T>K_2$	0	0	$(P_1-P_2)\times e^{rT}$	$(P_1-P_2)\times e^{rT}$
$t=T$ $K_1<S_T<K_2$	0	K_2-S_T	$(P_1-P_2)\times e^{rT}$	$K_2-S_T+(P_1-P_2)\times e^{rT}$
$t=T$ $S_T<K_1$	S_T-K_1	K_2-S_T	$(P_1-P_2)\times e^{rT}$	$K_2-K_1+(P_1-P_2)\times e^{rT}$

资料来源：方正中期期货。

【例 6-14】   考虑商品 A 及其一场外看跌期权执行价格 $K_1=80$，期权价格 $P_2=20$；商品 A 另一场外看跌期权执行价格 $K_2=120$，期权价格 $P_2=10$。易知存在无风险套利机会，策略到期盈亏图如图 6-9 所示。

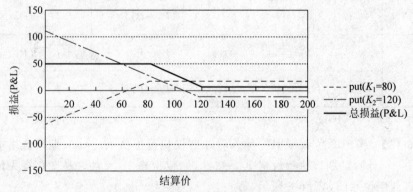

图 6-9   无风险套利策略到期盈亏图

资料来源：方正中期期货。

3. 垂直价差套利小结

表 6-12 为垂直价差套利小结。

表 6-12 垂直价差套利小结

表 6-12 垂直价差套利小结

套利类型	无套利条件	套利机会(理论上)
看涨期权垂直价差	$0 < C_1 - C_2 < (K_2 - K_1)e^{-rT}$	$C_1 - C_2 < 0$
		$C_1 - C_2 \geqslant (K_2 - K_1)e^{-rT}$
看跌期权垂直价差	$0 < P_2 - P_1 < (K_2 - K_1)e^{-rT}$	$P_2 - P_1 < 0$
		$P_2 - P_1 \geqslant (K_2 - K_1)e^{-rT}$

资料来源:方正中期期货。

(三)凸性套利

期权的凸性套利策略是指利用同期限期权的理论价格是其行权价的凸函数这一性质来判断套利机会。考虑同期限的行权价分别为 K_1、K_2 和 K_3 的三只看涨期权 C_1、C_2 和 C_3 以及三只看跌期权 P_1、P_2 和 P_3,其理论价格应满足如下关系:

$$C_1 + \lambda \cdot C_3 > (1 + \lambda)C_2$$
$$P_1 + \lambda \cdot P_3 > (1 + \lambda)P_2$$

其中,$\lambda = \dfrac{K_2 - K_1}{K_3 - K_1}$。

如果这一关系被打破,就意味着无风险套利机会的存在。

1. 看涨期权凸性关系被打破

如果 $C_1 + \lambda C_3 < (1 + \lambda)C_2$,那么套利策略现金流量表如表 6-13 所示。

表 6-13 无风险套利策略现金流量表

时间点	买入 1 份看涨期权 K_1	卖出$(1+\lambda)$看涨期权 K_2	买进 λ 份看涨期权 K_3	存款账户	现金流总和
$t = 0$	$-C_1$	$+(1+\lambda)C_2$	$-\lambda C_3$	$-[(1+\lambda)C_2 - C_1 - \lambda C_3]$	0
$t = T$ $K_3 < S_T$	$(S_T - K_1)$	$(1+\lambda)(-S_T + K_2)$	$\lambda \times (S_T - K_3)$	$[(1+\lambda)C_2 - C_1 - \lambda C_3] \times e^{rT}$	$[(1+\lambda)C_2 - C_1 - \lambda C_3] \times e^{rT}$
$t = T$ $K_2 < S_T < K_3$	$(S_T - K_1)$	$(1+\lambda)(-S_T + K_2)$	0	$[(1+\lambda)C_2 - C_1 - \lambda C_3] \times e^{rT}$	$\lambda(K_3 - S_T) + [(1+\lambda)C_2 - C_1 - \lambda C_3] \times e^{rT}$
$t = T$ $K_1 < S_T < K_2$	$(S_T - K_1)$	0	0	$[(1+\lambda)C_2 - C_1 - \lambda C_3] \times e^{rT}$	$(S_T - K_1) + [(1+\lambda)C_2 - C_1 - \lambda C_3] \times e^{rT}$
$t = T$ $S_T < K_1$	0	0	0	$[(1+\lambda)C_2 - C_1 - \lambda C_3] \times e^{rT}$	$[(1+\lambda)C_2 - C_1 - \lambda C_3] \times e^{rT}$

资料来源:方正中期期货。

【例 6-15】 考虑商品 A 及其各场外看涨期权的市场执行价格、各期权价与期权仓位如表 6-14 所示。

表 6-14　商品 A 及其各场外看涨期权价格数据

指　　标	价　格　数　据		
K	50	100	150
看涨期权价	110	68	20
期权仓位	$+1$	-2	$+1$

易知存在无风险套利机会,策略到期盈亏图如图 6-10 所示。

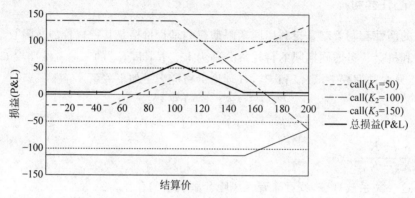

图 6-10　无风险套利策略到期盈亏图

资料来源:方正中期期货。

2. 看跌期权凸性关系被打破

如果 $P_1+\lambda P_3<(1+\lambda)P_2$,那么套利策略现金流量表如表 6-15 所示。

表 6-15　无风险套利策略现金流量表

时间点	买入 1 份看跌期权 K_1	卖出 $(1+\lambda)$ 看跌期权 K_2	买入 λ 份看跌期权 K_3	存款账户	现金流总和
$t=0$	$-P_1$	$(1+\lambda)P_3$	$-\lambda P_3$	$-[(1+\lambda)P_2-P_1-\lambda P_3]$	0
$t=T$ $K_3<S_T$	0	0	0	$[(1+\lambda)P_2-P_1-\lambda P_3]\times e^{rT}$	$[(1+\lambda)P_2-P_1-\lambda P_3]\times e^{rT}$
$t=T$ $K_2<S_T<K_3$	0	0	$\lambda(K_3-S_T)$	$[(1+\lambda)P_2-P_1-\lambda P_3]\times e^{rT}$	$\lambda(K_3-S_T)+[(1+\lambda)P_2-P_1-\lambda P_3]\times e^{rT}$
$t=T$ $K_1<S_T<K_2$	0	$-(1+\lambda)(K_1-S_T)$	$\lambda(K_3-S_T)$	$[(1+\lambda)P_2-P_1-\lambda P_3]\times e^{rT}$	$(S_T-K_1)+[(1+\lambda)P_2-P_1-\lambda P_3]\times e^{rT}$
$t=T$ $S_T<K_1$	K_1-S_T	$-(1+\lambda)(K_2-S_T)$	$\lambda(K_3-S_T)$	$[(1+\lambda)P_2-P_1-\lambda P_3]\times e^{rT}$	$[(1+\lambda)P_2-P_1-\lambda P_3]\times e^{rT}$

资料来源:方正中期期货。

【例 6-16】 考虑商品价格 A 及其各场外看跌期权市场执行价格、期权价格与期权仓位如表 6-16 所示。

表 6-16　商品 A 及其各场外看跌期权价格数据

指　　标	价　格　数　据		
K	50	100	150
看跌期权价	20	68	110
期权仓位	+1	−2	+1

易知存在无风险套利机会,策略到期盈亏图如图 6-11 所示。

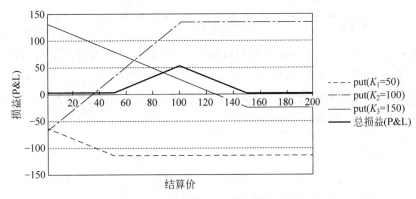

图 6-11　无风险套利策略到期盈亏图
资料来源:方正中期期货。

(四) 平价套利

1. 看跌-看涨期权平价公式

对于相同标的资产、相同到期日、相同行权价格的无收益欧式看涨期权和看跌期权来说,二者满足如下平价关系:

$$C + K = P + S$$

其中,C、P 和 S 均为 t 时刻的价格,期权到期日为 T。

这个关系通常被称为 put-call parity,即欧式期权的看跌-看涨期权平价公式。其原理很简单,即可将等式的左右两边都认为是两个投资组合,左边的代表一份看涨期权和 K 数量的现金,右边的代表一份看跌期权和一份标的资产(这里注意看跌期权和标的资产),两者到期的价值均为 $\max(S-K,K)$,在其他条件相同的情况下,根据无套利原理,两者的现值也相等。

另外,看跌-看涨期权平价公式也可以写成如下形式:

$$C - P = S - K$$

从投资组合的角度,等式左边相当于用看涨期权和看跌期权合成了一份持有成本为 K 的、剩余期限为 T 的期货多头,而等式右边就是这一期货头寸的价值。当看跌-看涨期权平价关系被打破时,便出现了无风险套利机会。

2. 正向套利

当 $C-P>S-K$ 的关系出现时,平价关系被打破,我们进行的套利策略即为正向套利。具体操作如下：买入看跌期权并卖出看涨期权，同时融资 K 买入现货。不考虑保证金的情况下，期初即可获得正现金流，持有这一组合到期，即可获取无风险收益（表6-17）。

表 6-17　无风险套利策略现金流量表

时间点	买入看跌期权	卖出看涨期权	买入资产	存款账户	现金流总和
$t=0$	$-P$	$+C$	$-S$	$-(C-P-S)$	0
$t=T$ $S_T<K$	$K-S_T$	0	S_T	$(C-P-S)\times e^{rT}$	$K+(C-P-S)\times e^{rT}$
$t=T$ $S_T>K$	0	$-S_T+K$	S_T	$(C-P-S)\times e^{rT}$	$K+(C-P-S)\times e^{rT}$

资料来源：方正中期期货。

【**例 6-17**】　考虑商品 A 及其场外期权执行价格、期权价格与资产市场价格如下：场外看跌期权执行价格 $K=100$，期权价格 $P=3$；场外看涨期权也是 $K=100$，期权价格 $C=15$；资产市场价格 $S=110$。易知存在无风险套利机会，策略到期盈亏图如图6-12所示。

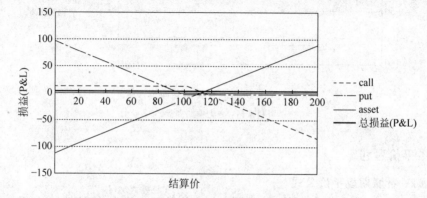

图 6-12　无风险套利策略到期盈亏图
资料来源：方正中期期货。

3. 反向套利

当 $C-P<S-K$ 的关系出现时，平价关系被打破，我们进行的套利策略即为反向套利，具体操作如下：买入看涨期权并卖出看跌期权，同时卖出现货，然后投资无风险资产。不考虑保证金的情况下，期初即可获得正现金流，持有这一组合到期，即可获取无风险收益（表6-18）。

表 6-18　无风险套利策略现金流量表

时间点	卖出看跌期权	买入看涨期权	卖出资产	存款	现金流总和
$t=0$	$-P$	$-C$	$+S$	$+(C-P-S)$	0
$t=T$ $S_T<K$	$-K+S_T$	0	$-S_T$	$-(C-P-S)\times e^{rT}$	$-K-(C-P-S)\times e^{rT}$
$t=T$ $S_T>K$	0	S_T-K	$-S_T$	$-(C-P-S)\times e^{rT}$	$-K-(C-P-S)\times e^{rT}$

资料来源：方正中期期货。

【例 6-18】 考虑商品 A 及其场外期权执行价格、期权价格与资产市场价格如下：场外看跌期权执行价格 $K=100$，期权价格 $P=6$；场外看涨期权执行价格也是 $K=100$，期权价格 $C=13$；资产市场价格 $S=110$。易知存在无风险套利机会，策略到期盈亏图如图 6-13 所示。

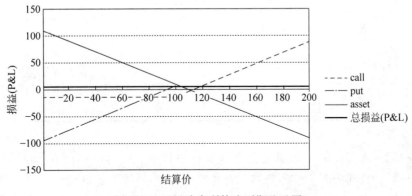

图 6-13 无风险套利策略到期盈亏图

资料来源：方正中期期货。

4. 盒式价差套利

盒式价差套利策略源于盒式价差期权组合（box spread）的实际价格与理论价格的偏离。无套利条件下，根据看涨-看跌期权的平价公式，我们有如下关系成立：

$$S = C_1 - P_1 + K_1 \cdot e^{-rT} = C_2 - P_2 + K_2 \cdot e^{-rT}$$

其中，C_1、P_1 分别代表行权价格 K_1 的看涨期权和看跌期权；C_2、P_2 分别代表行权价格 K_2 的看涨期权和看跌期权，并且这四份期权的到期期限一致。该平价关系可视为两个不同行权价格期权平价关系的叠加（假设 $K_2 > K_1$），也可以写成

$$C_1 - C_2 + P_2 - P_1 = (K_2 - K_1) \cdot e^{-rT}$$

此时，等式左边相当于买入由看涨期权组成的牛市价差期权，同时买入由看跌期权组成的熊市价差期权；等式右边相当于一笔无风险投资的现值。

当该平价关系被打破时，便可进行无风险套利，具体分如下两种情况。

（1）当 $C_1 - C_2 + P_2 - P_1 < (K_2 - K_1)$ 时，我们可以借入现金来买入牛市价差期权（即买入 C_1 并卖出 C_2），同时买入熊市价差期权（即买入 P_2 并卖出 P_1），持有这一组合到期，并在到期结清头寸，即可获取无风险收益。

（2）当 $C_1 - C_2 + P_2 - P_1 > (K_2 - K_1)$ 时，我们卖出牛市价差期权（即卖出 C_1 并买入 C_2），同时卖出熊市价差期权（即卖出 P_2 并买入 P_1），将所得权利金收入投资于无风险资产，持有这一组合到期，并在到期结清头寸，即可获取无风险收益。

以 $C_1 - C_2 + P_2 - P_1 < (K_2 - K_1) \cdot e^{-rT}$ 为例，其套利策略现金流量表如表 6-19 所示。

表 6-19   无风险套利策略现金流量表

时间点	买入看涨期权 K_1	卖出看跌期权 K_1	卖出看涨期权 K_2	买入看跌期权 K_2	存款	现金流总和
$t=0$	$-C_1$	$+P_1$	$+C_2$	$-P_2$	$-(-C_1+C_2+P_1-P_2)$	0
$t=T$ $S_T>K_2$	S_T-K_1	0	$-S_T+K_2$	0	$(-C_1+C_2+P_1-P_2)\times e^{rT}$	$K_2-K_1+(-C_1+C_2+P_1-P_2)\times e^{rT}$
$t=T$ $K_1<S_T<K_2$	S_T-K_1	0	0	K_2-S_T	$(-C_1+C_2+P_1-P_2)\times e^{rT}$	$K_2-K_1+(-C_1+C_2+P_1-P_2)\times e^{rT}$
$t=T$ $S_T<K_1$	0	S_T-K_1	0	K_2-S_T	$(-C_1+C_2+P_1-P_2)\times e^{rT}$	$K_2-K_1+(-C_1+C_2+P_1-P_2)\times e^{rT}$

资料来源：方正中期期货。

【例 6-19】 考虑商品 A 及其场外各期权执行价格、期权价格与资产市场价格如下：场外期权执行价格同为 $K_1=80$，看跌期权价格 $P_1=2$，看涨期权价格 $C_1=20$；场外期权执行价格同为 $K_2=110$，看跌期权价格 $P_2=12$，看涨期权价格 $C_2=5$；资产市场价格 $S=100$。易知存在无风险套利机会，策略到期盈亏图如图 6-14 所示。

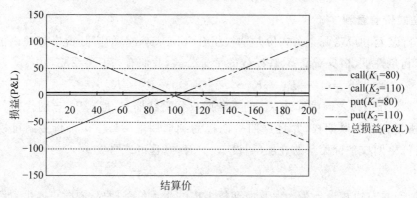

图 6-14   无风险套利策略到期盈亏图
资料来源：方正中期期货。

5. 平价套利小结

表 6-20 为平价套利总结。

表 6-20   平价套利总结

套利类型	无套利条件	套利机会（理论上）
put-call parity	$C+Ke^{-rT}=P+S$	正向套利 $C-P>S-Ke^{-rT}$
	or $C-P=S-Ke^{-r(T-t)}$	反向套利 $C-P<S-Ke^{-rT}$
盒式价差套利	$C_1-P_1+K_1\cdot e^{-rT}=C_2-P_2+K_2\cdot e^{-rT}$	$C_1-C_2+P_2-P_1<(K_2-K_1)\cdot e^{-rT}$
	or $C_1-C_2+P_2-P_1=(K_2-K_1)\cdot e^{-rT}$	$C_1-C_2+P_2-P_1<(K_2-K_1)\cdot e^{-rT}$

资料来源：方正中期期货。

归纳起来，场外商品期权套利机会和组合构建原则如下。

期权无风险套利是一种理想化的期权交易方式,旨在实现严格意义上的套利,即通过适当的期权组合在期权市场上实现无风险的利润。从某种程度上来讲,无风险套利的目标是在期权市场上享受"免费的午餐",但套利的机会较少,往往在一些特殊的情况下才有可能发生。

随着参与套利的投资者不断增多,以及机构自动化交易系统的成熟,新兴市场的套利机会及空间也将不断减小。从国际成熟市场的经验来看,后期把握套利机会主要依靠较低的交易费用和较高的下单速度,目前成熟市场中仅做市商或专业的交易员才有资源去获得期权套利机会。

套利能赚取无风险的收益,各类投资者必全力争夺,即便套利机会如流星般闪现,也会被各种"全自动刷票软件"抢走。在行情波动剧烈的时间段,这类机会尤其容易出现,但也稍纵即逝。因此,在真实行情中这种机会一般很难被散户投资者获取。

一般来说,在构造期权无风险套利时,应当遵循两个基本原则:一是买低卖高原则,即买进价值被低估的期权,卖出价值被高估的期权;二是风险对冲原则,即利用合成期权对冲买入或卖出实际期权的风险头寸。若要在期权市场上进行套利活动,套利者首先要根据期权价格规律即时捕捉到任何可能的套利机会,即被错误定价的期权,然后根据上面两个原则来构造无风险套利组合。

三、场外商品期权投机应用

作为一种金融衍生工具,场外商品期权在投机交易中与其他金融工具具有同样的交易共性,即利用市场出现的价差进行买卖从中获得利润,场外商品期权的参与者没有场内期权定价的参与者集中,有时期权报价可能会产生很大的投机机会。但场外商品期权自身在一定的条件下可以通过行权转换为期货合约,从而使得期权的投机方式较一般的金融工具的投机方式稍微复杂一些。

(一)场外商品期权投机的四种基本交易方式

场外商品期权分为看涨期权和看跌期权两种类型,而期权交易者既可以买入期权,也可以卖出期权,所以场外商品期权投机交易共有四种基本方式:买进看涨期权、卖出看涨期权、买进看跌期权、卖出看跌期权。

1. 买进看涨期权

买进某期货的执行价格为 K 的看涨期权,在支付一笔权利金 C 后,便可享有在到期日之前买入或放弃买入相关标的期货合约的权利。此时的盈亏平衡点为执行价格加上权利金。如果期货价格 S 此后一直低于 X,则看涨期权的买方的最大损失就是权利金 C。一旦期货价格 S 上涨超过 $K+C$,也就是超过期权的盈亏平衡点后,投资者便可履行看涨期权,以 K 的价格获得期货合约的多头头寸,然后到期货市场上按 S 价格高价卖出期货合约平仓,获得净的差价利润,在弥补支付的权利金后还有盈余。该投资者也可以在期权市场上卖出已经升值的看涨期权获利。

上述只是买进看涨期权投机的一种结果(图 6-15),即当 $S>K+C$,买进的看涨期权获利,盈利金额为 $S-(K+C)$;如果当 $S=K+C$ 时,买进的看涨期权正好处在盈亏平衡点上,不亏不赚;如果当 $K<S<K+C$ 时,买进的看涨期权行权后仍可获利,但是获利空间低于权利金的付出,总体损失金额为 $S-(K+C)$;如果 $S<K$,买进的看涨期权处在完全亏损状态,买者放弃行权,亏损金额就是权利金的付出。

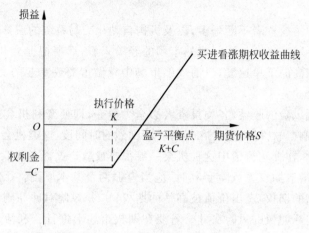

图 6-15　买进看涨期权损益图

【例 6-20】　某日,上期所 9 月螺纹钢的期货合约价格为 2 436 元/吨,某投资者买入 1 手执行价格为 2 533 元/吨 9 月的螺纹钢期货的看涨期权,支付权利金 70 元/吨。假设未来期货价格将会达到 S 元/吨,则这个投资者的投机效果如何?

计算这个投资者的盈亏平衡点＝2 533 元/吨＋70 元/吨＝2 603 元/吨

如果在期权到期日之前的某日,标的物期货价格高于 2 603 元/吨,则投资期权的买方行权并盈利,盈利额为 $(S-2\ 603)$ 元/吨,获利空间可以无限。

如果在期权到期日之前的某日,期货价格在 2 533～2 603 元之间,则投资期权的买方行权并亏损,亏损额为 $(S-2\ 603)$ 元/吨。

如果在期权到期日之前的某日,期货价格等于 2 603 元/吨,则期权买方既可行权,也可不行权,两种情况下投资者都不盈不亏。

如果在期权到期日之前的某日,期货价格低于 2 533 元/吨,则投资期权的买方放弃行权并亏损,亏损额最大只是权利金 70 元/吨。

2. 卖出看涨期权

投资者在分析标的物的价格长期处在下跌之中时,可以卖出看涨期权进行投机,以获得权利金 C,但是该投资者应承担随时被履约的义务。

现假设标的物期货价格为 S 低于执行价格 K,则买方不会履约,卖方获得全部权利金;假如 S 在执行价格 K 与盈亏平衡点 $K+C$ 之间变动,则该投资者还能获得一部分权利金;假如标的物期货价格 S 大于 $K+C$,则卖方面临期货价格上涨后的无限亏损风险(图 6-16)。因此,投资者进行卖出看涨期权的投机,盈利是有限的,最大盈利是全部权利金,而潜在的亏损风险在理论上是无限的。

【例 6-21】　某日,上期所 9 月螺纹钢的期货合约价格为 2 436 元/吨,某投资者卖出 1 手执行价格为 2 533 元/吨 9 月的螺纹钢期货的看涨期权,得到权利金 70 元/吨。假设

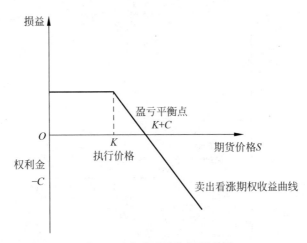

图 6-16 卖出看涨期权损益图

未来期货价格将会达到 S 元/吨,则这个投资者的投机效果如何?

计算这个投资者的盈亏平衡点 $=2\,533$ 元/吨 $+70$ 元/吨 $=2\,603$ 元/吨

如果在期权到期日之前的某日,螺纹钢期货价格低于 $2\,533$ 元/吨,期权买方不行权,则期权卖方的投资者盈利,盈利额为全部权利金 70 元/吨。

如果在期权到期日之前的某日,期货价格等于 $2\,603$ 元/吨,则期权买方无论行权与否,则期权卖方投资者不盈不亏。

如果在期权到期日之前的某日,期货价格在 $2\,533\sim2\,603$ 元之间,则期权买方行权,期权卖方投资者盈利,盈利额为 $70-(S-2\,533)$ 元/吨。

如果在期权到期日之前的某日,期货价格高于 $2\,603$ 元/吨,则期权买方行权,则期权卖方投资者亏损,亏损额为 $(S-2\,533)-70$ 元/吨,亏损可以无限。

3. 买进看跌期权

在期权交易中,看涨可以买进,看跌也可以买进。看跌期权的卖方在支付一笔权利金 P 之后,有权在到期日之前按照合约规定的执行价格 K 向看跌期权的卖方卖出一定数量的期货合约。

如图 6-17 所示,如果在买入看跌期权后,期货合约价格 S 高于执行价格 $K(S\geqslant K)$,看跌期权不会行权,投资者出现最大亏损是权利金 P。

当 $0<S<K-P$ 时,期货价格仍然小于扣除权利金 P 以后的卖出执行价格 $(K-P)$,如果将看跌期权行权,仍有盈利,盈利额 $=(K-P)-S$;当 $S=K-P$ 时,买进的看跌期权正好处在盈亏平衡点处,投资者不盈不亏。

如果期货合约价格 S 在执行价格 K 与盈亏平衡点 $(K-P)$ 之间,则投资者会损失部分权利金,因为,期货价格继续上涨,虽然此时买进的看跌期权行权仍有利可图,但已不足以弥补付出的权利金数额,买进的看跌期权开始处在净亏损状态,亏损额为 $S-(K-P)$。

如果期货合约价格在盈亏平衡点之下,则看跌期权的买方可以行权,以较高的执行价格卖出期货合约,只要价格一直下跌,就一直获利。所以,买入看跌期权的投资者损失有限,盈利可能是巨大的,但不会无限大,因为,期货价格不会低于 0。因此,当 $S=0$ 时,买

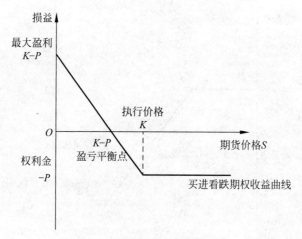

图 6-17 买进看跌期权损益图

进看跌期权获得最大盈利＝$K-P$。这只是理论上的可能,实际上期货合约价格不可能
会跌到 0。

【例 6-22】 某日,上期所 9 月螺纹钢的期货合约价格为 2 436 元/吨,某投资者买进
1 手执行价格为 2 428 元/吨 9 月的螺纹钢期货的看跌期权,付出权利金 100 元/吨。假设
未来期货价格将会达到 S 元/吨,则这个投资者的投机效果如何?

计算这个投资者的盈亏平衡点＝2 428 元/吨－100 元/吨＝2 328 元/吨

如果在期权到期日之前的某日,标的物期货价格 S 低于 2 328 元/吨,则投资期权的
买方行权并盈利,盈利额为(2 328－S)元/吨,当期货合约价格 S 跌至最低为 0 时,获利空
间最大,当然这是不现实的。

如果在期权到期日之前的某日,期货价格在 2 328～2 428 元/吨之间,则投资期权的
买方行权并亏损,亏损额为(S－2 328)元/吨。

如果在期权到期日之前的某日,期货价格等于 2 328 元/吨,则期权买方投资者既可
行权,也可不行权,两种情况下投资者都不盈不亏。

如果在期权到期日之前的某日,期货价格高于 2 428 元/吨,则期权买方投资者放弃
行权并亏损,亏损额最大只是权利金 100 元/吨。

4. 卖出看跌期权

看跌期权的卖方盈亏刚好与买方相反,看跌期权的卖方盈利有限,最大盈利即为其获
得的权利金收入,而潜在亏损在理论上是巨大的,但不是无限的,因为标的物期货价格不
可能降为 0。

从图 6-18 可以看出卖出看跌期权的盈亏状态。当期货合约价格高于卖出执行价格
K,看跌期权的卖方不会行权,卖出看跌期权的投资者获得最大盈利就是权利金 P;当
$K-P<S<K$ 时,尽管期货合约价格小于执行价格 K,期权买方行权有利可图,但所获
盈利不足以弥补支付的权利金,看跌期权的卖方投资者有盈利,盈利额＝$S-(K-P)$;
当 $S=K-P$ 时,卖出的看跌期权正好处在盈亏平衡点上,期权卖方投资者不亏不赚;当
$0<S<K-P$ 时,由于期货合约价格低于盈亏平衡点,卖出看跌期权的投资者获得的权

利金不足以弥补出现的行权亏损,亏损额＝$(K-P)-S$;当$S=0$时,卖出看跌期权的投资者亏损最大,亏损额＝$(K-P)$,当然,期货合约价格$S=0$这种极端的情况很少出现。

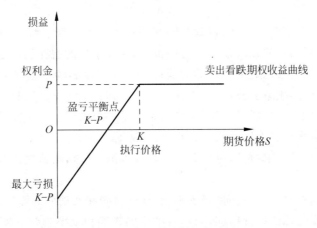

图 6-18 卖出看跌期权损益图

【例 6-23】 某日,上期所 9 月螺纹钢的期货合约价格为 2 436 元/吨,某投资者卖出 1 手执行价格为 2 428 元/吨 9 月的螺纹钢期货的看跌期权,获得权利金 100 元/吨。假设未来期货价格将会达到 S 元/吨,则这个投资者的投机效果如何?

计算这个投资者的盈亏平衡点＝2 428 元/吨－100 元/吨＝2 328 元/吨

如果在期权到期日之前的某日,标的物期货价格 S 高于 2 428 元/吨,则期权的买方放弃行权,而期权卖方投资者获得盈利,盈利额就是权利金额 100 元/吨。

如果在期权到期日之前的某日,期货价格在 2 328~2 428 元/吨之间,则期权的买方行权有利,但盈利不足以弥补权利金的损失,而期权卖方投资者获得盈利,盈利额为($S-$2 328)元/吨。

如果在期权到期日之前的某日,期货价格等于 2 328 元/吨,则期权买方投资者既可行权,也可不行权,两种情况下期权卖方投资者也不盈不亏。

如果在期权到期日之前的某日,期货价格低于 2 328 元/吨,则期权买方投资者行权有利并获得盈利,而期权卖方投资者出现亏损,亏损额是(2 328－S)元/吨;当 $S=0$ 时,期权卖方投资者出现最大亏损,最大亏损额是 2 328 元/吨,当然,螺纹钢期货合约价格为 0 的可能性是极小的。

(二)场外商品期权的投机策略

期权的交易策略非常多,这是期权的优势,同时也对投资者造成了困扰,造成困扰的原因在于不知道如何选择交易策略。投资者在刚开始接触期权时由于了解的策略不多,往往倾向于像股票投资或者期货投机一样投机博方向性收益,这就是期权的投机。殊不知,期权价格除了受标的物方向影响之外,还受时间和波动率的影响,而持有单一头寸在某一个因素不利时有可能给投资者带来亏损。因此,在选择单一期权投机之前,投资者要想想自己的预测到底是怎样的。在一个强的趋势或者是突破性行情下买入单一期权有可能是合适的。因为在这种行情中,期权的方向性收益将会比较大,在抵消时间和波动率的不利影响后还可以获得较大的收益。相反,在一个没有趋势或者趋势较弱的行情中买入单一期权,有可能给投资者带来损失,因为此时期权的方向性收益不足以抵消时间和波动率的损耗。

期权投机是一个细腻的活儿,这就如同在一件刺绣上穿针引线,在作出选择之前,要细致地去分析,选择与你的预期最为对应的策略,这样获得的潜在利润才会最大。即使对后市强烈看涨,也还要预测是突破性的上涨还是非突破性的动量趋势上涨。如果预期后市会突破近期的高点,跳空上涨,这时选择一个平值期权或者虚值期权比选择一个实值期权所带来的利润要大。这就好比买了一张彩票中了一个大奖,这种情况下,平值期权或者虚值期权会给你带来意想不到的收获。相反,如果你预期后市仅仅是一个非突破性的动量趋势上涨行情,并没有阻力位,也不会跳空高开上涨,这时,实值期权有可能是一个最好的选择。

期权的价格并不只受标的物价格的影响,还受时间和波动率的影响。实值期权、平值期权或者虚值期权受标的物价格、时间和波动率的影响程度不一样。实值期权受标的物价格的影响程度比平值期权受标的物价格的影响程度要大,对标的物的替代程度要大,这从实值期权的 Delta 值比平值或者虚值期权大可以看出。受时间影响和波动率影响方面,实值期权不及平值或虚值期权,这从实值的 Vega 值比平值或者虚值的要小以及实值的 Theta 值比平值或者虚值的 Theta 值要小可以看出。基于上面的分析,在突破行情中通过买入便宜的平值或者虚值期权,博取短时间的突破带来的收益,在非突破性动量趋势上涨中,通过买入较为昂贵的实值期权博取方向性的收益,同时削弱时间和波动率的不利影响,有可能获得利润的最大化。

1. 买进看涨期权策略的运用

买进看涨期权是一种最基本的期权策略,也是最容易把握的一种策略,当投机者认为在未来一段时间内标的物的期货合约价格将大幅上涨时,就可以采用这种策略。表 6-21 说明此策略的具体运用情况。

表 6-21　买进看涨期权策略的策略运用

项　　目	买进看涨期权策略
使用时机	商品期货价格受到利多题材刺激,呈现牛市格局,预料后市还有一波不小的涨幅,市场波动率较大
交易策略	直接买进看涨期权
具体操作	投资者对后市看涨的预期越强烈,越可以买进虚值看涨期权,这样可以付出较小的权利金成本,获得价格大幅上涨带来的利润 投资者的风险厌恶程度越高,越可以选择实值看涨期权,虽然此时权利金很高,但风险很低
损益平衡点	执行价格＋权利金
风险	当期货价格始终低于执行价格时产生最大风险,即损失全部权利金 行权时若期货价格介于执行价格与盈亏平衡点之间,收益无法弥补全部权利金,会有部分亏损

续表

项　　目	买进看涨期权策略
收益	对冲平仓收益＝期权卖出平仓价－期权买入开仓价 行权履约收益＝期货价格－执行价格－权利金 最大获利：无限制，期货价格涨得越多获利越大
保证金	无须缴纳
时间价值	逐日递减，且越是临近最后期限，价值损耗的幅度就越大，表明时间损耗不利于期权买方，因此投资者尽量买进期限较长的期权合约，以尽可能有时间等待行情上涨
策略优点	比直接买入期货合约便宜 比期货的杠杆效应高 风险有限，潜在收益无限
策略缺点	要求对行情的上涨趋势和幅度判断准确，若选择的执行价格或到期日不合适，则有可能遭受 100％的权利金损失

资料来源：韩锦.国内商品期权应用实务[M].北京：中国财政经济出版社，2015.

【例 6-24】 2012 年 5 月初，在美国大豆种植面积较上一年有所增加的利空因素影响下，国内豆粕 1 月期货合约价出现下行行情，从 3 350 元/吨下跌到 6 月初的 3 060 元/吨。之后在美国大豆种植区出现干旱天气的影响下，期货价格开始大幅上涨。某投资者经过深入分析，认为美国本次遭遇的干旱为历史罕见，对大豆产量影响巨大，从而影响豆粕价格，未来豆粕期货价格看涨，但毕竟离大豆收割期有一段时间，如果这期间美国干旱解除或得到缓解，则豆粕期货价格失去上涨动力。考虑到天气的变化无常，又担心价格下跌给投资带来损失，这时就可以采取买入看涨期权的策略。因为买入看涨期权的权利金损失是固定的，而收益是没有上限的。假设该投资者在当年的 6 月 19 日当 1 月期货合约价格为 3 361 元/吨时买入 1 手执行价格为 3 400 元/吨的虚值看涨期权，付出权利金 50 元/吨，结果如何呢？

最初买入期权后，在 1 月期货合约价格低于 3 400 元/吨之前，投资者处于完全亏损状态，最大亏损额为全部权利金，之后豆粕涨势强劲。6 月 21 日，豆粕价格收盘突破 3 400 元/吨，达到 3 416 元/吨。由于尚未达到期权盈亏平衡点 3 450 元/吨，投资者仍有亏损，只是亏损在逐渐减少。到了 6 月 25 日，1 月期货合约收盘价突破盈亏平衡点，达到 3 491 元/吨，此时看涨期权开始盈利。

此后，豆粕期货价格涨得越高，该看涨期权投资者获利越大。直到 7 月 20 日，1 月期货价格达到 3 997 元/吨，投资者可以平仓了结头寸。若投资者对上涨行情把握较大，认为美国行情仍在持续，并未出现好转，下跌仅仅是一次回调，且愿意承担风险，则完全可以继续持有期权，以博取价格继续上涨带来的收益。事实证明，这样做是正确的，价格仅仅调整了 3 周左右的时间，便以更强劲的势头上冲，最终突破新高，并于 9 月 4 日达到 4 396 元/吨的高度。由于之后行情呈震荡下跌趋势，且距离期权到期日越来越近，期权的时间价值耗损较大，此时最好的做法是平仓了结头寸。假如 9 月 7 日该投资者卖出期权的平仓价格为 1 000 元/吨，则 1 手期权收益为（1 000－50）元/吨×10 吨/手＝9 500 元。该投资者买进看涨期权获利 19 倍。

2. 买进看跌期权策略的运用

买进看跌期权是同买进看涨期权正好相反的策略，是看空策略，但是期权多头，这与期货交易中的看空策略不同,在期货交易中,看空者是卖方,是空头。买进看跌期权者对行情的未来判断是看跌的。表 6-22 说明此策略的具体运用情况。

表 6-22 买进看跌期权策略的策略运用

项 目	买进看跌期权策略
使用时机	商品期货价格受到利空题材刺激,呈现熊市格局,预料后市还有一波不小的跌幅,市场波动率较大
交易策略	直接买进看跌期权
具体操作	买进平值看跌期权 投资者对后市看跌的预期越强烈,越可以买进虚值看跌期权,这样可以付出较小的权利金成本,获得价格大幅下跌带来的利润 投资者的风险厌恶程度越高,越可以选择实值看跌期权,虽然此时权利金很高,但风险很低
损益平衡点	执行价格－权利金
风险	当期货价格始终高于执行价格时产生最大风险,即损失全部权利金 行权时若期货价格介于执行价格与盈亏平衡点之间,收益无法弥补全部的权利金,会有部分亏损
收益	对冲平仓收益＝期权卖出平仓价－期权买入开仓价 行权履约收益＝期货价格－执行价格－权利金 最大获利:期货价格跌得越多,获利越大,但不会无限大,最大盈利为执行价格减权利金
保证金	无须缴纳
时间价值	逐日递减,且越是临近最后期限,价值损耗的幅度就越大,表明时间损耗不利于期权买方,因此投资者尽量买进期限较长的期权合约,以尽可能有时间等待行情下跌
策略优点	比直接买入期货合约便宜 比期货的杠杆效应高 风险有限,潜在收益巨大
策略缺点	要求对行情的下跌趋势和幅度判断准确,若选择的执行价格或到期日不合适,则有可能遭受 100％的权利金损失

资料来源:韩锦.国内商品期权应用实务[M].北京:中国财政经济出版社,2015.

【例 6-25】 2015 年中国的春节过后,2 月美国非农就业数据好于市场预期,且市场担忧美联储加快缩减 QE3 步伐成为铜价暴跌的导火索。加上铜精矿供应过剩,进口量猛增,上期所铜库存持续上升达到 20.73 万吨,较年初的低点 12.22 万吨上升了 70％,使得铜价易跌难涨。2 月 24 日,铜 6 月期货合约价格跌破前期底部平台 50 000 元/吨大关。破位后,某投资者认为铜市已呈现熊市格局,预料后市还有一波不小的跌幅,且铜的市场波动率一直都是比较大的,但考虑到国内铜价受 LME 市场的影响较大,不确定因素太多,若直接做空期货合约,又担心价格万一是假突破则损失太大,于是就采取买入看跌期权的策略。因为买入看跌期权的最大损失是固定的权利金,而一旦大跌则收益是巨大的。假设该投资者在 2 月 24 日买入 1 手执行价格为 49 000 元/吨的 6 月铜期货合约的虚值看跌期权,付出权利金 200 元/吨,结果如何?

最初买入看跌期权后,在 6 月期货合约价格高于 49 000 元/吨执行价格之前,投资者处于完全亏损状态,最大亏损额为全部权利金 200 元/吨。之后铜价果然出现继续下跌行情。但在 3 月 3 日前,期货合约收盘价都比 48 800 元/吨的盈亏平衡点要高,无法赚回全部的权利金。因此,投资者仍有亏损,只是亏损逐渐减少。

　　到了 3 月 3 日收盘时,6 月期货合约收盘价跌破盈亏平衡点 48 800 元/吨,达到 48 750 元/吨,此时期权开始实现盈利。但是好景不长,3 月 4 日和 5 日期价连续反弹 2 天,投资者再次陷入亏损。但受均线系统压制,期价反弹有限。3 月 4 日受国内某家公司债券违约的影响,国内市场对信用风险的关注已从债券市场蔓延到实体经济领域,导致 3 月 11 日周一国内期货市场几乎所有品种全部下跌。其中,铜、螺纹钢、焦煤、焦炭、铁矿石、玻璃 6 个品种跌停。此后,铜期货合约价格越跌越深,该期权投资者获利就越大,直到 3 月 20 日铜期货价格回到 45 000 元/吨上方,投资者担心铜期货价格持续反弹会吞噬已有的盈利空间,于是平仓获利了结头寸,此时该期权已经成为深度实值期权。

　　假如 3 月 20 日该投资者卖出平仓价为 4 200 元/吨,则 1 手(5 吨)期权收益为(4 200－200)元/吨×5 吨/手＝20 000 元。该投资者通过此次买进看跌期权,获利 100 倍。

　　3. 卖出看涨期权策略的运用

　　卖出期权比买进期权的时机更难以把握,主要是理论上卖出期权比买进期权风险大。这就要求期权卖出者不仅要判断期货价格涨跌方向,还要判断涨跌幅度的大小。投资者认为在未来一段时间内期货价格上涨动力衰竭或将小幅调整下跌时,才会采取卖出看涨策略。表 6-23 说明此策略的具体运用情况。

表 6-23　卖出看涨期权策略的策略运用

项　　　目	卖出看涨期权策略
使用时机	商品期货价格在大幅拉升后有见顶迹象,或需要下跌调整预料后市至少短期内将由牛转熊,市场波动率不大
交易策略	直接卖出看涨期权
具体操作	投资者对后市看跌的预期越强烈,越可以卖出平值或虚值看涨期权,这样可以赚得更多的权利金 投资者的风险承受能力越强,越可以选择卖出实值看涨期权,此时权利金收入很高,但风险也同时大大增加
损益平衡点	执行价格＋权利金
风险	当期货价格始终上涨至损益平衡点之上时,开始产生亏损风险,并随着价格的持续上涨,亏损也持续放大,理论上亏损会无限大
收益	期货价格始终低于执行价格时产生最大收益,即收获全部权利金。若买方行权时的价格介于执行价格与盈亏平衡点之间,则期权卖方获得的权利金会弥补价格上的亏损 对冲平仓收益＝期权卖出开仓价－期权买入平仓价 行权履约收益＝执行价格＋ 权利金－期货价格 最大获利:全部权利金
保证金	须缴纳保证金
时间价值	时间损耗有利于期权卖方,因此投资者尽量卖出较短期限的期权合约,使得买方的行权机会减少,以赚取期权的时间价值
策略优点	在期货价格下跌或变化幅度不大时可赚取一定的收益 卖出期权时就能立即获得权利金的收入
策略缺点	当期货价格上涨时潜在风险没有上限 风险性很强,要求对行情的把握较准确

　　资料来源:韩锦. 国内商品期权应用实务[M]. 北京:中国财政经济出版社,2015.

【例 6-26】　2014 年 5 月中旬,国际糖业组织(ISO)发布报告,预计当年度全球市场供给过剩 440 万吨,库存量将增加 310 万吨至 7 780 万吨,导致郑商所白糖 9 月期货合约价格从 5 570 元/吨高点大幅下跌。进入 6 月,9 月期货合约价格出现一波反弹行情,最高上升至 5 400 元/吨,但随后世界第一大产糖国巴西公布的数据显示,上半年该国原糖出口额仅为 30.674 亿美元,较上年同期的 40.454 亿美元减少 24.0%。在此利空因素影响下,国内白糖期货价格再次掉头向下。6 月 27 日,9 月期货合约收盘价为 5 312 元/吨。假设某投资者此时判断期货价格将会再次下探前期低点 5 200 元/吨,尽管只有 100 元左右的跌幅,但对行情的判断较有把握,且 9 月期货合约对应的期权剩余期限是 7 月下旬,时间不长,于是考虑卖出 1 手执行价格为 5 300 元/吨的该期货看涨期权。在缴纳一定的保证金之后,他获得权利金是 100 元/吨,此投资结构如何?

该投资者卖出看涨期权后,当然希望期货价格下跌以获取全部权利金。果然,第二天行情继续呈下跌态势。由于此时期货价格低于 5 300 元/吨的期权执行价格,期权为虚值期权,看涨期权不会被执行,且未来随着期权到期日的临近,时间耗损也对该投资者有利,他可以期待获得此策略的最大收益。然而,在 7 月 1 日期货价格以 5 210 元/吨低开后便开始连续数天反弹,令该投资者感到有些紧张和担心。因为一旦期权由虚值变为实值,也就是如果期货价格反弹到 5 300 元/吨之上,则买方有可能随时行使权利,这对期权卖方来说是不利的。为控制风险,该投资者制订了一个止盈计划,即当期货价格反弹至 5 300~5 400 元/吨时,最好寻机平仓了结头寸,这样仍然获得一部分权利金。事实上,随后期货价格再次大跌,而且距离 7 月底的期权最后期限也不到两周了,投资者很有希望最终获得全部权利金 100 元/吨的收入。

但是天有不测风云,7 月 18 日,因台风"威马逊"登陆海南、广西和广东等沿海地区,数百万亩甘蔗受灾。由于广东、广西和海南的食糖产量占到全国总产量的 70% 以上,"威马逊"对甘蔗产量造成的影响同时会反映到糖价上来,导致白糖价格大涨。该投资者为规避风险,于是当天采取对冲平仓方式买入平仓 1 手执行价格为 5 300 元/吨的 9 月白糖期货看涨期权,付出权利金 10 元/吨,最终获利 90 元/吨。

4. 卖出看跌期权策略的运用

卖出看跌期权也是一种短期性的期权交易策略。当投资者认为在未来较短的一段时间内期货价格将上涨,但幅度不大,就可以采取这种策略。表 6-24 说明此策略的具体运用情况。

表 6-24　卖出看跌期权策略的策略运用

项　　目	卖出看跌期权策略
使用时机	商品期货价格在大幅下跌后有见底迹象,或处于筑底阶段,预料后市至少短期内不再下跌,或至少有反弹发生,但反弹幅度不会很大,市场波动率较小
交易策略	直接卖出看跌期权
具体操作	投资者对后市看涨的预期越强烈,越可以卖出平值或虚值看跌期权,这样可以赚取更多的权利金 投资者的风险承受能力越强,越可以选择卖出实值看跌期权,此时权利金收入很高,但风险也同时大大增加
损益平衡点	执行价格－权利金

续表

项 目	卖出看跌期权策略
风险	当期货价格下跌至损益平衡点之下时,开始产生亏损风险,并随着价格的持续下跌,亏损也持续放大,理论上最大亏损是当期货价格跌为 0 时
收益	期货价格始终高于执行价格时产生最大收益,即收获全部权利金。若买方行权时的价格介于执行价格与盈亏平衡点之间,则期权卖方获得的权利金会部分弥补价格上的亏损 对冲平仓收益＝期权卖出开仓价－期权买入平仓价 行权履约收益＝执行价格＋权利金－期货价格 最大获利:全部权利金
保证金	须缴纳保证金
时间价值	时间损耗有利于期权卖方,因此投资者尽量卖出较短期限的期权合约,使得买方的行权机会减少,以赚取期权的时间价值
策略优点	在期货价格上涨或变化幅度不大时可赚取一定的收益 卖出期权时就能立即获得权利金的收入
策略缺点	当期货价格下跌时潜在风险巨大 风险性很强,要求对行情的把握较准确

资料来源:韩锦.国内商品期权应用实务[M].北京:中国财政经济出版社,2015.

【**例 6-27**】 2014 年 6 月中旬以来,全球地缘政治局势恶化,投资者避险情绪上升。伊拉克战火不断,反政府武装逼近首都巴格达,伊拉克向联合国求援,加上乌克兰紧张局势加剧,政府军持续攻击反政府武装,夺回部分地区,俄罗斯和欧美背后加紧博弈,导致黄金价格出现上涨。6 月 13 日,上期所黄金期货 8 月合约收盘价突破 255 元/克大关后,某投资者认为黄金价格将呈继续反弹格局,但预料后续反弹的幅度不会很大。因为上述地缘政治因素持续影响黄金价格的实效有限,而且中、美经济又一直保持稳步增长态势,抑制黄金价格上涨空间。于是,该投资者打算采取卖出看跌期权的策略。考虑到 8 月期货合约对应的期权剩余期限是 7 月的倒数第五个交易日,时间也不长,于是该投资者卖出 1 手执行价格为 250 元/克的该期货看跌期权。在缴纳一定数额的保证金后,他获得权利金为 10 元/克,之后的投资结果如何?

该投资者卖出看跌期权后,当然希望期货价格上涨以获取全部权利金。果然,第二天行情继续呈上涨趋势。由于此时期货价格高于 250 元/克的期权执行价格,期权为虚值期权,看跌期权不会被执行,且未来随着期权到期日的临近,时间耗损也对该投资者有利,他可以期待获得此策略的最大收益,即全部权利金。然而,6 月 17 日,受美国将帮助伊拉克政府军稳定局势的消息影响,8 月期货合约以 255.40 元/克低开后,收盘下跌至 253.5 元/克,该投资者感到紧张。因为一旦期权由虚值变化为实值,也就是如果期货价格下跌至 240 元/克以下,对期权卖方来说就产生亏损。为控制风险,该投资者制订了一个止盈计划,即当期货价格下跌至 240～250 元/克时,最好寻机平仓了结卖出头寸,这样仍然能获得部分权利金,不会亏损。事实上,在随后的 3 天里,尤其是 6 月 19 日,受美联储议息会议耶伦主席表示将长期维持宽松的货币政策讲话影响,美元指数跌至 3 周最低点,利好贵金属,导致黄金价格再次大涨,期权买方放弃行权,该投资者又可以获得全部权利金了。由于该期权的最后交易日是 7 月 25 日,距离期权最后期限只有约 1 个月时间了,该投资者当然希望未来 1 个月的时间里,8 月期货合约价格都高于 250 元/克,这样就能获得全部权利金 10 元/克。最终,虽然在余下的时间里,期价曾经有过起伏,最高达到 268 元/克,但该投资者最关心的是最低价只跌到过 257 元/克,一直到 7 月 25 日交易结束,都没有跌破 250 元/克的执行价。最终期权的买方放弃行权,该投资者获得全部权利金的收入 = 10 元/克×1 000 克/手 = 10 000 元,并在 7 月 25 日收市后获得保证金的释放。

(三)场外商品期权投机操作步骤

期权投机操作通常分为六个步骤:判断行情方向、判断行情速度、决定期权策略、选择执行价格、选择到期时间、确定仓位大小,确定离场策略,如图 6-19 所示。

图 6-19　场外商品期权投机操作步骤

1. 判断行情方向

对行情方向的判断准确与否,对交易成败有至关重要的影响。期权交易中判断行情方向的方法和期货分析方法相同,主要从宏观面、基本面、技术面、市场结构、交易心理等方面来进行研判。

2. 判断行情速度

对行情速度的判断是期权投机中非常重要的一环,特别是对期权的买方,从某种程度来说甚至是最重要的盈亏关键。对期权的卖方而言,你只要判断对了行情方向就能获利,但对期权的买方,付出的权利金是有时间损耗的,如果对行情的速度评估不足,即使看对行情方向,也有可能造成巨大亏损。

3. 决定期权策略

在对行情方向和发展速度有了基本判断后,就可以对不同行情预期采取相应期权策略。

4. 选择执行价格

是否能选择适合的执行价格对期权投资者的最终盈亏结果非常关键。即使你看对了方向和速度,选对了期权策略,如果没有选对执行价格,也有可能会导致亏损或获利很少。选择执行价格需要注意三点,如图 6-20 所示。

5. 选择到期时间

选择合适的到期时间主要考虑两个因素,如图 6-21 所示。

6. 确定仓位大小

期权的买方通常会产生一个误区,认为最大亏损确定,并且权利金比较低,就会买入

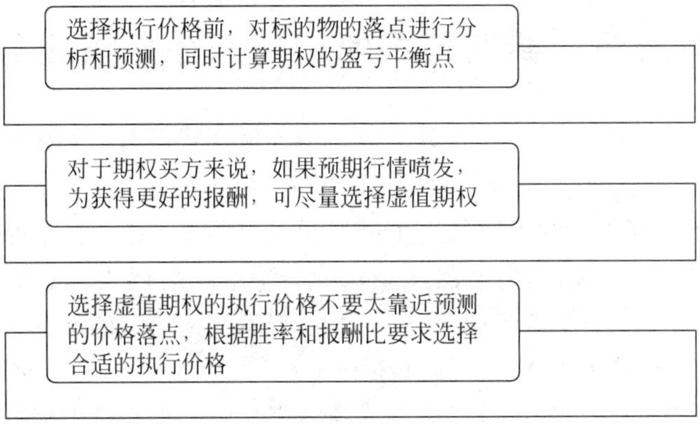

选择执行价格前，对标的物的落点进行分析和预测，同时计算期权的盈亏平衡点

对于期权买方来说，如果预期行情喷发，为获得更好的报酬，可尽量选择虚值期权

选择虚值期权的执行价格不要太靠近预测的价格落点，根据胜率和报酬比要求选择合适的执行价格

图 6-20 选择执行价格注意事项

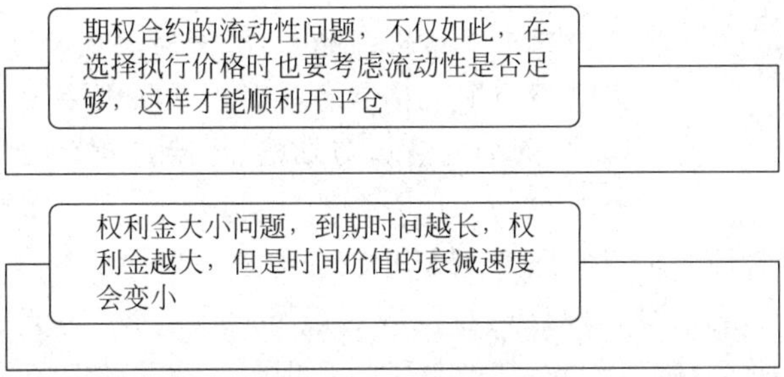

期权合约的流动性问题，不仅如此，在选择执行价格时也要考虑流动性是否足够，这样才能顺利开平仓

权利金大小问题，到期时间越长，权利金越大，但是时间价值的衰减速度会变小

图 6-21 选择到期时间注意事项

大量的期权。但是期权买方尤其需要注意的是，买方获胜的概率是偏低的，特别是虚值期权的买方胜率会很低，有很大的可能会亏掉所有的权利金。所以期权买方的资金仓位一定要在自己能够容忍的亏损额度内。

期权卖方的最大收益为权利金收入，但卖一张期权合约有无限的风险，那我们想卖出多少期权的仓位就可以参考同样情况下的期货资金仓位管理方法，或者是比期货略微积极点，绝不能因为有收取更多的权利金的冲动而过度卖出期权。

7. 确定离场策略

有很多投资者做期权买方时，可能会认为期权买方付出权利金，最大亏损已经锁定，就没有必要再做止损策略了，这其实是一种误区。我们首先要明白期权买方在什么行情下会有比较好的交易效果，做期权买方是我们在预期行情快速或大幅单边走势时采取的一种期权策略，如果行情的走势发生变化不符合期权买方的进场条件，我们就应该止损或止盈离场，而不是任由权利金被侵蚀。

期权卖方的止损方法和期货有很多相同之处，也可以用技术止损、资金止损和时间止损等方法。但是止盈离场策略可能有所不同，因为期权卖方的最大盈利已经确定，如果行情运行有利已经使卖方的盈利达到了所收权利金的 70%、80% 甚至是 90% 以上，这时我们不一定要赚到所有的权利金，可以提前离场，因为我们没有必要为了剩余的一点小利益而去冒很大的风险。

第三节　期货公司的场外商品期权业务

中国证监会 2014 年 9 月发布的《关于进一步推进期货经营机构创新发展的意见》，支持期货公司风险管理子公司开展场外期权、远期、互换等场外衍生品交易。监管层"支持交易所及其他具备条件的机构为场外衍生品提供交易转让、集中清算等服务"，要求期货公司在从事场外衍生品交易时，需要融入全球在金融危机后逐步建立的衍生品交易规范之中，即推进场外衍生品的场内集中清算，加大衍生品交易信息的披露和对交易主体的监管力度。因此，对于希望在场外衍生品市场中有更大发展的期货公司而言，尽早融入上海清算所的业务体系或是其他具备清算能力的商品交易中心是业务发展的重要组成部分。

扩展阅读 6.3
中国场外期权
概况

在商品交易中心与期货公司风险管理子公司的场外期权业务合作中，双方可以进行以下分工：期货公司风险管理子公司主要负责产品开发、交易模式设计、市场拓展，为客户提供各类个性化服务；交易中心则主要负责交易的登记与确认、资金的清算与划拨、风险控制，组织实物标的的交割、提供转让平台。

《期货公司监督管理办法》(2019 年修订)及《证券公司场外期权业务管理办法》(2020年发布)明确期货公司之风险管理公司可以开展以下试点业务：基差贸易、仓单服务、合作套保、场外衍生品业务、做市业务、其他与风险管理服务相关的业务。因此，期货公司之风险管理公司作为场外商品期权的主要组织者和参与者，组织或参与和交易对手方签署主协议、补充协议及交易确认书，实现场外衍生品交易。

下面主要介绍目前国内期货公司风险子公司的场外商品期权业务。

一、场外商品期权的产品开发

我国场外期权产品开发早于场内期权，场内期权的品种有限。机构根据客户需要设计相应的 OTC(场外期权)产品，取得了初步成效，主要包括银行的挂钩类理财产品、券商的收益凭证，以及基金、保险等机构带期权性质的产品。期货公司风险管理子公司从企业处发现需求，设计定制 OTC 产品服务企业，可向客户提供场外期权产品买卖服务。

(一)场外商品期权产品类型

1. 香草期权

场外期权市场的期权结构可以大致分为香草期权与奇异期权两类，标准的欧式和美式期权被称为香草期权，交易所交易的期权多属于此类，是结构相对比较简单的期权。前面讲解的利用场外期权套期保值、套利和投机都是以此举例。

【例 6-28】　信用风险的集中爆发，让 2014 年钢贸企业融资变得更为艰难。尽管融资公司将仓单质押率一压再压，但在钢材价格一片跌声中，融资公司也面临着价格下跌又不能处置仓单的风险。面对钢贸企业期货保值的需求，期货公司风险管理子公司逐步探索的 OTC 期权衍生品业务有了用武之地。

中信期货风险管理子公司中证资本管理(深圳)有限公司了解到一些钢贸企业的风险管理及投资需求在当前场内交易下无法被完全满足,于是创造性地在国内推出了以螺纹钢期货为标的的场外期权。该期权主要针对的客户是已经为钢材企业质押融资的信托公司等融资公司,其购买期权的动力是"担心质押合约贬值,也怕钢材企业到期时还不了钱"。

该期权采取欧式期权模式,根据合约大小和期限长短,融资公司支付一定金额的保证金来购买中证资本管理公司的看涨或看跌期权。

自2014年5月推出以来,已经有10多个融资平台向中证资本购买了看跌期权,合同名义金额总计超过1亿元。以看跌期权为例,在质押到期日时,若价格下跌,融资公司可获得中证资本赔付的执行价与现价的差价;若价格上涨,融资公司只损失已缴纳的权利金。

2. 奇异期权

奇异期权是比香草期权更复杂的期权品种,奇异期权花样繁多,它们通常都是在传统期权的基础上加以改头换面,或通过各种组合而形成,是OTC市场上交易活跃并为交易商提供了大多数利润的期权。

(二)定制场外商品期权产品

1. 定制香草期权

标准的香草期权一般分为看涨期权与看跌期权,是较简单的期权结构。根据这两种基础期权,可以构建更多组合的期权策略,如熊市价差组合、牛市价差组合、跨式组合、蝶式组合等。

【例6-29】 牛市价差期权是打包期权的一种。打包期权是由标准欧式期权与远期合约、现金和(或)标的资产等构成的组合。牛市价差期权又称多头价差期权,是买进一个低行使价的场外看涨期权,同时卖出一个高行使价的场外看涨期权。

2008年下半年,LME铜期货从8 900美元/吨的高价跌至2 805美元/吨的低价,经历了一段熊市行情,此后价格稳步回升,到2009年12月6日为止,价格最高达到7 160美元/吨,以这段牛市行情为例,说明牛市看涨价差期权设计,如图6-22所示。

假设在2009年5月25日,当铜期货价格涨至4 500美元/吨时,风险公司预期价格还将继续增长,于是买入4个月后到期、执行价格为4 500美元/吨的看涨期权,付出权利金255美元/吨。此外,投资者预计价格很难上涨至5 220美元/吨(一个阻力价位),于是卖出一份相同到期日、执行价格为5 220美元/吨的看涨期权,得到权利金55美元/吨,即风险公司的权利金净支出为200美元/吨,如表6-25所示。

表6-25　牛市价差期权的收益表

项　　目	收　益　情　况
最大风险	净权利金支出200美元/吨
最大收益	高执行价格－低执行价格－净权利金支出 5 220－4 500－200＝520美元/吨
损益平衡点	低执行价格＋净权利金支出 4 500＋200＝4 700美元/吨

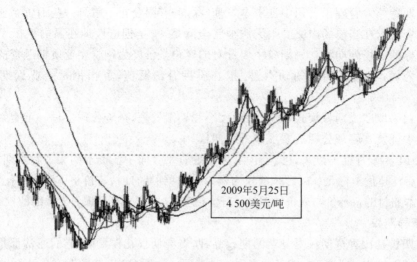

2009年5月25日
4 500美元/吨

图 6-22　LME铜期货走势图

　　风险公司构造期权策略后,可以向投资者出售牛市价差期权。如果铜期货价格依然保持升势,组合头寸随着期货价格的上涨开始有收益,且时间耗损对该组合头寸是有利的,可期待在到期日获得 520 美元/吨的最大收益。采取这种策略进行交易,投资者将承担净权利金支出,且期货价格必须至少上涨到盈亏平衡点。

　　2. 定制奇异期权

　　奇异期权的种类较多,大致可以分为路径依赖期权、多因子期权、时间依赖期权以及其他奇异期权四类。每一类奇异期权的收益和风险特性都较为独特,种类繁多的奇异期权能为投资者提供多样化的对冲和投资需求。

　　1) 路径依赖期权

　　路径依赖期权的收益与期权有效期内标的价格的走势有关,常见的路径依赖期权有亚式期权、障碍期权等。

　　(1) 亚式期权。亚式期权又称平均价格期权,是目前衍生品市场交易最为活跃的奇异期权之一,与标准的期权差别在于,在到期日确定期权收益时,不是采用标的资产当时的市场价格,而是用期权合同期内某段时间标的资产价格的平均值,这段时间被称为平均期。

　　在对价格进行平均时,采用算术平均或几何平均,因此亚式期权可以被分为两种,一种是算术平均亚式期权,另一种是几何平均亚式期权,一般使用较多的为算术平均亚式期权。

　　按照结算时平均价格是替代标的资产价格还是执行价格的不同,亚式期权又可以分为平均价格期权和平均执行价格期权,一般使用较多的是平均价格期权。

　　亚式期权的特点如下。

　　第一,期权费较低。因为亚式期权是用一段时间资产价格的平均值来进行结算,标的平均价格的波动率要低于标的本身,所以期权价格比普通期权要低很多。

第二,为未来一段时间内的平均现金流进行保值。对于一些实体企业,由于受到库存容量的影响,原料的采购是间断分批进行的,相比于现货的期货价格来说,某些时点的平均价格更值得关注,平均价格才是主要的风险点,亚式期权的特性更能满足这些需求。

第三,难以操纵标的价格。由于亚式期权使用的是标的资产的平均价格,因此它可以避免期权标的资产在接近到期日时被操纵带来的风险。

【例 6-30】 假设某豆粕贸易企业,每周需要采购 1 000 吨的豆粕,每个月采购 4 000吨。为了避免未来 1 个月豆粕价格上涨,该企业可以选择购买 4 周期限的亚式看涨期权合约,以每周五的 M1901 合约价格的算术平均值作为结算价,时间为 2018 年 7 月 16日—2018 年 8 月 10 日,期权执行价为 7 月 16 日 M1901 价格 3 088 元/吨。看涨期权费为 40 元/吨,4 000 吨豆粕共需要支付 16 万元。之后根据 M1901 的走势情况,7 月 20 日、7 月 27 日、8 月 3 日以及 8 月 10 日的价格分别为 3 157 元/吨、3 181 元/吨、3 163 元/吨以及 3 279 元/吨,平均价格为 3 195 元/吨。按照 3 088 元/吨的执行价,期权部分共盈利(3 195-3 088)元/吨×4 000 吨-16 万元=26.8 万元。企业平均采购成本为 3 128 元/吨,如果没有进行期权套保,采购成本为 3 195 元/吨,成本节约 67 元/吨,如表 6-26 所示。

表 6-26　亚式期权应用分析

时间	M1901 价格 /(元/吨)	平均价格 /(元/吨)	期权执行价 /(元/吨)	期权费/元	期权收益/元
7 月 20 日	3 157				
7 月 27 日	3 181	3 195	3 088	160 000	(3 195-3 088)×4 000- 160 000=268 000
8 月 3 日	3 163				
8 月 10 日	3 279				

资料来源:Wind 中信期货研究部。

(2)障碍期权。障碍期权是指当标的资产价格在特定时间内穿越某一水平才会生效或者失效的期权。障碍期权一般分为敲出期权和敲入期权两类。敲出期权:当标的资产价格达到一个特定的障碍水平时,该期权作废(即"敲出"),若规定时间内标的资产价格没有触及障碍水平,则为一个普通期权。敲入期权:与敲出期权相反,当标的资产价格达到一个特定障碍水平时,该期权才有效(即"敲入"),若规定时间内标的资产价格没有触及障碍水平,则作废。根据障碍水平与当前价格的大小关系,又可以分为向上期权和向下期权两类,若障碍水平高于当前价格,则为向上期权;若障碍水平低于当前价格,则为向下期权。

障碍期权的分类及特点如图 6-23 所示,障碍期权由于包含了一些特殊条款,所以价格相比普通期权更便宜。在没有触及障碍水平时,障碍期权和普通香草期权没有差别。障碍期权的优缺点见表 6-27。

表 6-27　障碍期权的优缺点

障碍期权	优　点	缺　点
敲出期权	价格便宜;适用于较平稳行情	标的价格波动较大时容易失效
敲入期权	价格便宜;适用于大波动行情	标的价格波动较小时不会生效

资料来源:Wind 中信期货研究部。

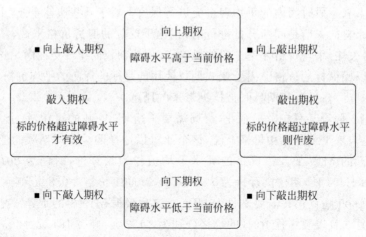

图 6-23   障碍期权的分类及特点

资料来源：Wind 中信期货研究部。

障碍期权的应用有以下两种。

第一，较低资金成本获取标的价格变动收益：障碍期权由于其价格相对普通期权更便宜，当投资者具有相对较明确的观点时，可以通过购买障碍期权，以较低的资金成本获取标的价格变动的收益。投资者预期标的将大涨或大跌时，可以较低价格买入向上或向下的敲入期权，获得收益。

第二，满足产业客户的特殊需求：由于障碍期权具有价格便宜、敲入敲出条款等特性，可以满足部分实体企业特殊的套保需求。例如，某现货贸易企业，需要定期购买一定数量的原材料，担心原材料价格的大幅变动导致采购成本的大幅增加，但由于企业财务制度关系，无法利用较高的资金成本进行套保。此时，该企业可以通过使用价格便宜的向上敲入期权来进行对冲，当原材料价格大幅上涨，超过障碍水平时，该期权有效，期权部分的收益可以弥补上升的采购成本。

【例 6-31】   利用障碍期权特殊的性质，可以结合其他品种来设计一些阶段性收益的结构化产品。

图 6-24 简单展示了利用固定收益及敲入期权与敲出期权的组合来设计结构化产品的收益图，若标的价格持续上涨，涨幅超过 4%，则向上敲入看涨期权成立，此时购买者收益开始以 4% 为起点上升，上升幅度与标的涨幅相同；当股价涨幅超过 10% 时，达到向上敲出看涨期权条件，该期权自动失效，购买者收益重新回到 4% 水平。相反，若标的价格跌幅超过 4%，则向下敲入看跌期权成立，此时购买者收益以 4% 为起点开始上升，上升幅度与标的跌幅相同；当股价跌幅超过 10% 时，达到向下敲出看跌期权条件，该期权自动失效，购买者收益重新回到 4% 水平。

2）多因子期权

多因子期权的价值取决于两种或多种标的资产的价格，常见的多因子期权有一篮子期权、彩虹期权等。

（1）一篮子期权。一篮子期权是多种标的资产的一个投资组合型期权，构成资产组

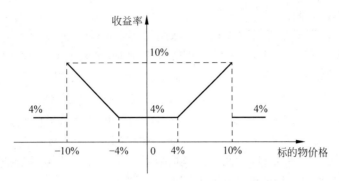

图 6-24　障碍期权结构化产品设计

资料来源：Wind 中信期货研究部。

合的资产可以是股票、外汇、期货等。随着投资者对其投资组合分散化要求日益增长，人们对这种投资组合期权的需求也在不断地增加。一篮子期权根据组合方式的不同可以分为几何形式和算术形式两类，一般使用较多的为算术形式。目前我国上市的上证 50ETF 期权也属于一篮子期权的一种形式。假设一篮子期权组合资产中的资产 i 的权重为 α_i，价格为 S_i，则组合资产的价格为

$$S = \alpha_1 S_1 + \alpha_2 S_2 + \cdots + \alpha_i S_i \tag{6-1}$$

对于一篮子认购期权，期权的回报为：$\max\{0, S(T) - K\}$；对于一篮子认沽期权，期权的回报为：$\max\{0, K - S(T)\}$。

一篮子期权的特点：①期权费较低。由于多个资产组合的波动率一般要小于单个资产的波动率，所以一篮子期权的价格通常要比单个资产期权的总价值便宜。②为多种资产组合提供价格对冲。一篮子期权的标的为多种资产的组合，通过购买一份一篮子期权，可以为多种资产组合进行价格对冲，不需要购买单一标的的多个期权。

一篮子期权的应用：较低的资金成本对冲多种资产的组合风险。由于一篮子期权相比单个资产期权的期权组合价格要更低，拥有多种资产组合的投资者，可以通过购买较便宜的一篮子期权来对冲多种资产的组合风险。

（2）彩虹期权。彩虹期权与一篮子期权较为类似，期权的价值也是取决于两种或多种标的资产的价格。不同之处在于，彩虹期权的损益结构取决于多个标的资产中的某一项资产的表现。彩虹看涨期权的收益由多个资产中表现最好的资产决定，彩虹看跌期权的收益由多个资产中表现最差的资产决定。彩虹期权的一种简单的形式是两资产欧式彩虹看涨期权，该期权有两个标的资产，只能在到期日行权，特别之处在于其收益结构取决于两个标的资产中表现最好的资产。

彩虹期权的特点：①获得多个资产中表现最好的收益。投资者若看涨后市，可以通过购买彩虹看涨期权来获得多个资产中上涨幅度最多的资产的收益；投资者若看跌后市，可以通过购买彩虹看跌期权来获得多个资产中下跌幅度最多的资产的收益。②价格相比普通期权要更贵。因为彩虹期权的收益由多个资产中表现最好或者最差的资产决定，相比于普通期权，彩虹期权获利的概率更高，所以价格也比普通期权要更贵。③是多花钱获得一个相对概率较高的收益还是少花钱获得一个概率相对较低的收益，这个取决

于投资者自身的风险偏好。

【例 6-32】　假设某两资产欧式彩虹看涨期权的标的资产为豆粕期货与菜粕期权,执行价格为初始价格,2018 年 7 月 16 日上市,8 月 16 日到期,期权期限为 1 个月。7 月 16 日收盘,豆粕期货与菜粕期货的价格分别为 3 088 元/吨和 2 508 元/吨,8 月 16 日收盘,豆粕期货与菜粕期货的价格分别为 3 240 元/吨和 2 518 元/吨,涨幅分别为 4.92% 和 0.4%,两者的最大值为 4.92%,此期权的收益为 4.92%。同样是这个两资产欧式彩虹看涨期权,若是 2017 年 9 月 16 日上市,10 月 16 日到期。期权期限内,豆粕上涨 5.23%,菜粕上涨 6.43%,两者的最大值为 6.43%,此时期权的收益为 6.43%。投资者通过购买这样一个彩虹期权,可以获得两个标的资产中表现最好的收益。

3) 时间依赖期权

时间依赖期权的价值与时间及当时的标的资产价格有关,常见的时间依赖期权有抉择型期权、百慕大期权以及展期期权(extendable options)等。

(1) 抉择型期权。抉择型期权又称随心所欲期权,是一种与时间相关的期权。这种期权的持有人有权在到期日之前的某一段时期,决定该选择权为买权或卖权。因此,在决定的时间点,抉择型期权的价值应该为

$$\max(c, p) \tag{6-2}$$

其中,c 为抉择型期权的标的看涨期权价值;p 为抉择型期权的标的看跌期权价值。

抉择型期权的特点如下。

第一,相比普通期权更加灵活。抉择型期权可以让投资者在到期日之前选择是看涨期权还是看跌期权,相比普通期权更加灵活。投资者可以根据决定时间点标的资产价格的变动情况来选择对自己有利的情况。例如某投资者并不清楚后期中美贸易战的走势,可以买入一份抉择型期权,等到中美贸易战形势明朗之后,再确定期权为认购期权还是认沽期权。

第二,相比普通期权价格更贵,且决定时间点越接近到期日,期权价格越贵。由于抉择型期权能让投资者在特定时间点决定期权是看涨期权还是看跌期权,因此投资者的可选择性更强,所以抉择型期权的价格相比普通期权更贵。同时,决定时间点越接近到期日,标的资产的价格变动情况越明确,投资者越容易选择对自己有利的情况,所以决定时间点越接近到期日,抉择型期权的价格也越贵。

【例 6-33】　2018 年 3 月 22 日,美国总统特朗普在白宫签署总统备忘录,宣布基于对中国发起的"301 贸易调查"对从中国进口的约 600 亿美元商品加征关税,由此揭开了中美贸易战的大幕,国内豆粕期货价格随之大涨。

假设某投资者,并不清楚后期中美贸易战的具体进展,于是在 4 月 20 日买入一份抉择型期权,期权到期时间为 5 月 21 日,决定时间点为 5 月 4 日。5 月 3 日,美国总统特使、财政部部长姆努钦率美方代表团访华,与中方就中美贸易战进行第一轮探讨,中美贸易战形势缓和。该投资者预计未来豆粕会有所下跌,于是在 5 月 4 日决定买入的抉择型期权为看跌期权。4 月 20 日,豆粕期货价格为 3 232 元/吨;5 月 21 日,豆粕期货价格为 2 956 元/吨,投资者买入的抉择型期权确定为看跌期权,获利 276 元/吨。如图 6-25 所示。

(2) 百慕大期权。百慕大期权又称准美式期权,是一种可以在到期日前所规定的一

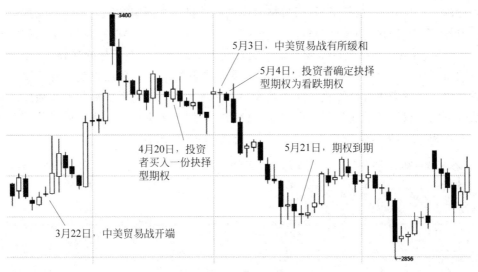

图 6-25　抉择型期权应用

资料来源：Wind 中信期货研究部。

系列时间行权的期权，介于欧式期权与美式期权之间。百慕大期权在到期日之前有几个固定的日期，期权的买方可以在这些固定的日期进行提前行权。例如，某期权期限为 1年，规定可以在每个月的最后一个交易日或者到期日进行行权，这样的期权结构即为百慕大期权。

百慕大期权的特点：价格比普通美式期权便宜。百慕大期权在到期日之前规定的一系列时间可以提前行权，而美式期权在到期日之前均可以进行行权，美式期权更加灵活的条款使得其价格要高于百慕大期权。比普通欧式期权更灵活。百慕大期权在到期日之前规定的一系列时间可以提前行权，而欧式期权只能在到期日进行行权，百慕大期权的灵活性要强于欧式期权，投资者可以选择较合适的时机进行行权。

【例 6-34】　回到前面我们讲抉择型期权应用的例子，3 月 22 日中美贸易战开端之后，某投资者买入一份期限为 3 个月的百慕大式看涨期权，规定每个月的最后一个交易日可进行行权。到 4 月底时，该投资判断短期内中美贸易战将会有所缓和，豆粕价格已上升至较高位，未来继续上涨的可能性较小，于是在 4 月最后一个交易日进行行权。3 月 22日时，豆粕主力期货价格为 3 000 元/吨，4 月 27 日，豆粕主力期货价格为 3 168 元/吨，行权获利 168 元/吨。

（3）展期期权。展期期权相当于"期权的期权"。展期为合同约定时间后的延续，展期期权为在原来期权基础上加上的另外期权合同。展期期权同样具有期权价值，展期期权同样具有定价公式和体系，但定价比较复杂。国外的一些投行正是利用国内某些公司对展期期权定价的不知而设置陷阱，使得国内公司在展期期权上损失很大。

4）其他奇异期权

常用的其他奇异期权有两值期权、缺口期权等。

（1）两值期权。两值期权是具有不连续收益的期权，一般分为两种。一种是现金或无价值看涨（看跌）期权，在到期日标的资产价格低于（高于）执行价格时该期权一文不值，而当标的资产价格超过（低于）执行价格时该期权支付一个固定数额。另一种是资产或无价值看涨（看跌）期权，如果标的资产价格在到期日时低于（高于）执行价格，该期权没有价值；如果高于（低于）执行价格，则该期权支付一个等于资产价格本身的款额。

两值期权的特点：常规期权可以分解为两值期权的组合。常规的欧式看涨期权可以看成是由一份资产或无价值看涨期权多头和一份现金或无价值看涨期权空头组成。常规的欧式看跌期权可以看成是一份资产或无价值看跌期权多头和一份现金或无价值看跌期权空头之和，其中的现金支付金额等于执行价格，如图 6-26 所示。

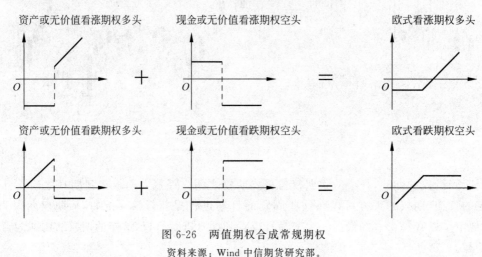

图 6-26　两值期权合成常规期权

资料来源：Wind 中信期货研究部。

资产或无价值看涨（看跌）期权价格比普通看涨（看跌）期权要高。对于资产或无价值看涨（看跌）期权，当标的资产价格高于（低于）执行价格时，期权支付一个等于资产价格本身的款额。因此，期权的收益要高于普通看涨（看跌）期权，期权价格也相应地更高。

【例 6-35】　投资者 A 购买 B 公司黄金的一份现金或无价值看涨期权，约定：到期日如果黄金价格低于 350 元/克，则 A 在期权合约中未获得任何收益。如果价格高于 350 元/克，则获得 1 000 元，且无论到期日价格是 400 元/克还是 500 元/克，只要高于约定的 350 元/克，就可以获得 1 000 元。

投资者 A 购买 B 公司黄金的一份资产或无价值看涨期权，约定：到期日如果黄金价格低于 350 元/克，则 A 在期权合约中未获得任何收益。如果价格高于 350 元/克，则获得黄金价格的收益。

（2）缺口期权。缺口看涨期权规定，当标的物价格 $S > K_2$ 时，期权回报为 $S - K_1$；看跌期权规定，当标的物价格 $S < K_2$ 时，期权回报为 $K_1 - S$。缺口期权和普通期权的差别在于，有两个标的价格：执行价格与回报价格。缺口期权是否获利和标的资产价格与执行价格有关，但获利多少和标的资产价格与回报价格有关，如图 6-27 所示。

缺口期权的特点如下。

第一，回报可以随意规定。缺口期权的好处就是回报可以随意规定，不必像普通期权那样，回报必须取决于期权的执行价格。对于缺口看涨期权，通过规定不同的缺口期权回报价格，当标的物价格高于执行价格后，期权获得的回报也不一样。

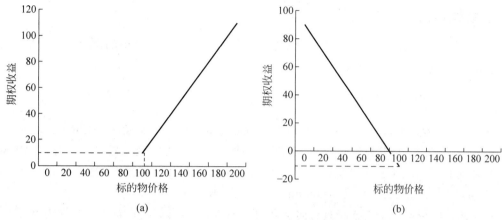

图 6-27　缺口期权收益结构

（a）当 $S>100$ 时，支付 $S-90$；（b）当 $S<100$ 时，支付 $90-S$

资料来源：Wind 中信期货研究部。

第二，相比普通期权具有更灵活的对冲作用。从对冲的角度看，投资者可以设计成当损失超过一定金额时获得 100% 的对冲，也可以设计成损失发生时部分对冲。

【例 6-36】　投资者 A 购买一份豆粕期货缺口看涨期权，执行价为 3 000 元/吨。规定当豆粕期权价格高于 3 000 元/吨时，期权的回报为豆粕期货价格 $S-2\,900$ 元/吨。则当期权到期时，若豆粕期货价格为 3 100 元/吨，投资者获利 3 100－2 900＝200 元/吨；若豆粕期货价格为 3 000 元/吨，投资者获利 3 000－2 900＝100 元/吨。

（三）场外商品期权产品的商品标的

场外商品期权产品的商品标的覆盖国内三家商品期货交易所的全部活跃品种，表 6-28 为国内期货公司风险管理子公司提供场内商品期货品种和场内期权品种，以便利于用期货风险公司进行风险对冲。

表 6-28　可开发的场外期权产品的商品标的

交易所	标的商品期货合约	标的商品期权合约
上海期货交易所	铜、铜（BC）、铝、锌、铅、镍、锡、黄金、白银、螺纹钢、线材、热轧卷板、不锈钢、原油、低硫燃料油、燃料油、天然橡胶、石油沥青、20 号橡胶、纸浆	原油、铜、铝、锌、黄金、天胶
大连商品交易所	黄大豆（1、2 号）、豆粕、豆油、棕榈油、玉米、玉米淀粉、纤维板、胶合板、鸡蛋、粳米、生猪、铁矿石、焦煤、焦炭、聚乙烯、聚氯乙烯、聚丙烯、乙二醇、苯乙烯、液化石油气	豆粕、玉米、铁矿石、液化石油气、聚乙烯、聚氯乙烯、聚丙烯、棕榈油
郑州商品交易所	白糖、棉花、普麦、强麦、早籼稻、晚籼稻、粳稻、油菜籽、菜籽油、菜籽粕、棉纱、苹果、红枣、花生、动力煤、PTA、甲醇、玻璃、硅铁、锰硅、尿素、纯碱、短纤	白糖、棉花、PTA、甲醇、菜籽粕、动力煤

二、场外商品期权的定价

期权定价的基本方法均适用于场外商品期权的定价。期权定价的主要方法包括二叉树定价模型、蒙特卡洛定价方法、B-S 模型等。

(一)二叉树定价模型

1979 年,罗斯(S. A. Ross)、考科斯(J. C. Cox)和马克·鲁宾斯坦(M. Rubinstein)在《金融经济学杂志》上发表论文《期权定价:一种简单的方法》,该文提出了一种简单的对离散时间的期权的定价方法,被称为 Cox-Ross-Rubinstein 二项式期权定价模型(binomial model)或二叉树模型(binomial tree model)。

二叉树模型假设资产波动只有向上和向下两个方向,且假设在整个考察期内,资产价格每次向上(或向下)波动的概率和幅度不变。模型将考察的存续期分为若干阶段,根据资产价格的历史波动率模拟出资产在整个存续期内所有可能的发展路径,并对每一路径上的每一节点计算期权行权收益和用贴现法计算出期权价格。对于美式期权,由于可以提前行权,每一节点上期权的理论价格应为期权行权收益和贴现计算出的期权价格两者中较大者。

1. 二叉树模型的假设

二叉树模型基于完美假设条件,模型假设如下。

(1) 不需要考虑市场的交易成本,可以进行卖空交易。

(2) 资金在市场上可获得无风险收益率。

(3) 未来资产的价格按照概率在两个可能终值中二选一。

(4) 投资者的操作不会对整个市场造成影响。

(5) 投资者借入和借出不受到限制。

2. 单步二叉树的推导

一般地,假设一个商品的当前价格是 S_0,基于该商品的欧式期权价格为 f。经过一个时间步(至到期日 T)后该商品价格有可能上升到 uS_0($u>1$),相应的期权价格为 f_u;也有可能下降到 dS_0($d<1$),相应的期权价格为 f_d。这种过程可通过单步(one-step)二叉树表示出来。下面根据这个二叉树对该欧式商品期权定价。

为了对该欧式商品期权定价,我们采用无套利假设,即市场上无套利机会存在。构造一个该商品和期权的组合,组合中有 Δ 份的多头资产和 1 份空头期权。如果该资产价格上升到 uS_0,则该组合在期权到期日的价值为($uS_0\Delta - f_u$);如果该商品价格下降到 dS_0,则该组合在期权到期日的价值为($dS_0\Delta - f_d$)。根据无套利假设,该组合在资产上升和下降两种状态下的价值应该相等,即有

$$uS_0\Delta - f_u = dS_0\Delta - f_d$$

由此可得

$$\Delta = \frac{f_u - f_d}{S_0(u-d)} \tag{6-3}$$

式(6-3)中意味着 Δ 是两个节点之间的期权价格增量与资产价格增量之比率。在这

种情况下,该组合是无风险的。以 r 表示无风险利率,则该组合的现值为 $(uS_0\Delta - f_u)$ e^{-rt},又注意到该组合的当前价值是 $S_0\Delta - f$,故有

$$S_0\Delta - f = (uS_0\Delta - f_u)e^{-rt}$$

即

$$f = S_0\Delta - (uS_0\Delta - f_u)e^{-rt}$$

将式(6-3)代入上式,可得基于单步二叉树模型的期权定价公式为

$$f = e^{-rt}[pf_u + (1-p)f_d] \tag{6-4}$$

$$p = \frac{e^{rt}-d}{u-d} \tag{6-5}$$

需要指出的是,由于我们是在无套利假设下讨论欧式期权的定价,因此,无风险利率应该满足 $d < e^{rt} < u$,亦即有:$0 < p < 1$。

在单步二叉树模型中,资产和期权的价格只经过一个时间步的演化,如果初始时间距期权到期日的时间间隔太长,有可能造成计算误差太大。因此,在初始时间与期权到期日之间增加离散的时间点,缩短计算的时间步长,有助于提高计算精度。这种含有两个或多个时间步长的二叉树模型称为两步二叉树模型或多步二叉树模型,同理可以推导出两步二叉树模型或多步二叉树模型的期权定价公式。

(二)蒙特卡洛定价方法

20 世纪 40 年代,斯塔尼斯拉夫·乌拉姆(Stanislwa Ulam)提出"蒙特卡洛方法",1977 年,费利穆·鲍意尔(Phelim Boyle)最早在期权定价中运用了这个方法。目前该方法是市场上应用范围最广的期权定法。

有些期权如奇异期权(亚式期权、彩虹期权、障碍期权)、美式期权等难以使用解析方法对定价描述,这种情况下使用蒙特卡洛方法定价最为方便。蒙特卡洛定价方法思路比较简单,其理论依据是大数定律。定价的主要方法是根据所依赖的模型结构,使用概率分布对随机事件进行大量的、随机的模拟,通过对模拟结果进行数据统计分析,得到结果。其主要步骤如下。

(1)使用投资标的数据估算出模型的相关参数。

(2)根据模型参数生成相对应的随机数,将数据代入模型中得到模拟结果。

(3)通过对模拟结果进行统计,求得相应的衍生品价格模拟结果。

与其他定价模型相比,蒙特卡洛方法具有两个优势。首先是蒙特卡洛方法具有灵活性,不仅适用于服从几何布朗运动的资产,还适用于非几何布朗运动的资产。其次是其误差与资产的数量相互独立,这样可用于对奇异期权等多变量、多条件的期权进行定价。但是蒙特卡洛方法也有其劣势,由于蒙特卡洛方法的准确程度依赖于资产路径的模拟次数,如果进行大量的运算,需要对计算机的计算速度有一定的要求,相比于二叉树方法速度较慢。

(三)B-S 模型

B-S 模型(布莱克-斯科尔斯模型),由美国经济学家布莱克(Black)与斯科尔斯

(Scholes)1973 年率先提出。同年，罗伯特·墨顿（Robert Merton）发表文章 *Theory of Rational Option Pricing*，该文章的发表使期权定价理论得到了进一步的完善，因此也有人将 B-S 模型称为 B-S-M 模型。

1. B-S-M 模型的假设

B-S-M 模型基于 8 个重要的假设。

（1）金融资产收益率服从对数正态分布。

（2）在期权有效期内，无风险利率和金融资产收益变量是恒定的。

（3）市场无摩擦，即不存在税收和交易成本，所有证券完全可分割。

（4）金融资产在期权有效期内无红利及其他所得（该假设后被放弃）。

（5）该期权是欧式期权，即在期权到期前不可实施。

（6）不存在无风险套利机会。

（7）标的资产交易是持续的。

（8）投资者能够以无风险利率借贷。

2. B-S-M 模型的推导

在前面二叉树模型的推导中，我们实际上做了一个假定，即在期权合约到期之前这段时间内，其对应的资产价格所发生的 n 次变化（上升或下跌）呈现出一种二项式的分布。现在，我们假定资产价格所发生的 n 次变化，不是呈二项分布，而是呈现出一种对数正态分布。这样，当 $n \to \infty$，也就是说，当资产价格是连续地发生变化时，我们就得到另一种期权定价公式，这就是所谓的 B-S-M 期权定价公式。

在 B-S-M 模型的假设条件下，通过对期权价格变化的随机微分方程进行求解，我们可以方便地计算期权的理论价格。

对偏微分方程求解得到的欧式看涨、看跌期权的价格如下：

$$c = SN(d_1) - Xe^{-rt}N(d_2) \tag{6-6}$$

$$p = Xe^{-rt}N(-d_2) - SN(-d_1) \tag{6-7}$$

$$d_1 = \frac{\ln\left(\dfrac{S}{X}\right) + (r + \sigma^2/2)\,T}{\sigma\sqrt{T}} \tag{6-8}$$

$$d_2 = \frac{\ln\left(\dfrac{S}{X}\right) + (r - \sigma^2/2)\,T}{\sigma\sqrt{T}} = d_1 - \sigma\sqrt{T} \tag{6-9}$$

其中，$N(\cdot)$ 为正态分布的累计密度函数；c 代表欧式看涨期权的价格；p 代表欧式看跌期权的价格；S 代表标的资产的价格；X 代表期权的执行价；r 为无风险金融资产的回报率，即无风险利率；T 为期权的有效期；σ 为资产的波动率。

我们只要将标的资产价格、执行价格、利率、到期时间这 4 个基本参数以及期权价格或波动率二者之一作为已知量代入公式中，就可解出剩下的那个未知量。

由于传统 B-S-M 模型建立在完美假设之上，模型中假定波动率为恒定值，这些缺陷往往会导致计算结果与市场的真实反应有所偏差。很多学者针对波动率展开模型改进，研究出新的改进模型，最常见的模型包括局部波动率模型、随机波动率模型和 Lévy 模型三种,这些超出了本书的范围,不一一介绍。

三、场外商品期权的业务流程

期货公司风险管理公司的场外商品期权业务流程主要包括场外衍生品业务开户流程和场外商品期权交易流程。

(一)场外衍生品业务开户流程

机构投资者在期货公司子公司风险管理公司开户的流程如图 6-28 所示。

图 6-28 场外衍生品业务开户流程

(1)客户签署协议及提供相关资料。

(2)客户资信评估。

(3)客户开户回访。

(4)客户开立账户。

(5)给客户邮寄合同。

其中,客户需签署的协议如下:①《中国证券期货市场场外衍生品交易主协议(2014年版)》;②《中国证券期货市场场外衍生品交易主协议(2014 年版)补充协议》;③风险揭示书;④客户声明;⑤履约保障协议;⑥远程交易协议书等。

对客户的资信评估主要是要求客户提供:①身份证明;②用于结算的银行账号;③财产证明;④金融投资经历证明等。

(二)场外商品期权交易流程

机构投资者在期货公司风险管理公司买卖场外商品期权的交易流程如图 6-29 所示。

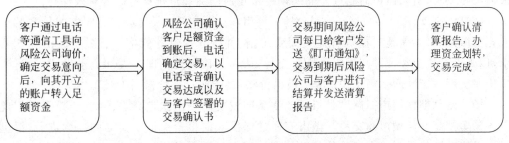

图 6-29 场外商品期权交易流程

(1)客户通过电话等通信工具向风险公司询价,确定交易意向后,向其开立的账户转入足额资金。

(2)风险公司确认客户足额资金到账后,电话确定交易,以电话录音确认交易达成以及与客户签署的交易确认书。

（3）交易期间风险公司每日给客户发送《盯市通知》，交易到期后风险公司与客户进行结算并发送清算报告。

（4）客户确认清算报告，办理资金划转，交易完成。

四、场外商品期权的业务模式

（一）交易模式

场外商品期权的交易模式主要有两种，一种是撮合模式，另一种是做市模式。对于中小型期货资产管理公司来说，如果刚刚开展场外期权业务，建议先采用撮合模式，风险相对较低，等到资金实力、专业能力达到一定水平的时候再采用做市模式。

1. 撮合模式

撮合模式是经过中间商的撮合，买方与卖方形成交易。中间商从撮合交易中赚取价差，风险相对较低，但是由于场外期权产品是"私人定制"的，流动性差，容易出现因为买卖方的产品在行权价、到期日等合约设置上存在的差异而造成交易失败，因为要找到相匹配的买卖方，中间商需要分别和买方、卖方进行沟通，所以整个交易过程耗费的时间较长，谈判成本也较高，如图 6-30 所示。

图 6-30　撮合模式示意图

资料来源：Wind 渤海证券研究所。

优点：风险较小。

缺点：要求产品完全匹配，存在无法交易的情况，谈判成本较高。

2. 做市模式

随着国内商品期权仿真交易的陆续全面开展，做市商制度被逐渐引入商品期权市场。期权是国内衍生品市场的新兴品种，做市商制度虽然不是商品期权上市的必要条件，但是根据国际经验，引入做市商制度是商品期权市场流动性和价格稳定性的有效保障。

做市商制度（market maker rule）是一种市场交易制度，由具备一定实力和信誉的法人充当做市商，不断地向投资者提供买卖价格，并按其提供的价格接受投资者的买卖要求，以其自有资金和证券与投资者进行交易，从而为市场提供即时性和流动性，并通过买卖价差实现一定利润。简单说就是：报出价格，并能按这个价格买入或卖出。

场外商品期权做市商制度是指场外商品期权交易中由做市商提供报价，投资者据此下达买卖指令并与做市商交易。做市商通过提供双向报价保证了交易的连续进行，促进了市场流动性的增强。由于传统的做市商制度主要依靠做市商主动报价来驱动完成，因而又称之为报价驱动机制。现代期权市场则是以竞价交易为核心的交易机制，做市商制度主要是作为活跃交易、为市场提供流动性的辅助交易机制，如图 6-31 所示。

优点：流动强，有交易意愿就能成交。

缺点：风险高，资金实力、专业能力要求高。

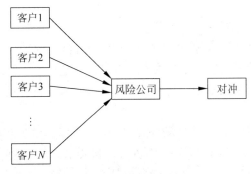

图 6-31　做市模式示意图

资料来源：Wind 渤海证券研究所。

1）做市商制度的分类

期权的交易制度可以分为集合竞价、连续竞价和做市商制度。集合竞价由投资者按照自己所能接受的心理价格自由地进行买卖申报，交易系统对全部有效委托进行一次集中撮合处理过程。连续竞价遵循"价格优先、时间优先"的原则，由交易所对订单进行连续撮合。做市商制度又分成垄断做市商制度和竞争性做市商制度，前者是指某一只期权只有一个做市商，后者是指一只期权至少有两个做市商，比如做市商制度的发源地美国纳斯达克市场实行的就是竞争性做市商制度。

2）做市商的义务

（1）保持市场的流动性。投资者随时都可以按照做市商的报价买入、卖出期权合约，不会因为市场只有买方或者卖方而无法交易，从而保持了市场的流动性。

（2）保持市场价格的稳定性和连续性。在只有公众投资者的市场中，过大的买盘会过度推高价格，过大的卖盘会过度推低价格，价格波动较大。由于做市商是在充分研究期权合约的价值后，结合市场供求关系报价的，一定程度上可以减少价格波动。

（3）抑制价格操纵。做市商一般具有较强的资本实力和后续融资能力，具有较高的价值分析和判断能力，并在此基础上进行报价和交易，从而使操纵者有所顾忌，一方面操纵者不愿意"抬轿"，另一方面也担心做市商的行为会抑制市场价格。

3）做市商的权利

如果做市商报出卖价后持续无市，该做市商必须进一步降低卖价直至出现成交，在这个过程中，做市商有可能发生亏损。保障交易连续性是做市商必须履行的义务，作为回报，做市商的保证金要求和交易税费标准一般会低于公众投资者。做市商通过买卖双向报价的适当价差来补偿所提供服务的成本费用，并实现一定的利润。正是这种对市场和做市商互利的交易组织机制，确保了市场的平衡和流动性。

（二）清算模式

场外期权交易主要有三种清算模式：非标准化双边清算模式、标准化双边清算模式和中央对手清算模式。

（1）非标准化双边清算模式：是早期的清算模式，由交易双方自主完成清算，主要是凭借各自的信用或者是第三方信用作为担保,但会面临较大的信用风险,尤其是进行多笔交易时会承担多个对手的信用风险。

(2) 标准化双边清算模式:通过主协议对场外期权合约的内容进行标准化处理,并通过增加抵押金的方式降低违约风险,方便交易双方结算。主要是对应于做市商的交易模式,做市商一般是大型的商业银行等信用良好的机构,以自身的良好信用作为担保,提供合理的报价。

(3) 中央对手清算模式:本质是场外交易,场内清算。最早是在 2002 年由纽约商品交易所和洲际交易所推出,核心是合约替换和担保交收,由清算所作为交易双方的对手方,使原来的场外期权合约转化为两张与中央对手方的清算合约,中央对手方一般是各个交易所旗下的清算所,实力雄厚,风险管理能力也比一般的做市商强。近几年为了减少场外市场的系统性风险,全球已经逐渐提高了中央对手清算的比例。

《中国证券期货市场场外衍生品交易商品衍生品定义文件(2015 年版)》规定,交易双方对商品衍生品交易选择适用的清算模式,包括双边清算模式和集中清算模式。按照适用法规的要求或交易双方的约定,选择“集中清算”的商品衍生品交易应在有关监管机构指定或者认可的第三方清算机构进行集中清算,并按照该清算机构届时有效的相关规定完成清算。

本章小结

(1) 场外期权是指那些并没有在交易所挂牌上市的期权。场外商品期权交易的标的一般是大宗商品,与场内商品期权相比,在交易场所、交易方式、清算方式、交易对象上呈现出不同的优势与劣势。

(2) 场外商品期权的构成要素包括场外商品期权买方、场外商品期权卖方、场外商品期权权利金、场外商品期权执行价格、场外商品期权到期日、场外商品期权标的资产、场外商品期权保证金等。

(3) 场外商品期权的监管机构是中国证券监督管理委员会,并形成以证监会监管为主、中国期货业协会自律为辅的监管体系。《期货公司监督管理办法》《关于进一步推进期货经营机构创新发展的意见》等法律法规构成对中国场外商品期权的监管制度。

(4) 场外商品期权的主要功能作用是:完善市场结构,提高市场活跃度;优化资产配置,提高标的成交量;拓展发行方盈利模式,增加利润来源;具有杠杆作用,降低购买方投资成本;具有保险作用,满足投资方多样化需求。

(5) 场外商品期权的套期保值功能主要在原材料采购、销售价格管理、库存、抵押保险、仓单保值、低价预购等业务中得到广泛使用。

(6) 在场外商品期权交易中无风险套利策略备受关注,其中上下边界套利、垂直价差套利、凸性套利以及平价套利四种类别最为常见。

(7) 场外商品期权投机交易共有四种基本方式:买进看涨期权、卖出看涨期权、买进看跌期权、卖出看跌期权。这四种方式是按照市场的不同特征、期权的波动性以及行权的时间长短来进行不同策略的选择。

(8) 场外商品期权投机常分为六个步骤:判断行情方向、判断行情速度、决定期权策略、选择执行价格、选择到期时间、确定金仓位大小，确定离场策略。

（9）期货公司风险管理公司可以开展以下试点业务：基差贸易、仓单服务、合作套保、场外衍生品业务、做市业务、其他与风险管理服务相关的业务。

关键术语

场外期权　期权的构成要素　场外商品期权买方　场外商品期权卖方　场外商品期权权利金　场外商品期权执行价格　场外商品期权到期日　场外商品期权标的资产　初始保证金　维持保证金　变动保证金　套期保值　期权套利　期权上下边界套利　期权垂直价差套利　期权凸性套利　期权平价套利　期权投机策略　香草期权　奇异期权　路径依赖期权　亚式期权　障碍期权　敲入期权　敲出期权　多因子期权　一篮子期权　彩虹期权　时间依赖期权　抉择型期权　百慕大期权　两值期权　缺口期权

复习思考题

1. 什么是场外期权？场外期权与场内期权的主要区别何在？
2. 简述场外商品期权存在的优势和劣势。
3. 什么是场外商品期权的构成要素？
4. 什么是场外商品期权保证金？分几种类别？
5. 简述我国场外商品期权的监管机构与监管制度。
6. 简述场外商品期权的功能。
7. 企业如何利用场外商品期权套期保值？
8. 举例说明场外商品期权套利的类别。
9. 简述场外商品期权投机策略类别。
10. 简述场外商品期权投机操作步骤。
11. 简述期货风险公司场外商品期权业务。

即测即练

第 七 章

大宗商品业务及应用

本章导读

　　大宗商品(bulk stock)是指可进入流通领域但非零售环节且具有商品属性并用于工农业生产与消费的大批量买卖的物质商品。在金融投资市场,大宗商品指同质化、可交易、被广泛作为工业基础原材料的商品,包括能源化工、有色贵金属、黑色、农副产品等大类,如原油、铜、铁矿石、煤炭、生猪等。大宗商品业务主要涵盖四个方面:交易服务业务、投资业务、融资业务、主动管理业务,包括期货和现货交易。随着互联网的发展,尤其"互联网＋"时代的到来,电子交易及电子交易平台得到了十足的发展,各地涌现出结合实体经济的现货交易平台。构建商品场外市场是完善我们多层次资本市场的重要一环,提供了更多交易渠道,对实现期现联动、场内外互补具有深远意义。国际大宗商品业务与投资银行、商品基金密切相关,业务模式成熟。与之对比,国内大宗商品市场起步晚但发展速度快。截至 2021 年 7 月,已有 64 个商品期货品种在中国期货市场上市。大宗商品基金在国内也加快步伐,但是,风险管理缺失,难度和重要性不言而喻。值得关注的是,中国综合国力的上升,其可能对国际大宗商品的定价权产生重要影响。

引导案例

PTA 期货的发展

　　2006 年 12 月 18 日,精对苯二甲酸(PTA)期货在郑商所正式上市交易。2018 年 11 月 30 日,PTA 期货引入境外交易者正式启动,PTA 期货的服务范围从境内拓展到了全球。在历经近 15 年的发展后,随着 PTA 期货交易、交割、风控等各项制度的不断完善,PTA 期货产业参与度高达 90％以上,PTA 期货已经成为全球聚酯产业链定价体系核心。随着 PTA 期货在行业内的广泛运用,PTA 行业产生了基差贸易、基差点价、含权贸易等多种业务模式。此外,PTA 期货国际化的推行使得境外企业可以合法地参与中国 PTA 期货市场,PTA 期货价格逐渐成为国际贸易定价的重要参考,而 PTA 期货的发展也间接带动了产业链上下游的发展。例如,受益于 PTA 期货国际化,国内 PTA 下游瓶片工厂从 2018 年下半年起,大量地开始一口价报远期价格给国外客户,2018 年聚酯瓶片市场出口快速增长,国内瓶片在国外市场的份额有所提升。PTA 期货是我国大宗商品市场中的一员,而大宗商品市场犹如一棵参天大树,围绕大宗商品这一主干,延伸了多条分支,包括交易服务业务、投资类业务、融资类业务、主动管理业务等,不同的业务模式用来满足不同市场参与者的需求。随着经济的发展,业务模式逐步多元化,大宗商品市场的分支也将不断延伸和拓展。

知识结构图

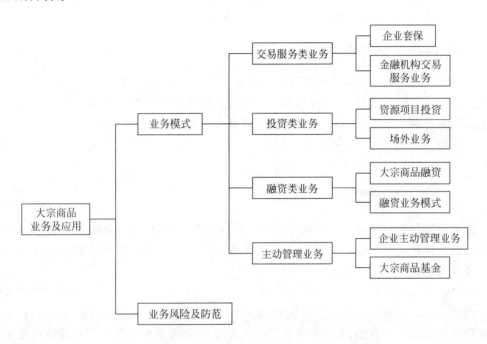

第一节　大宗商品业务模式

一、大宗商品业务概述

　　大宗商品业务由四条业务主线组成,分别为大宗商品交易服务类业务、大宗商品投资类业务、大宗商品融资类业务、大宗商品主动管理业务,它们犹如四根完整的支柱,支撑起以风险管理为原则、客户服务为导向的大宗商品业务平台。从未来大宗商品市场发展的角度来看,开放市场和业务创新是主基调。期货市场应该抓紧时机发展大宗商品业务,帮助企业管理风险、适应市场、实现增值。

　　国外大宗商品交易市场起步较早,市场功能较成熟,主要形式为期货交易市场。21世纪以来,金融资本开始大规模地进入大宗商品期货市场,使得大宗商品期货市场的主体、价格规律都发生了巨大变化。以有色金属、能源为代表的大宗商品期货近几年来与宏观经济的关系日益密切,其金融属性不断凸显,在国外甚至被视为"准金融期货"。国外大宗商品交易市场目前主要集中在纽约、伦敦、东京、鹿特丹等发达城市和地区。世界著名的大宗商品交易市场包括纽约石油交易所、伦敦金属交易所、新加坡商品交易所、东京工业品交易所、鹿特丹交易所等。在这些市场中,以具有套期保值和投机套利的期货交易为主,一些有交割地点的基本现货交割交易比较活跃。目前,具有定价权的大宗商品主要集中在能源化工、有色金属、农产品等,特别是在石油、天然气等领域,国际期货市场占据大宗商品定价权的制高点,成为国际贸易的基准价格。

我国大宗商品交易也经历了从初级到高级的发展过程,即从"现货交易"到"中远期交易"再到"期货(期权)交易"的发展过程。我国大宗商品交易市场的发展,从交易场所来看,逐步从电子盘交易市场向场内交易所市场转变。从交易品种来看,涵盖了能源、化工、纺织、冶金、建材、有色、农业等多个国民经济重要领域。

二、大宗商品交易服务类业务

大宗商品交易服务类业务包括提供开户指导、教育和培训服务,以及协助交易商完成在交易所和结算银行的开户、交易结算、风险控制、实物交收等商品交易服务。目前,国内大宗商品交易服务呈现平台多元化、服务专业化的特点,尤其在互联网背景下,大宗商品金融交易服务异军突起。企业参与大宗商品市场,主要进行套期保值业务,以降低企业生产风险,提前锁定价格;金融机构为企业、投资者个人提供交易的渠道。

(一)企业套期保值业务

随着国际贸易与投资的发展以及布雷顿森林体系的瓦解,市场全球化不可逆转,同时货币与商品价格波动加剧,实体企业经营的不确定性大大增加。管理价格波动风险是各国实体企业家必须面对的问题。

金融市场以及各种金融工具和金融衍生品正是顺应这项基本需求而产生并得以发展的。虚拟经济为实体经济提供管理风险、流动性以及优化资产配置的场所,使实体经济抵御风险的能力增强。其中,利用期货及其衍生品进行套期保值是企业不可或缺的规避价格风险、提升企业竞争力的手段之一。

1. 企业套保的操作流程

企业的套期保值过程主要分为五部分:企业自身风险分析、策略制定(拟订套保方案)、策略执行、风险控制以及效果评估(图 7-1)。

2. 企业套期保值的应用

现货市场存在现货商品生产、加工和贸易的风险问题、融资问题、库存问题和定价问题,而正是因为这些问题,期货才作为一种管理风险的金融工具得以发展。随着套期保值的逐步发展,套期保值的操作方案也在不断地创新,目前主要有循环套保、套利保利、策略套保和期权套保。

1)循环套保

期货市场各类期货品种中,并不是所有的合约都有足够的交易量,一般只有近期合约交易量较大,而远期合约交易量较少。如果按照时间对等者相近原则进行操作,企业在不活跃合约上进行套保,则容易陷入流动性风险中。因此企业可以在期货市场通过不断的移仓换月来达到循环套保的目的,从而避免期货主力合约与非主力合约成交的显著差异带来的不利影响。

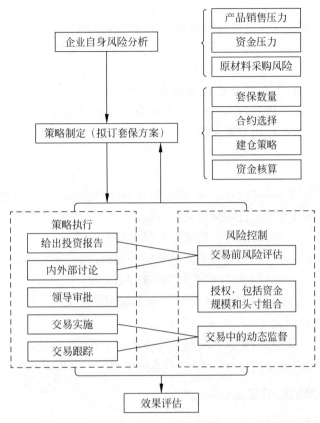

图 7-1　企业套保流程

2）套利保利

套利保利即企业运用套利的思维模式进行套保。这种模式本质上也是锁定成本,只是将套利和保利的思维模式结合使用。套利的优点是风险小,容易判断,企业可借鉴套利的模式,在特定的市场背景下,对不同的生产环节进行套期保值,从而优化套期保值效果。

【例 7-1】　11 月 25 日,某钢材企业根据生产情况需要对自己生产的 3 000 吨库存进行保值,计划这部分库存的消化时间是 1 个月左右,根据保值月份相同或者相近的原则,企业应该在 09 合约上进行卖出保值。不过当时的价格结构呈近低远高,即螺纹钢 01 合约价格为 3 912 元/吨,03 合约价格为 4 275 元/吨,基于远月升水幅度比较大,价差可能缩小,企业可以先不选择直接在 01 合约进行保值,而选择在 03 合约进行保值,最终使得保值效果优化了 113 元/吨。如表 7-1 所示。

表 7-1　不同期限保值合约方案选择比较

日　期	套保方案一		套保方案二	
11 月 25 日	01 合约卖出平仓	3 912 元/吨	03 合约卖出平仓	4 275 元/吨
1 月 5 日	01 合约买入平仓	3 975 元/吨	03 合约卖入平仓	4 225 元/吨
效果	累计盈亏	−63 元/吨	累计盈亏	+50 元/吨

3）策略套保

传统套期保值理论认为套保的期货合约应当与现货数量相等或者相当，企业不应该有风险敞口，但是从实践角度看这并不现实，因为基差在不断变化，数量完全对等、效果完全相抵难以做到。对于一般的企业来说，套保的动机既不是风险的最小化，也不是利益的最大化，而是两者的统一，即将企业的利润曲线的波幅压缩到企业稳健经营的可接受程度，往往这样效果最佳。因此，企业应该根据自身风险偏好和可承受度，灵活科学地选择套保比率，进行具有策略性的套期保值。国外有经验的套期保值企业实际上很少采用完全对等的保值办法。

4）期权套保

在风险可控的原则下，可选择期权为主、期货为辅的套保组合。例如期权购买者拥有期权时，既可以达到对目标项目的保值避险目的，又可以避免市场价格波动导致如期货那样的支付浮动保证金亏损，从而使保值成本控制在固定水平。

【例 7-2】　某年 7 月 20 日，某煤炭贸易商需要对自己的 50 000 吨库存进行保值。当前期货市场 ZC2109 合约市场价为 920 元/吨，期权市场 ZC2109 行权价为 920 元/吨的认沽价为 31.2 元/吨。倘若 ZC2109 最终结算价上涨至 960 元/吨，那么期货市场损失 40 元/吨，而期权市场仅损失 31.2 元/吨的期权费。

在当今全球金融交易中，期货和期权都是企业套期保值的重要手段。套期保值的实践表明，套期保值企业应结合市场情况，设计适应企业的套期保值机制。

（二）金融机构的交易服务业务

国外提供金融服务的重点供应商是银行，包括商业银行、投资银行、非银行金融机构及私募对冲基金，它们服务的对象也不只是大宗商品。国外大宗商品主要是以现货和期货形式两个市场存在，主要是商业银行、投资银行、非银行金融机构及现货公司这四种形态的金融服务体系。现在尤其是国际大型现货服务公司也参与了这种服务，不仅提供跨界服务，还提供投融资、交易服务等。从国内外发展来看，随着互联网的深入推广，新的交易渠道将不断涌现。

1. 衍生品投资渠道

在中国大宗商品市场，个人和法人客户目前可以通过在期货公司开设期货账户，投资国内外主流大宗商品交易品种。此外，交易商也可以通过证券公司、商业银行、投资银行等金融机构进行投资。

2. 现货交易渠道

"互联网＋大宗商品市场"的思维需要更深入地渗透到传统金融业，把金融资本导入大宗商品交易市场；需要大宗商品电子交易在服务实体经济的同时，带给交易商安全、便捷的互联网金融投资体验。现货发售模式就是"互联网＋"时代大宗商品的交易模式创新的典型代表。

部分现货大宗商品交易所推出的现货发售模式，采用了"互联网＋大宗商品市场"的新思维理念。在发售申购阶段，发售商在现货所交易平台进行商品发售要约，采购商、贸易商和投资者(统称"交易商")进行全额货款申购。申购成功的交易商既可在某现货交易所电子交易平台进行商品转让,也可申请提货交收;发售完成后,交易商还可在二级市场买入商品,并进行商品转让或提货交收。

现货发售模式切实服务现货的优势,恰恰弥补了传统的大宗商品交易市场中存在的缺陷。以往企业的产品需要依靠自身多年建立的分销渠道推向下游,产品流通成本过高,导致企业现金回流慢、资金链紧张,并且企业通过传统的金融渠道融资又存在时效低、成本高的问题。如今现货交易平台的现货发售模式运用"互联网+大宗商品市场"的思维,充分利用平台资源和金融优势将社会资本导入实体经济,为企业解决库存压力、融资难等问题,充分发挥服务实体经济的职能。

现货发售模式可以帮助大宗商品企业盘活产能与库存,快速回笼资金的同时完成低成本融资;实现"企业品牌+品种"的上市推广;通过互联网可面向终端客户,扩大销售渠道,优化渠道管理;促进产品市场的流转,有利于发现价格与需求,指导企业生产;帮助大宗商品企业借力电子交易平台和中介服务体系向"互联网+"的新商业模式发展。

三、大宗商品投资类业务

大宗商品投资是一种针对商品的买卖,投资交易行为的目的可以是提取实物,也可以是利用价格波动获得利差。从全球看,大宗商品规模庞大,投资者可选商品种类繁多,日交易额都以数万亿美元计算。随着我国城镇化的快速推进,市场对大宗商品存在巨大的需求,中国积极地参与能源、矿产、大宗商品的购买,对大宗商品进口的依赖加深。BP统计数据显示,2020年中国一次能源消费占全球比例达26.1%。

中国作为石油、有色金属、铁矿石等原材料消费大国,商品交易在中国金融市场的作用正变得越来越重要。商品交易市场位于整个产业链最上游,有助于提升产业竞争力,并帮助企业和投资者在产业价格竞争方面获取优势。同时,商品交易通过影响产业链中、下游产品价格来影响整体经济。因此,发展大宗商品市场已经成为国家经济和金融战略的重要组成部分。投资者可以通过不同路径对大宗商品进行投资,主要有以下两种:直接购买大宗商品实物和投资大宗商品衍生品市场。在购买大宗商品实物中,目前占据绝大部分市场份额的是资源项目投资。

(一)资源项目投资业务

购买大宗商品,是最直接也是最简明的大宗商品投资方式。狭义的大宗商品投资主要是指资源项目投资。

1. 国内直接投资的产业分类

资源项目投资是企业在大宗商品项目中的重要业务。早在20世纪80年代,中国企业就开启了对外投资的征程;党的十七大更是将"走出去"上升为国家战略。在这期间中国海外投资无论在存量还是流量方面均迅速扩张。在海外投资中,资源项目占有重要地位。如图7-2所示,2019年末中国对外直接投资存量中,制造业、采矿业和电力/热力行业等直接与能源领域相关,存量比重占到了近两成,绝对金额也已达到了4 086亿美元。

2. 资源项目投资业务的主体

中国海外进行能源投资的公司相对比较集中,其中累计投资最多的是中国石油化工

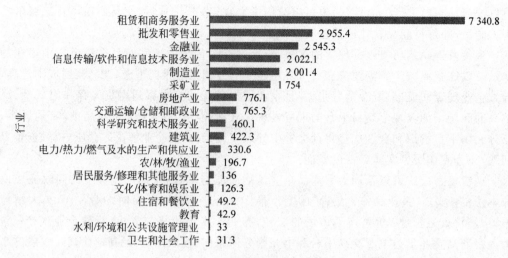

图 7-2　2019 年末中国对外直接投资存量行业分布

集团有限公司,随后是中国石油天然气集团有限公司、中国海洋石油集团有限公司、中国中化集团有限公司(表 7-2)。在能源投资领域,国有企业占据了绝对优势,这主要是由我国国内能源结构决定的,中国国内能源以国有资本为主,因此中国海外能源投资基本上就是国内能源行业投资的映射。

表 7-2　主要资源项目投资公司

核心业务	公司名称
中油化工	中国石油化工集团有限公司
	中国石油天然气集团有限公司
	中国海洋石油集团有限公司
	中国中化集团有限公司
投资	中国投资有限责任公司
	中国国家外汇管理局
	中国中信集团有限公司
电网	国家电网有限公司
电源	中国长江三峡集团有限公司
	中国大唐集团有限公司
	中国电力投资集团有限公司
	中国华电集团有限公司
煤炭	中国国能集团有限公司
	国家能源投资集团有限责任公司

3. 资源项目投资业务的风险

业务风险包括政治风险和经济风险。由于投资者都是国有企业,而世界上很多国家都会对外国国有企业投资收购本国企业的行为进行国家安全审查,以确保投资行为不会对本国的安全产生负面影响,这就形成投资业务的政治风险。经济风险既包括当地税务问题、财务的适应性问题,也包括投资经济评价问题,还包括汇率、预算、定价等风险。海外不同地区的税务问题以及经济评价等都与国内有一定的差异,国内企业在海外进行能源投资,有的国有企业在投资预算或者定价时容易套用国内的模式,从而导致资源投资类项目低于实际情况,对投资决策造成负面影响。

一个著名的例子就是中信泰富的 Sino-Iron 项目。澳大利亚的铁矿主要有赤铁矿和磁铁矿两种,其中赤铁矿只需通过轧碎及筛选就可提供给钢铁厂,开发成本较低;而磁铁矿含杂质较多,必须经过研磨和提炼才能制成钢铁厂能用的矿砂,开发成本高得多。因此,澳大利亚的本土大矿业公司开采的大都是赤铁矿。而我国的铁矿多为磁铁矿,中国企业由此积累了开采磁铁矿的经验,于是在难以拿到赤铁矿的情况下,纷纷选择参与开采磁铁矿。但是,澳大利亚磁铁矿的结晶颗粒比国内磁铁矿小,研磨成本更高,而且研磨提炼过程非常耗能耗水,还会产生大量的尾矿,导致高昂的环保成本。很多中国企业对澳大利亚磁铁矿的这些特性及其相应的开发成本估计不足。Sino-Iron 项目最初的设计方案假设能够使用中国的工艺技术、设备和工人,没有充分考虑澳大利亚当地的施工环境和法律要求;然而根据澳大利亚的法律,项目建设必须满足严格的安全标准,也不可能大量采用中国工人。由于项目难度远超预期,工期严重延误,成本成倍增加。

(二)大宗商品场外业务

目前,中国场外衍生品市场正处在起步阶段,需要较为完善的业务规则、行业规范引导其发展。完善的场外衍生品业务合作平台,除了能提高平台内部机构间的交易效率外,也将在以下两个方面促进场外市场的发展:一是共享业务资源,扩大场外业务覆盖范围。二是增加风险对冲渠道。场外衍生业务中,金融机构在接受客户风险的同时,还需要采用期货、期权、指数、标的商品现货等金融工具对冲风险,大部分场外衍生业务最终都需要通过场内市场对冲风险。

1. 国外衍生品市场的发展

大宗商品业务是欧美大型投资银行的一项核心与战略性业务,一度被视为国际投行的"吸金器",其内容涉及大宗商品及衍生品经纪、交易、做市、创设产品、融资等服务。在国外,高盛是较早参与实物商品业务的投行之一,不久之后,摩根士丹利也跨入大宗商品市场,在内部发展这项业务。随后,在大宗商品业务上,形成高盛集团、摩根大通、摩根士丹利、德意志银行和巴克莱银行五大巨头。拥有大量仓储仓库、运输、实物资产和交易,是大型投行大宗商品业务的一大特征。高盛、摩根大通拥有大量仓储资产,LME 公布的全球认证仓库名单显示,在全球共有 719 个认证仓库,其中摩根大通旗下的亨利·巴斯集团(Henry Bath Group)控制了 77 个,高盛旗下的 MITS 控制了 112 个。摩根大通曾在全球原油、北美电力、北美天然气、欧洲电力、欧洲天然气、基本金属、煤炭以及金属仓库等领域拥有实物大宗商品资产和交易业务。

2. 国内衍生品市场的发展

与发达经济体大宗商品市场的发展路径不同,我国大宗商品市场先后经历了计划经济、转轨经济及市场经济的发展阶段,在此背景下形成的大宗商品市场结构也与发达经济体存在较大差异。我国大宗商品场外市场出现于期货市场规范发展时期,随着电子商务的不断深化,国内大宗商品交易逐渐由实体市场向电子市场渗入。2003 年,国家质量监督检验检疫总局发布了《大宗商品电子交易规范》,大宗商品电子交易市场开始迅猛发展。2011 年,国务院出台《国务院关于清理整顿各类交易场所切实防范金融风险的决定》,对各类大宗商品电子交易市场进行清理整顿。2014 年 8 月 22 日,中国期货业协会发布《中国证券期货市场场外衍生品交易主协议(2014 年版)》及补充协议和《中国证券期货市场场外衍生品交易权益类衍生品定义文件(2014 年版)》为我国大宗商品场外市场产品设计及交易提供了政策依据。2014 年 8 月 26 日,中国期货业协会进一步发布了《期货公司设立子公司开展以风险管理服务为主的业务试点工作指引(修订)》,进一步扩大了我国大宗商品场外市场中介涵盖的机构范围及中介机构的业务功能,有效地促进了我国大宗商品场外市场的发展。

3. 场外市场衍生品工具应用实例

场外衍生品具有高灵活性、规模大及复杂性的特点。国内场外衍生品市场的主导者一般为银行、券商与期货风险管理公司。国内场外衍生品市场常见的交易品种为互换(swap)(远期)、场外期权和商品指数(图 7-3)。

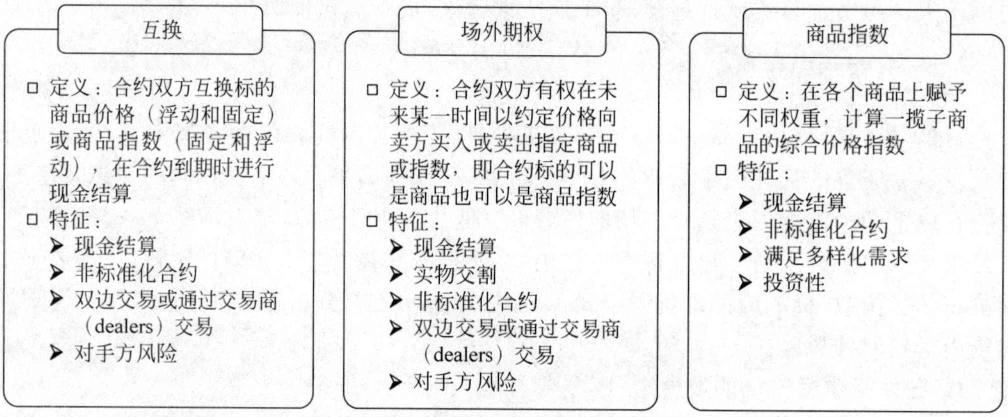

互换	场外期权	商品指数
□ 定义:合约双方互换标的商品价格(浮动和固定)或商品指数(固定和浮动),在合约到期时进行现金结算 □ 特征: ➤ 现金结算 ➤ 非标准化合约 ➤ 双边交易或通过交易商(dealers)交易 ➤ 对手方风险	□ 定义:合约双方有权在未来某一时间以约定价格向卖方买入或卖出指定商品或指数,即合约标的可以是商品也可以是商品指数 □ 特征: ➤ 现金结算 ➤ 实物交割 ➤ 非标准化合约 ➤ 双边交易或通过交易商(dealers)交易 ➤ 对手方风险	□ 定义:在各个商品上赋予不同权重,计算一揽子商品的综合价格指数 □ 特征: ➤ 现金结算 ➤ 非标准化合约 ➤ 满足多样化需求 ➤ 投资性

图 7-3　场外市场衍生品工具

扩展阅读 7.1
利用商品互换锁
定连续销售收益

1) 互换业务

互换是一种交易双方互换风险形态的合约,指同时买进与卖出金额相当、相类似的资产或合约。这样的交换风险的财务设计,可以让交换双方都可以获得比较优势,是双赢的合约。互换一般为非标准合约,不能上市交易,通常分为利率互换、外汇互换、收益互换、信用违约互换以及商品互换(commodity swaps)。

商品互换指根据交易有效约定,交易一方为一定数量的商品、商品指数或价差组合标的,按照每单位固定价格或结算价格定期向另一方支付款项,另一方也为同等数量的该标的按照每单位结算价格定期向交易一方支付款项的交易。如图 7-4 所示。

如图 7-5 所示,一家钢厂每季度需要采购铁矿石 1 万吨,与铁矿石贸易商签订一年期的贸易合同,约定每季度以季度均价作为采购结算价,现金流如图 7-6、图 7-7 所示。钢厂希望锁定采购成本,但贸易商不愿意签署固定价销售合同。于是,钢厂寻找到一家互换交

图 7-4 商品互换业务

易商,签署了一个 1 年期的商品互换合同,交易双方约定,以 1 万吨铁矿石为标的,钢厂每季度以 400 元/吨的价格向互换交易商支付固定现金流,而互换交易商则按每季度铁矿石价格均价向钢厂支付浮动现金流。这样钢厂从互换交易商处获得的浮动现金流刚好弥补了现货采购所支付的现金流,最终将现货采购成本锁定为固定价格。

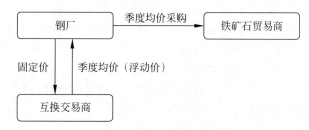

图 7-5 互换业务结构

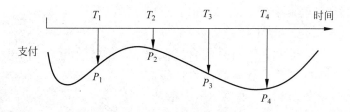

图 7-6 钢厂和贸易商签署现货采购合同的现金流

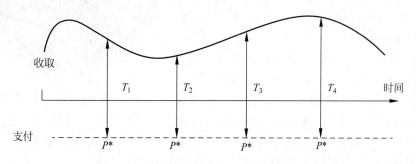

图 7-7 钢厂和互换贸易商签署互换合同的现金流

2) 场外期权业务

(1) 业务原理。期权是交易双方关于未来买卖权利达成的合约。就个股期权来说,期权的买方(权利方)通过向卖方(义务方)支付一定的费用(权利金),获得一种权利,即有权在约定的时间以约定的价格向期权卖方买入或卖出约定数量的特定股票或 ETF。当然,买方(权利方)也可以选择放弃行使权利;一旦买方决定行使权利,卖方就有义务配合。如图 7-8 所示。

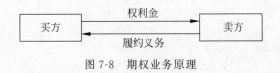

图 7-8　期权业务原理

（2）期权业务分类。期权的分类显得很复杂，从期权买方的权利内容来看，期权可以分为认购期权和认沽期权；从行权时间来看，期权可以分为欧式期权、美式期权和百慕大期权等；从标的资产不同来看，期权可以分为个股期权、股指期权、利率期权、外汇期权和商品期权等。

【例 7-3】　存货跌价保值合同

某铁矿石贸易商存有大量库存，在铁矿石基本面相对利空的行情下，为防止铁矿石库存的价格下跌风险，该贸易商选择买入 i2109 合约的看跌期权。执行价为 1 180 元/吨，期现 17 天，期权费 30 元/吨，以美式期权方式行权。

当 i2109 盘面价格在 1 180 元/吨以下时，该贸易商执行期权，若不考虑基差，扣除 30 元/吨的期权费，现货实际收入为 1 150 元/吨。当 i2109 在 1 150 元/吨以上时，该贸易商不执行期权，现货市场盈利，但损失 30 元/吨的期权费。

3）大宗商品指数

商品价格指数已经诞生了 60 多年，但真正成为投资标的还是 20 世纪 90 年代的事情，最早的大宗商品指数是 1957 年由美国商品研究局依据世界市场上 22 种基本的经济敏感商品价格编制的一种期货价格指数，通常简称为 CRB 指数。CRB 的期货合约 1986 年才在纽约商品交易所上市。由于期货市场可以卖空和买空，很难找到一个类似编制 S&P500（标准普尔 500 指数）一样的权重，对股票价格进行加权而求得的综合指数去反映市场系统风险。即使选取相同的商品，不同权重的指数进行商品期货投资，收益也是不同的。较重要的几个国际商品指数有路透社 CCI/CRB

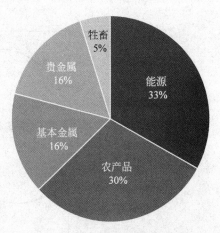

图 7-9　道琼斯商品指数权重图

指数、高盛商品价格指数（GSCI）、道琼斯商品指数（图 7-9）、罗杰斯商品指数等。这些指数从 2001 年开始便获得了前所未有的发展，不仅成为商品资产配置的重要依据，而且成为经济发展的重要指标。

以商品价格指数作为标的的衍生品具有多项优点：可以满足机构投资者和个人投资者的投资需求；解决商品期货合约移仓问题；抵御通货膨胀。

四、大宗商品融资类业务

按照《巴塞尔协议》的定义，大宗商品融资是对储备、存货或在交易所交易应收的商品进行的结构性短期融资，以商品销售收益偿还融资。与银行常见的流动资金贷款管理看重客户资质与客户评级相比,商品融资主要看重融资标的、贸易渠道与对冲方式等商品本身的因素,对于企业的准入资质没有过高要求。广义上,只要金融机构提供融资服务的对象是从事大宗商品贸易的企业,则该业务即属大宗商品贸易融资范畴;狭义上,大宗商品融资是指大宗商品结构性贸易融资,即金融机构为大宗商品贸易商或生产企业提供个性化的组合贸易融资方案,以在企业的生产和购销活动中起到流动性管理和风险缓释的作用。

(一)大宗商品融资

1. 现货交易融资

现货交易融资指客户通过交易持有的大宗商品标准库存的方式,向金融中介机构融资。例如,企业 A 拥有 N 万吨精炼铜,该企业可以一定价格将库存出售给金融中介机构,获得价格乘以数量($P \times N$)的资金,并约定到期之后以"$P +$ 约定溢价"的价格回购该精炼铜库存。金融中介机构协助企业 A 在场内或场外市场对该精炼铜现货头寸做全额反向套保,规避价格波动风险(图 7-10)。

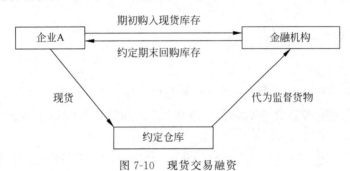

图 7-10　现货交易融资

2. 租赁融资

租赁融资指由金融机构出资购买营运设备,并租给客户使用,客户定期向金融机构支付租金,在租赁期内设备的所有权属于金融机构,客户拥有使用权。金融机构和客户可以约定租赁期届满租赁物的归属,如直至收回全部租金后,金融机构可将所有权以象征性的价格转移给客户。

扩展阅读 7.2　现代融资租赁的起源

例如,企业 A 需要一艘货轮运输现货,但资金不足。此时企业 A 可以与金融机构签订经营租赁协议,由金融机构出资向船厂购买该货轮,并在协议期内出租给企业 A 使用。船厂将货轮交付给企业 A,企业 A 定期支付租金给金融机构,与运费水平无关,企业 A 自负盈亏(图 7-11)。

3. 项目融资

项目融资指由金融机构向矿山等资源类商品开采项目提供中长期融资,以矿山所有权和未来销售现金作为担保享有偿债请求权,并以该项目资产作为附属担保。例如,企业 A 拥有某矿山,但缺乏资金进行开发。此时企业 A 可以矿山所有权和未来现金流作为担保,向金融机构融资,未来可以现金或商品的形式偿还本息。金融机构协助企业 A 在场内或场外市场对该矿山远期产量做全额套保,规避价格波动风险(图 7-12)。

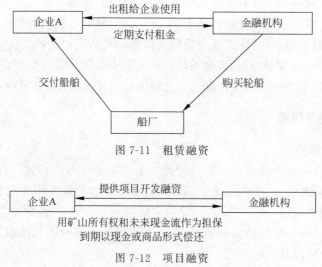

图 7-11　租赁融资

图 7-12　项目融资

（二）大宗商品融资业务的模式

1. 仓单质押融资

仓单质押融资按仓单的性质分为非标准仓单质押融资和标准仓单质押融资；按放货方式分为静态仓单质押融资和动态仓单质押融资；按区位分布衍生出异地仓单质押融资；按先票后货顺序衍生出保兑仓融资。

仓单质押融资是出质人把质押物存储在物流企业的仓库中，然后凭借物流企业开具的仓单向银行申请授信，银行根据质押货物的价值和其他相关因素向客户提供一定比例的融资。

扩展阅读 7.3
标准仓单冲抵保证金和交易所外质押流程

仓单质押融资的一般流程包括：第一步，出质人向银行缴纳保证金，将质品存入物流商仓库；第二步，物流商对质品验货入库，并向银行开具质押仓单；第三步，银行核对仓单无误后，根据出质人申请开具承兑汇票或放贷；第四步，出质人根据经营需要归还部分或全部银行资金；第五步，银行核实归还资金，根据还贷情况向出质人归还加盖银行印鉴的仓单并通知物流商；第六步，出质人持相应仓单前往物流商仓库提货；第七步，物流商根据银行的放贷通知及提货人的仓单放货。

（1）标准仓单质押融资。标准仓单是由期货交易所指定交割仓库，并按照交易所规定的程序签发，符合合约规定质量的实物提货凭证。其中标准仓单质押融资包括前端模式和后端模式。前端模式指在期货公司的配合下，商业银行向客户发放通过期货市场交割购买标准仓单的资金，客户将拟交割所得的标准仓单出质给银行，客户在没有任何担保的情况下，即可从银行获得购买标准仓单的资金，完成原料采购；后端模式是指在期货公司的协助下，商业银行先将客户质押的标准仓单解押并用于卖出交割，客户将交割获得的交割款用于偿还银行的融资，从而降低客户还款时的资金周转压力。

（2）静态仓单质押模式。静态仓单质押是指授信企业正式出质后，如果需从监管区域提取货物,则必须向银行存入提货保证金,物流公司收到银行的"放货通知书"后,给企业办理货物出库手续(也称单笔控制)。但是静态仓单质押模式由于每次取货都需要向银行存入保证金,对于授信企业而言手续过于复杂,不适用于流转速度较快的质押物。

(3)动态仓单质押模式。动态仓单质押模式是银行根据授信额度大小,设定一个最低库存数或者最低库存价值量。此模式下,质押物流转速度较快。

(4)异地仓单质押融资。异地仓单质押融资是在前三种模式的基础上,对区位的一种拓展。仓储公司根据客户需要,利用全国的仓储网络、其他仓储公司仓库以及客户自有的仓库,就近进行质押监管,提供仓单,企业根据仓储公司的仓单向银行申请借款。例如建设银行郑州期货城支行与国信期货联手,为杭州的一家企业操作了一笔标准仓单质押贷款业务。

(5)保兑仓融资。保兑仓融资相对于普通仓单质押模式的特点是先票后货。这种模式主要适用于知名品牌产品生产厂家(包括其直属销售部门、销售公司)与其下游主要经销商的批量供货所形成的商品交易关系或债权债务关系。

保兑仓融资的一般流程包括:第一步,出质人向银行缴纳保证金,申请银行信贷,申请生产商放贷给物流商;第二步,银行接受出质人申请,开具承兑汇票或放贷给生产商;第三步,生产商接受出质人申请,将产品交付给物流商;第四步,物流商验收核实质物,开具货物监管确认书给银行;第五步,出质人根据经营需要归还银行部分或全部资金;第六步,银行核实归还资金,根据还贷情况向物流商开具解除质押通知书;第七步,物流商核对解除监管确认书(印章、签字),依单放贷给出质人;第八步,如果出资人资金周转出现问题,无法及时偿还银行信贷,生产商回购质物,替出质人偿还银行敞口;第九步,银行接受生产商回购,补足敞口。

2. 保兑提单融资

保兑提单融资是指申请人以海运提单及港口、保税仓库、仓储公司等开出的载明品种、规格、等级、数量的货物提单向银行进行质押融资。物流商受银行委托对相应的质押物进行跟踪、监管。提单融资模式主要包括运输过程融资和提单转仓单融资。

3. 现货质押融资

现货质押融资是指借款企业以自有合法拥有的货物为抵押物向银行申请的融资授信业务。该项业务有静态质押和动态质押两种操作方式。静态方式下客户提货时必须打款赎货;动态方式下客户可采用以货易货的方式,用符合银行要求的、新的等值货物替代欲提取的货物。办理现货质押融资业务的一般流程包括:第一步:银行、客户及仓库三方签订仓储监管协议;第二步:客户将存货质押给银行;第三步:银行为客户提供授信;第四步:客户补缴保证金或打入款项或补充同类质押物;第五步:银行向仓库发出放货指令。

4. 背对背信用证融资

背对背信用证融资的一般流程包括:第一步,A企业向B企业开立延期付款信用证。第二步,B企业凭A企业开出的以B企业为受益人的信用证(主证),请求银行B开立以C企业为受益人的信用证(子证),银行B以主证做担保(有时也要求B企业提供一定金额的保证金),开立子证。通常情况下,除了发票、金额、有效期等条款外,两份信用证的条款基本一致。第三步,C企业按要求发运货物,在子证项下向银行B提交票据,并要求承兑或付款。银行 B 审单无误后,对 C 企业承兑或付款。第四步,银行 B 要求 B 企业更换有关单据(如发票和汇票等),提交符合主证规定的全套单据,银行 B 审单无误后,将全套单据寄交主证开证行 A 索偿。第五步,主证开证行 A 审单无误后向银行 B 付款。

五、大宗商品主动管理业务

大宗商品主动性管理业务是一系列套利策略的策略集合,对不同类别的投资主体,使用的主动性管理策略也不尽相同。其中企业层面主要使用牛市套利、熊市套利、跨期品种套利等策略;金融机构则依托基金公司、财务公司、信托运作;个人投资者在大宗商品主动性管理业务中主要以基金形式存在。

(一)企业大宗商品主动管理业务

1. 跨期套利策略

在实际操作中,根据套利者对不同合约月份中近月合约和远月合约买卖方向的不同,跨期套利可分为牛市套利与熊市套利。企业买入和卖出同一期货品种的不同交割月份的期货合约,以期在有利时机时将这些期货合约对冲平仓。跨期套利与现货市场价格无关,只与期货可能发生的升水和贴水有关。

1)牛市套利策略

牛市套利是指市场出现供给不足、需求旺盛或者远期供给相对旺盛的情况,导致较近月份合约价格上涨幅度大于较远月份合约价格上涨幅度,或者较近月份合约价格下跌幅度小于较远月份合约下跌幅度,无论是正向市场还是反向市场,买入较近月份的合约同时卖出较远月份的合约进行套利,盈利的可能性较大。从图 7-13 可见,牛市套利中,由于近期月份合约价比远期月份合约价上涨快,价差因此缩小,牛市套利因而获利。

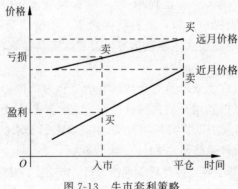

图 7-13   牛市套利策略

【**例 7-4**】 假设某年 6 月 3 日,郑商所 9 月 PTA 期货合约价格为 5 190 元/吨,次年 1 月 PTA 期货合约价格为 4 996 元/吨,两者价差为 194 元/吨。某交易者认为近期 PTA 下游聚酯工厂成品库存下降至低位,对原料 PTA 存在集中补货需求,同时 PTA 现货市场流动性偏紧,PTA 近月合约有望走强,而远月 01 合约将面临新产能投放压力,且终端亦将步入淡季,其供需面相对近月偏弱,预计 PTA 期货 9 月和 1 月价差有望扩大。于是,他在买入 50 手 9 月 PTA 期货合约的同时,卖出 50 手 1 月 PTA 期货合约。7 月 3 日,9

月和 1 月 PTA 期货合约价格分别上涨至 6 318 元/吨和 5 508 元/吨,两者价差扩大至 810元/吨。此时,该交易者同时将 9 月和 1 月 PTA 期货合约平仓,完成套利交易。

从交易结果来看,9 月 PTA 期货合约盈利了 6 318－5 190＝1 128 元/吨,而 1 月PTA 期货合约则亏损了 512 元/吨(4 996－5 508＝－512 元/吨),总体上,交易者盈利1 128－512＝616 元/吨,这实际上也是价差扩大的变动值(810－194＝616 元/吨)。也就是说,交易者预计近月 PTA 期货价格将上涨,且涨幅大于远月 PTA 期货合约,一个月后,PTA期货价格走势与交易者判断一致,最终牛市套利使得交易者获得 616 元/吨的盈利,见表 7-3。

表 7-3　牛市套利

市场交易	9 月 PTA 合约	1 月 PTA 合约	9 月至次年 1 月价差
6 月 3 日	买入价 5 190 元/吨	买入价 4 996 元/吨	194 元/吨
7 月 3 日	卖出价 6 318 元/吨	卖出价 5 508 元/吨	810 元/吨
平仓损益	＋1 128 元/吨	－512 元/吨	＋616 元/吨
牛市套利损益	(1 128－512)×50×5＝154 000 元		

从该案例可以看出,对于牛市套利的交易者而言,只要同一期货合约两个不同月份的价差趋于扩大,交易者就可以实现盈利,而与单个期货合约价格的涨跌无关。本质上讲,类似牛市套利的价差套利操作,是期货市场上针对价差变动的一种投机行为,是利用市场上某些期货合约价格失真的机会,并预测该价格失真会最终消失,从而获取套利利润。

2) 熊市套利策略

熊市套利与牛市套利相反,当市场出现供给过剩、需求相对不足时,一般来说,较近月份合约价格上涨幅度小于较远月份合约价格上涨幅度,或者较近月份合约价格下跌幅度大于较远月份合约下跌幅度,无论是正向市场还是反向市场,买入较远月份的合约同时卖出较近月份的合约进行套利,盈利的可能性较大。

【例 7-5】　假设某年 5 月 8 日,上期所 11 月的天然橡胶期货合约价格为 12 550 元/吨,次年 1 月天然橡胶期货合约价格为 13 750 元/吨,两者价差为－1 200 元/吨。某交易者认为近端天然橡胶基本面更差,11 月和 1 月天然橡胶期货合约的价差可能进一步走低。于是,该交易者卖出 60 手 11 月天然橡胶期货合约的同时,买入 60 手次年 1 月天然橡胶期货合约。9 月 8 日,11 月和 1 月天然橡胶期货合约价格分别下降至 10 660 元/吨和12 740 元/吨,两者价差走低至－2 080 元/吨。此时,该交易者同时将 11 月和 1 月天然橡胶期货合约平仓,完成套利交易,见表 7-4。

表 7-4　熊市套利

市场交易	11 月天然橡胶合约	1 月天然橡胶合约	11 月至次年 1 月价差
5 月 8 日	12 550 元/吨	13 750 元/吨	－1 200 元/吨
9 月 8 日	10 660 元/吨	12 740 元/吨	－2 080 元/吨
平仓收益	＋1 890 元/吨	－1 010 元/吨	＋880 元/吨
熊市套利损益	(1 890－1 010)×60×5＝264 000 元		

2. 跨品种套利

跨品种套利是指利用两种不同的但相互关联的商品之间的合约价格差异进行套利交

易,即买入某一交割月份某种商品合约,同时卖出另一相同交割月份、相互关联的商品合约,以期在有利时机同时将这两个合约对冲平仓获利。这两个品种之间往往具有相互替代性或受同一供求因素制约。跨品种套利的主导思想是寻找两种或多种不同但具有一定相关性的商品间的相对稳定关系(差值、比值或其他),在其脱离正常轨道时采取相关反向操作以获取利润。跨品种套利的交易形式是同时买进和卖出相同交割月份但不同种类的期货合约,主要有相关商品间套利和原料与成品之间套利。

【例 7-6】 一般来说,生产 1 吨涤纶短纤需要 0.855 吨 PTA 和 0.335 吨乙二醇,基于以上物料消耗关系,在期货市场中投资者可在涤纶短纤期货、PTA 期货和乙二醇期货之间进行跨品种套利,三者持仓比例可参照 6∶5∶1。某年 2 月份,基于年度需求恢复的乐观预期,终端纱厂集中补货,涤纶短纤加工费上涨至历史高点附近。某交易者认为近期市场已透支了传统"金三银四"需求旺季预期,预计涤纶短纤加工费将高位回落,于是 2 月22 日其在期货市场卖出 60 手 5 月涤纶短纤期货合约,同时买入 50 手 5 月 PTA 期货合约和 10 手乙二醇期货合约,以做空涤纶短纤加工费。4 月 22 日,"金三银四"需求落空,涤纶短纤加工费回落至低位,该交易者对上述持仓予以平仓,累计获得收益 35.54 万元,见表 7-5。

表 7-5　跨品种套利

市 场 交 易	5 月 PTA 期货合约	5 月乙二醇期货合约	5 月涤纶短纤期货合约
2 月 22 日	买入 50 手 4 428 元/吨	买入 10 手 5 497 元/吨	卖出 60 手 8 024 元/吨
4 月 22 日	卖出 50 手 4 508 元/吨	卖出 10 手 4 789 元/吨	买入 60 手 6 670 元/吨
平仓收益	$(4\,508-4\,428)\times50\times5=$ 20 000 元	$(4\,789-5\,497)\times10\times10=$ -70 800 元	$(8\,024-6\,670)\times60\times5=$ 406 200 元
跨品种套利收益	20 000-70 800+406 200=355 400 元		

3. 跨市套利

跨市套利指交易商利用同一商品在不同交易市场的价格不同,在两个交易市场同时买进、卖出商品合约,日后分别进行对冲,以期谋取利润的投资活动。跨市套利主要包括两种形式:期货市场与现货市场之间的套利和不同市场同品种之间的套利。在商品交易市场,同一种商品合约往往同时在不同的交易市场上市,这些相同的或相似的商品合约在不同的市场不一定有相同的价格水平、相同的价格变动方向和价格变动幅度。尽管如此,由于商品合约具有相同的标的物,即使各市场间的价格不同,但应该有一个合理的、正常的价差水平,也就是说有一个价格变动的上下限。如果合约在不同市场价格超过了一个变化幅度,那就意味着可能有一个市场的合约被相对高估,而另一个市场合约被相对低估,于是一个无风险的套利机会就出现了。例如,期货交易所买进(或卖出)某交割月份的某种合约的同时,在现货交易所卖出该种产品合约,当同一商品在两个交易中的价格差额超出了该商品从一个交易市场的交割仓库运送到另一个交易市场的交割仓库的费用时,可以预计它们的价差将会缩小,直至体现在当前时点下的跨市交割成本。

【例 7-7】 此处以大商所上市的乙二醇期货为例阐述跨市交易原理,具体内容如表 7-6 所示。某年 1 月 4 日,华东现货市场乙二醇价格为 4 425 元/吨,乙二醇期货价格为

4 435 元/吨。某期现贸易商在现货市场买入乙二醇现货,同时在期货市场卖出等数量的乙二醇期货。2 月 25 日,受寒潮天气影响,海外乙二醇装置大面积停车,现货价格急剧抬升,但主力期货价格涨幅不及现货,现货与期货价差已可覆盖期现交易成本,预计后续价差将收窄,该贸易商遂对期现持仓进行平仓。期现结合后,企业最后赚取 588 元吨/吨,期现交易成本为 121 元/吨,整体投资收益率为 361%。

表 7-6 跨市套利

市场交易	华东现货市场	大连商品交易所
1 月 4 日	买入 4 425 元/吨乙二醇现货	卖出 4 435 元/吨乙二醇期货
2 月 25 日	卖出 6 340 元/吨乙二醇现货	买入 5 792 元/吨乙二醇期货
单市场盈亏	+1 915 元/吨	-1 357 元/吨
总盈亏	1 915-1 357=558 元/吨	
资本投入	$(4\,425+4\,435\times10\%)\times6\%\times52/365+0.9\times2+1.5\times52=121$ 元	
投资收益率	361%	

(二) 大宗商品基金

投资者对大宗商品直接进行实物投资并不现实,这时交易所交易基金(ETF)就有了用武之地。大宗商品 ETF 通过基金公司投资商品实物和期货合约。ETF 的好处在于投资者不用直接参与商品市场交易,同时规模效应可使单位投资的成本最小化。ETF 申购赎回容易,流动性好,比期货风险低,符合普通投资者的需求。ETF 是国外商品投资的主流方式,而在国内市场上,大宗商品基金成立时间相对较晚。

1. 国内大宗商品基金的发展

随着大宗商品在金融资产交易量的比重不断上升,其资产配置的重要性正在逐步体现,大宗商品基金也得到较快发展。国内大宗商品基金的投资范围包括以大宗商品指数为标的的 ETF 和投资海外大宗商品市场的 QDII 基金等。目前已上市的大宗商品基金,从行业类别可分为:①原油类的华安标普石油、华宝油气和诺安油气能源等;②有色金属类的建信有色金属分级、国泰国证有色金属行业指数分级等;③钢铁类的鹏华钢铁分级、中融国政钢铁行业指数分级等;④煤炭类的招商中证煤炭等权指数分级、富国中证煤炭指数分级等;⑤农产品类的融通行业景气。

大宗商品贸易的标的具有特殊性,其往往是重要的工业原材料,如原油、铁矿石、铜等或者大宗农产品。大宗商品的业务具有特殊性,不同于普通商品的贸易:第一,交易资金密集,交易标的数额巨大,单笔交易资金动辄 1 000 万美元以上,而大宗商品的客户特别是贸易型的客户,自身的资金实力往往有限,因此对于银行在授信资金融资方面的需求巨大。第二,价格波动大。大宗商品价格受到供需关系、产量、重大地缘政治、外交、军事事件以及市场投机行为、市场心理等因素的影响,波动频繁、剧烈。第三,定价机制特殊,浮动报价和固定报价并存。第四,专业性强,不同行业的大宗商品行业特点明显,差别比较大,需要专业的行业知识。第五,流动性强,标准化程度高。上述特点使得企业迫切需要银行在结算、融资、套期保值、风险管理等方面提供支持,从而催生了对大宗商品金融服务的广泛需求。

大宗商品交易平台通过捆绑境内外优秀对冲基金经理,与私人银行部门合作,向高净值客户提供与其风险收益偏好相匹配的资管产品。充分发挥银行研究部门、经济专家的研究能力和信息优势,还有银行网点触角分布的广度、大数据统计分析能力,为资管产品及高净值资产专户、产业客户提供宏观分析、行业分析研究报告以及套期保值、套利及对冲交易策略。境外大宗商品交易平台是中资银行大宗商品业务的重要组成部分,与银行相关业务条线互补联动,发挥协同效应。

2. 大宗商品基金的分类

根据运作方式不同,商品 ETF 可分为实物支持 ETF 与非实物支持 ETF 两大类。实物支持 ETF 直接持有实物资产或者与实物相关联的期货仓单,自身运营管理机制较为清晰、透明。目前实物支持商品 ETF 基本属于贵金属类,包括黄金、白银、铂金、钯金等。非实物支持 ETF 并不直接持有商品资产,而是由第三方持有与实物资产相关的期货衍生品,并向 ETF 发行者签发一定数量的证券(与 ETF 份额相挂钩),从而实现对大宗商品价格或者指数的跟踪或投资。这类 ETF 主要覆盖工业金属、能源、农产品等大宗商品及其相关指数。

1)实物支持 ETF

作为一种在交易所交易的开放式基金,黄金 ETF 的基础资产是黄金现货,并以基金份额价格的变动反映黄金现货减去应计费用后的价格变动为目的。基金持有黄金并可随时以一揽子数量实现黄金和基金份额之间的交换。值得注意的是,黄金 ETF 为被动型投资基金,它不能持有或交易高风险的衍生品,如期货和期权等。图 7-14 为实物支持 ETF 运作流程。

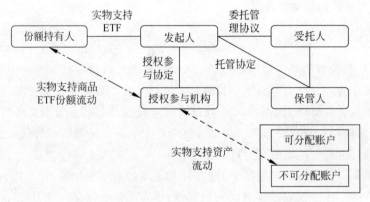

图 7-14　实物支持 ETF 运作流程

黄金 ETF 是一种追踪国际黄金现价的黄金交易所买卖基金,为投资者提供了一种方便并且具有成本效益的途径,让投资者参与投资以往难以进入的市场领域。每份证券均获实物黄金保证,该黄金是保管机构为权益持有人保管。信托的黄金全部存放于金库,并且根据章程,该信托存放的金条任何情况下不得买卖、出租或外借。简单地说,就是以信托方式为黄金 ETF 持有人持有黄金,该 ETF 的持有人可以通过交易所购买该证券,从而获权直接投资黄金现货,但不需要持有金条。黄金 ETF 的引入旨在降低阻碍投资者投资黄金的众多门槛,如交易、保管黄金及交易费用等。投资成本低是黄金 ETF 的一大优势。投资者购买黄金 ETF 可免去黄金的保管、储藏和保险等费用,只需交纳通常为 0.3%～0.4%的管理费用,相较于其他黄金投资渠道平均 2%～3%的费用,优势十分突出。SPDR Gold Shares(GLD)是目前全球规模最大、流动性最好的黄金 ETF,在纽约证券交易所上市交易。与纸黄金不同,GLD 的基础资产是黄金现货,基金份额都以 1/10 盎司黄金为依托,基金份额价格的变动直接反映了黄金现货价格的变动。GLD 最小申购赎回单位为 100 000 份,只有授权参与人(AP)才被允许进行基金的申购和赎回。

2) 非实物支持商品 ETF

非实物支持商品 ETF 主要有工业金属 ETF、能源 ETF 和农产品 ETF。此类资产的体积较大,不易于储藏保管,单位体积的价值也较低,因此不适合采用实物申赎机制。非实物支持商品 ETF 并不持有实物资产,转而投资于相关大宗商品的金融衍生品,间接复制相关大宗商品的价格走势变动。目前来看,非实物支持商品 ETF 主要持有相关大宗商品的期货、远期、互换等金融衍生品。

USO(United States Oil)原油期货 ETF,是第一只跟踪原油价格走势的商品 ETF,也是美国市场上规模最大的一只原油商品 ETF。USO 的主要持仓标的为 WTI 原油期货合约,通过投资原油期货的方式达到跟踪原油现货价格走势的目的。根据规定,USO 基本上在每个月的第四个交易日开始换仓,换仓操作必须在 4 个交易日内完成。近些年市场上还衍生出了反向及杠杆型原油 ETF。目前,在国际市场上,2 倍杠杆做多/做空 ETF 是主流,杠杆倍数最多为 3 倍。

3. 大宗商品基金运作模式

(1) 实物支持 ETF 的运作模式。由发行方确定商品 ETF 的产品结构与发行方式。一方面,为了取信于投资者,发行方就其发行的每一种商品 ETF 产品与信用受托人签订相关协议,协议授权信用受托人代表投资者来监督发行方履行其发行商品 ETF 产品的相关职责;另一方面,发行方将指定一些授权参与者,与他们签订授权参与协议,只有授权参与者才有向发行方申购与赎回商品 ETF 产品的权利,普通投资者是不能向发行方申购与赎回的。授权参与者通常是机构经纪人,他们会在二级市场上向普通投资者销售商品 ETF。同样,为了保证赎回过程顺利进行,信用受托人必须实施监督,并确保发行方持有相应的实物现货仓单或其他可以赎回现货的凭证。在具体监督过程中,发行方常常指定一个保管人(商品代理人)来履行赎回过程的监督义务。保管人还将管理以发行方名义设立的特别账户,该账户用于存放发行方持有的商品仓单。当授权参与者申购与赎回时,由保管人通过发行方的特别账户与授权参与者办理赎回或申购事宜,并补齐积累的仓储费用。

(2) 非实物支持 ETF 的运作模式。发行者与授权参与者签订协议,赋予后者在市场上向普通投资者销售 ETF 基金份额的权利,普通 ETF 投资者只能在二级市场买卖该 ETF 基金份额。为了确保发行者发行的 ETF 基金份额有相应的商品资产支持,发行者还会与商品合约对手方签订证券协议。发行者需要根据协议全额持有对手方发行的、与持有商品期货头寸相对应的证券。

该协议是为了确保发行者发行的 ETF 基金份额有必要的资产做保证,并且这种资产能够与相应的商品资产对应,投资者通过买卖 ETF 基金份额、授权参与者通过申购和赎回证券,影响商品合约对手方持有的期货等衍生品头寸,实现对商品价格波动的跟踪。商品合约对手方还需在指定的金融中介设立一个担保账户。只要发行者发行一定数量的 ETF 份额,对手方就需要按照一定计算规则在担保账户中存入相应的金额。

第二节　大宗商品业务风险及防范

对于风险的界定有较多说法,一般来说,风险有两种定义:一种定义强调风险表现为不确定性;而另一种定义则认为风险表现为损失的不确定性。认同风险表现为不确定性,那么风险产生的结果既可能带来损失,也可能会是获利,或是无损失也无获利,可以理解为广义风险,金融风险属于此类。认同风险表现为损失的不确定性,即风险只表现为损失,不可能从风险中获利,可以理解为狭义风险。通常,对风险的讨论并不严格区分风险和不确定性。风险本身是客观存在的,具有普遍性,能够对风险概率的发生进行有效管理,那么风险就有可能带来利润。可见,风险总是和利润相对立,却又紧紧相随。收益是风险的成本和报酬,高收益往往与高风险相伴。大宗商品业务同样存在风险。

一、大宗商品业务风险

（一）大宗商品交易服务类业务中存在的风险

我国的期货品种均在证监会严格审批后才可在交易所上市。上市后的期货品种在市场交易中,均受交易所和证监会密切监管,有完善的监管制度、结算系统和风险控制措施。因此,在交易所上市的期货品种交易风险和服务风险极低。但是,场外的大宗商品交易平台或电子盘,由于各种原因,可能存在交易中心对交易商结算资金的挪用风险、交易中心在买卖交易中的信用风险、交货仓库在货物监管和质押融资中的业务风险以及交易客户对大宗商品交易的认知风险等。

（二）大宗商品投资类业务中存在的风险

大宗商品投资也是有风险的,大宗商品投资风险包括市场风险、流动性风险、法律与政策风险、操作风险、信用风险。

（三）大宗商品融资类业务中存在的风险

在融资过程中,贸易商一般通过期货和衍生品市场进行价格保值,因此正常的融资贸易风险有限。在信贷管理上,大宗商品贸易融资的风险控制较为严格,与此前两年的钢贸融资"重复质押、多方贷款"有本质不同,但大宗商品贸易融资对宏观经济的影响和可能带来的风险仍然不可忽视。

1. 套现风险

在资金紧张的情况下,企业可以利用大宗商品融资方式来获得流动资金贷款,但此类贷款的利率比正常的流动资金贷款利率低一些,所以贷款资金很有可能会变相流入民间借贷或房地产市场,形成套利和重复融资,进而加大了进口融资的风险。

2. 大宗商品价格下跌风险

一些银行和企业签订了未来货权质押合同,就是以未来的进口大宗商品的货权来质押获得贷款资金,但是在这个过程中必须有一个前提条件——大宗商品的价格必须稳定或上升,如果大宗商品价格下跌,那么将来的回款就无法覆盖信用证金额,从而形成风险。

3. 货物监管方的管理能力与资质风险

银行在使用仓单质押融资或存货质押时,监管方的管理能力和资质直接影响质押物的有效性。如果监管方资质差、管理不规范,导致存储的货物出现混杂、变质或损失,或仓储企业的员工素质不高造成账实不一,甚或与不法分子勾结监守自盗等,必然会造成银行质权遭到损害,引发银行授信业务风险。

4. 中小型贸易代理企业的信用风险

中小代理企业如果自身的风险防范措施做得不到位,或所代理的下游大中型生产企业因为价格、财务状况等拒绝收货或者提货后无力支付货款,都会造成代理企业的财务危机和信用风险。

5. 转口贸易情况下的贸易背景真实性风险

转口贸易情况下,如果货物没有真正进入境内或区外(保税区区外),接受银行融资的企业也就没有进口报关单,所以银行很难把握住贸易背景的真实性,更难以把控货权。

二、大宗商品业务风险管理

大宗业务由于经营额大、产业链长,进出口企业根据自身的特点,从熟悉的环节介入,并适时向产业链的前后端延伸,可有效地扩大经营规模并取得较好的收益。同时,大宗业务融资需求大、经营环节多,企业需要控制好经营的流程,最大限度地降低风险。

(一)风险管理概念

风险管理(risk management)是指如何在一个肯定有风险的环境里把风险降至最低的管理过程。其中包括对业务风险的量度、评估和应变策略。

(二)大宗商品风险管理流程

一般来说,风险管理包括四个流程:风险识别、风险评估、风险处理和效果评价。

1. 风险识别

风险识别是指各类经济单位对其经济活动中所面临的风险的类型、重要性的认识过程。目前金融风险识别的方法有很多,每一种方法都有其优缺点和适用范围。常用的方法有失误树分析法、情景分析法、资产财务状况分析法、专家调查列举法、分解分析法等。通常风险识别可以获得三个方面的认识或数据:可能面临的不同结果(有哪些),风险结果影响的方向和大小(影响力),不同可能结果发生的概率(可能性)。

2. 风险评估

风险评估即对面临的风险的定量分析或定价。

3. 风险处理

风险处理即选择处理风险的方法并组织实施风险处理。简单地说,风险处理有四种基本方法:风险回避、风险预防、风险承担和风险转移。风险回避是一项有意识地避免某种特定风险的决策;风险预防是为降低损失的可能性或严重性而采取的行动;风险承担是指承担风险并以自己财产来弥补损失;风险转移是指将风险转移给他人。通常,实现风险转移有三种基本方法,即分散投资、保险和套期保值。

4. 效果评价

风险管理是一个动态反馈过程,这是因为:随着时间的推移和情况的变化,可能产生新的风险;有关风险可能性和严重性的信息可能更易获得;管理这些风险的方法可能越来越多;有新的定价模型出现,等等。因而,需要在这一过程中对决策进行定期的评价和修正。

本章小结

(1)大宗商品业务主要有四个方面:交易服务类业务、投资类业务、融资类业务、主动管理业务。

(2)大宗商品交易服务类业务包括提供开户指导、教育和培训服务,协助交易商完成在交易所和结算银行的开户、交易结算、风险控制、实物交收等商品交易服务。尤其在多层次资本市场下,企业参与大宗商品市场,主要进行套期保值业务,以降低企业生产风险,提前锁定价格;金融机构为企业、投资者个人提供交易的渠道。

(3)大宗商品投资是一种投资对象为商品的买卖,投资交易行为的目的可以是提取实物,也可以是利用价格波动获得利差。从全球看,大宗商品规模庞大,日交易额已达数万亿美元。狭义的大宗商品投资主要是指资源项目投资。

(4)广义上,只要金融机构提供融资服务的对象是从事大宗商品贸易的企业,则该业务即属大宗商品贸易融资范畴;狭义上,大宗商品融资是指大宗商品结构性贸易融资,即金融机构为大宗商品贸易商或生产企业提供个性化的组合贸易融资方案,以在企业的生产和购销活动中起到流动性管理和风险缓释的作用。

(5)大宗商品主动性管理业务是一系列套利策略的策略集合。对不同类别的投资主体,使用的主动管理策略也不尽相同。

(6)场外衍生品市场常见的交易品种为互换(远期)、场外期权和商品指数。

关键术语

套期保值 资源项目投资 互换 期权 大宗商品指数 商品融资 仓单融资 租赁融资 大宗商品基金 跨品种套利 跨市套利 套期风险

复习思考题

1. 国内主要场外市场衍生品工具的特征有哪些?
2. 跨商品套利的前提条件是什么?
3. 大宗商品融资业务的种类有哪些?

4. 大宗商品基金运作模式有哪些?

5. 商品融资业务的风险有哪些? 如何管理风险?

即测即练

参 考 文 献

[1] 中国期货业协会.期货投资分析[M].北京：中国财政经济出版社,2010.

[2] 赫尔.期货、期权及其他衍生产品[M].王勇,索吾林,译.10版.北京：机械工业出版社,2018.

[3] 杨玉川,等.现代期货期权创新与风险管理[M].北京：经济管理出版社,2002.

[4] 李娜.A公司白糖"期货点价＋期权"套期保值案例分析[J].财务金融,2019(2).

[5] 韩锦.国内商品期权应用实务[M].北京：中国财政经济出版社,2015.

[6] 胡来兮.商品期权起源[N].期货日报,2014.

[7] 买毅.发展中国商品期权市场[J].中国金融,2012(2).

[8] 王骏.中国期货行业30强排行榜[J].当代金融家,2015(9).

[9] 王骏.2015年度期货公司50强排名公布：实力与发展路径变化较大[J].和讯网,2016(7).

[10] 孙才仁.套期保值理论与实践[M].北京：中共中央党校出版社,2012.

[11] 李强.期货交易实务[M].3版.北京：中央广播电视大学出版社,2011.

[12] 李强.商品期货实务操作手册[M].北京：中国财政经济出版社,2013.

[13] 王骏.中国期货市场基本功能实证研究[D].武汉：华中科技大学,2006.

[14] 中国期货业协会.玉米[M].北京：中国财政经济出版社,2012.

[15] 赫尔.期权与期货市场基本原理[M].王勇,袁俊,韩世光,译.8版.北京：机械工业出版社,2016.

[16] 王骏.中国能源期货品种开发与合约设计研究[D].北京：清华大学,2008.

[17] 孙才仁.套期保值与企业风险管理实践[M].北京：中国经济出版社,2009.

[18] 麦克米伦.期权投资策略[M].王琦,译.5版.北京：机械工业出版社,2015.

[19] 纳坦恩伯格.期权波动率与定价[M].韩冰洁,译.北京：机械工业出版社,2014.

[20] 奥姆斯特德.期权入门与精通[M].刘文博,王德扬,朱罡,译.2版.北京：机械工业出版社,2013.

[21] 陈进,任燕,黄健青.大宗商品交易金融服务[M].北京：化学工业出版社,2015.

[22] 施瓦格.期货市场完全指南：技术分析、交易系统、基本面分析、期权、利差和交易原则[M].李欣,
      梁峰,译.2版.北京：清华大学出版社,2017.

[23] 期货从业人员资格考试应试指导编写组.期货从业资格考试教材2021期货及衍生品基础[M].
      北京：中国财富出版社,2019.

[24] 李强.金融期货实务操作手册[M].北京：中国财政经济出版社,2014.

[25] 魏振祥.商品期货产品设计[M].北京：机械工业出版社,2017.

[26] 谭光兴,林孝贵.期权套期保值的统计分析[J].商场现代化,2007(36).

[27] 冉秋锦.东航套期保值下行风险分析[A]//中国会计学会2011学术年会论文集,2011.

[28] 虞立.中国期货市场的风险控制研究[D].上海：复旦大学,2004.

[29] 吕瑜.中国农产品期货价格与期货市场功能研究[D].杭州：浙江大学,2003.

[30] 曲韬.浅谈企业外汇风险的规避技巧[J].对外经贸实务,2004(6).

[31] 孙宁华.金融衍生工具风险形成及防范[M].南京：南京大学出版社,2004.

[32] 杨艳军.我国境外期货交易管理制度创新研究[J].技术经济,2004(11).

[33] 朱钟棣.谈谈进出口贸易如何利用外汇期货工具[J].财经研究,1993(2).

[34] 中国期货业协会.场外衍生品[M].2版.北京：中国财政经济出版社,2020.

[35] 钱斯.金融衍生工具与风险管理[M].路蒙佳,译.10版.北京：中国人民大学出版社,2020.

[36] 莫菲.场外衍生品：双边交易与集中清算——监管政策、市场影响及系统性风险导论[M].银行间
      市场清算所股份有限公司,译.北京：中国金融出版社,2019.

[37] 小马.卖期权是门好生意[M].北京：电子工业出版社,2020.

[38] 嘉纳.一本书读懂商品期货[M].2版.北京：机械工业出版社,2015.

[39] 魏振祥.商品期权[M].北京：机械工业出版社,2016.

[40] 江恩.江恩商品期货核心教程[M].向元勇,译.天津：天津社会科学院出版社,2014.

[41] 廖玉完.如何投资商品期货：一本商品期货的活字典[M].广州：广东经济出版社,2019.

[42] 林万佳,卢扬洲,杨威,等.期权策略[M].北京：电子工业出版社,2015.

[43] 邓小朱,周云洁.期货与期权（理论实务案例）[M].北京：中国人民大学出版社,2017.

[44] 李书彦.大宗商品经济导论[M].杭州：浙江大学出版社,2014.

[45] 王瑞.大宗商品概论[M].杭州：浙江大学出版社,2014.

[46] 赵远.中国大宗商品年鉴（2014）[M].北京：中国工商联合出版社,2015.

[47] 赵远.中国大宗商品年鉴（2013）[M].北京：机械工业出版社,2014.

[48] 蔡纯.大宗商品与金融市场研究[M].北京：中国金融出版社,2012.

[49] 郭翀,仲夏.大宗商品融资业务模式探索[J].中国外汇,2012(18).

[50] 章如铁.借鉴投行经验发展大宗商品业务[J].中国期货分析师论坛,2013.

[51] 吴越,蒲琴,关玉.大宗商品现货与衍生交易法律规制研究[J].金融与法律,2019(4).

[52] 朱才斌,段蕴珂.我国铜期货市场国际定价能力研究[J].商业经济研究,2020(4).

[53] 张美玲,杨婷斐.场外期权合约风险防范对策研究——以农产品价格险风险对冲为中心[J].鄂州大学学报,2021(3).

[54] 蓝旻.场外期权在农业风险管理中的应用[J].中国证券期货,2018(2).

[55] 朱才斌,李竞瑜.中国铝期货市场的价格发现功能研究[J].中国证券期货,2020(2).

[56] 朱才斌,朱佳玉.我国玉米油现货市场交叉套期保值的实证研究[J].商业经济研究,2021(16).

[57] 罗旭峰.场外衍生品服务企业新探索[J].清华财经评,2017(5).

[58] 方磊.我国场外金融衍生品市场监管的现状及其改革路径[J].时代金融,2018(3).

[59] 沈涓.初探大宗商品场外衍生品之集中清算模式与双边清算模式[J].中国证券期货,2020(12).

[60] 朱才斌,周明珠.中国金融期权波动率指数特征与应用研究[J].北京城市学院学报,2021(3).

[61] 李方琦.基于深度学习的篮子期权定价数值算法[J].山东理工大学学报（自然科学版）,2021(2).

[62] 郭培青.随机波动率和随机利率下离散障碍期权定价[J].科技风,2021(5).

[63] 沈雁.在波动率微笑中静态对冲奇异期权[J].中国证券期货,2020(8).

[64] 汪畲樵.N期货公司场外衍生品业务风险管理研究[D].杭州：浙江工商大学,2019.

[65] 王宇."保险＋期货"模式下亚式双向价差场外期权的动态对冲策略分析——以民生期货棉花试点项目为例[D].保定：河北金融学院,2020.

[66] 赵辉."基差贸易＋场外期权"风险管理模式研究——以H焦炭企业为例[D].保定：河北金融学院,2019.

[67] 李文艺.G公司场外期权业务产品创新研究[D].南宁：广西大学,2020.

[68] 程越.场外交易期权定价模型及其拟合有限体积解法[D].天津：天津财经大学,2014.

[69] 熊辉.场外期权的复制与动态对冲分析——基于玉米期货期权[D].杭州：浙江工商大学,2015.

[70] 刘懿莹.场外期权发展现状及定价方法研究[D].济南：山东大学,2016.

[71] 高森.场外期权服务实体经济的案例研究[D].天津：天津工业大学,2019.

[72] 贾振方.场外期权合约设计及其风险对冲案例研究[D].天津：天津工业大学,2019.

[73] 胡亮亮.场外期权业务模式创新与风险管理[D].苏州：苏州大学,2017.

[74] 王雯雯.大宗商品场外场所的国际比较及对浙江的启示[D].杭州：浙江大学,2017.

[75] 丁达.关于农产品场外期权套期保值的案例研究——以"嫩江模式"为例[D].广州：广东财经大学,2017.

[76] 樊碧莹.期货公司场外期权产品研究——以焦炭项目为例[D].保定：河北金融学院,2019.

［77］ 吴阿龙.多条件障碍期权产品的定价分析——以中金公司"凤凰型自动可赎回"产品为例［D］.广州：暨南大学,2018.

［78］ 刘怡伽.奇异期权在企业风险管理方面的应用［D］.天津：天津工业大学,2020.

［79］ 董洪坤.几类奇异期权的风险 VAR 度量［D］.长沙：湖南大学,2010.

［80］ 孙江洁.几种奇异期权定价问题的研究［D］.合肥：合肥工业大学,2009.

［81］ 孙晓娜.金融衍生品套期保值在央企应用探析——以国航为例［J］.企业导报,2011(10).

教师服务

感谢您选用清华大学出版社的教材！为了更好地服务教学，我们为授课教师提供本书的教学辅助资源，以及本学科重点教材信息。请您扫码获取。

》教辅获取

本书教辅资源（课件、大纲、答案、试卷），
授课教师扫码获取

》样书赠送

财政与金融类重点教材，教师扫码获取样书

 清华大学出版社

E-mail: tupfuwu@163.com
电话：010-83470332 / 83470142
地址：北京市海淀区双清路学研大厦 B 座 509

网址：http://www.tup.com.cn/
传真：8610-83470107
邮编：100084